潘懋元肖像油画（魏楚予画）

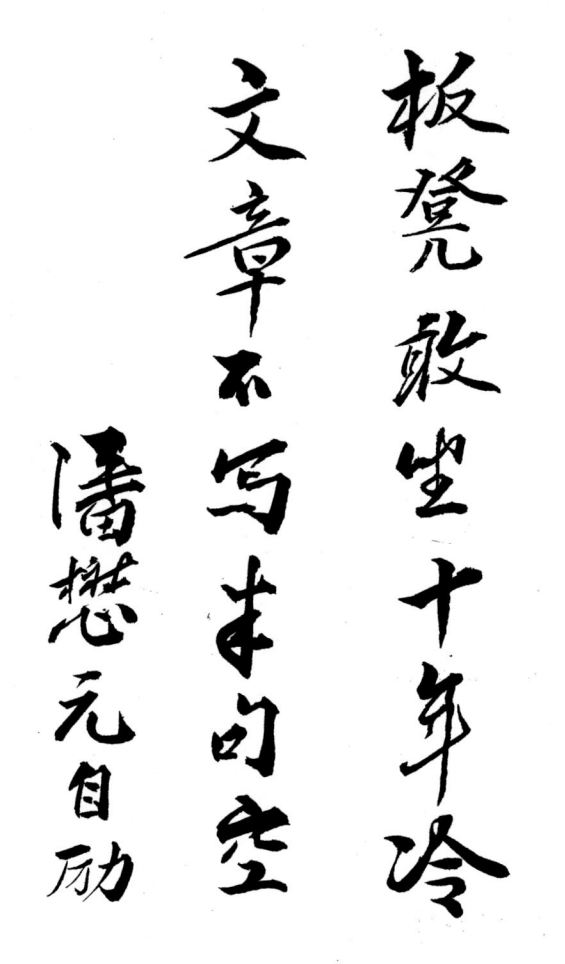

2006 年题铭自励

潘懋元文集

卷九·潘懋元教育口述史

潘懋元 ◎ 口述

肖海涛　殷小平 ◎ 整理

广东高等教育出版社

图书在版编目(CIP)数据

潘懋元文集·卷九,潘懋元教育口述史/潘懋元口述;肖海涛,殷小平整理.—广州:广东高等教育出版社,2020.6
ISBN 978-7-5361-6744-5

Ⅰ.①潘… Ⅱ.①潘…②肖…③殷… Ⅲ.①潘懋元—文集②高等教育—教育史—中国—文集 Ⅳ.①C53 ②G649.29-53

中国版本图书馆CIP数据核字(2020)第060396号

PANMAOYUAN WENJI JUANJIU PANMAOYUAN JIAOYU KOUSHUSHI

出版发行	广东高等教育出版社
	地址:广州市天河区林和西横路
	邮编:510500 营销电话:(020)87554153
	网址:www.gdgjs.com.cn
印 刷	佛山市浩文彩色印刷有限公司
开 本	787 mm×1 092 mm 1/16
插 页	6
印 张	16.5
字 数	273千
版 次	2020年6月第1版
印 次	2020年6月第1次印刷
定 价	78.00元(全套定价:1388.00元)

(版权所有,翻印必究)

1955年3月15日在南京中山陵,与解放军战士合影

20世纪70年代师生合影,陈景磐(前排左二)、毛礼锐(前排左三)

20世纪90年代，与朱九思（中）、杨德广（右）在裕固族地区

1995年，与姐姐弟弟合影

1995年，和家人在一起

1995年9月8日，与学生在贺兰山下

1998年3月，在深圳大学　　　　　1998年7月，与学生在敦煌

1999年1月，在广东澄海召开首届潘懋元高等教育思想研讨会

2002年，在澳门科技大学

2005年元旦，在家庭周末学术沙龙上

2005年1月，与口述史整理者及编辑在一起（右起：殷小平、刘生全、潘懋元、肖海涛）

2005年4月，在北京评审全国教学成果奖

2005年4月，在北京评审全国教学成果奖，与张应强（左）、张德祥（右）在一起

2005年10日，在德国特里尔小镇参观马克思故居（左起：潘世墨、肖海涛、潘懋元、吴薇、王洪才）

2005年10月，在巴黎（前排右起：高晓杰、潘懋元、范怡红、武毅英、杨广云、肖海涛。后排右起：王洪才、黄建如、潘世墨、谢作栩、吴薇、赖铮）

2008年10月,访问台湾

2010年10月9日,在庆祝从教75周年庆典讲话

2015年5月17日，向许美德教授（右）赠送英文论著

2017年12月，在汕头市福合埕探访小时候生活的地方

《潘懋元文集》编辑委员会

编委会主任：吴　岩

编委会委员（按姓氏笔画排序）：

　　　　王伟廉　王洪才　卢晓中　叶之红　邬大光
　　　　刘振天　汤贞敏　李　均　杨德广　肖海涛
　　　　别敦荣　张应强　张德祥　范跃进　林蕙青
　　　　周　川　郑冰冰　胡建华　钟凌翊　高宝立
　　　　黄红丽　韩延明　覃红霞　谢作栩　潘世墨

主　　　编：肖海涛

分卷主编：肖海涛　卷一·高等教育学讲座
　　　　　肖海涛　卷二·理论研究（上、下）
　　　　　李　均　卷三·问题研究（上、下）
　　　　　肖海涛　卷四·历史与比较研究
　　　　　刘志文　卷五·序文
　　　　　朱乐平　卷六·讲课录
　　　　　向　春　卷七·昔年作品及其他
　　　　　韩延明　卷八·潘懋元教授纪事年表
　　　　　肖海涛　卷九·潘懋元教育口述史

谨以本书庆贺潘懋元先生百岁华诞暨从教八十五周年

编 辑 说 明

潘懋元，1920年出生于广东汕头，厦门大学文科资深教授。现任厦门大学教育研究院名誉院长，教育部人文社会科学重点研究基地厦门大学高等教育发展研究中心名誉主任；中国高等教育学会顾问、高等教育学专业委员会终身名誉理事长。兼任教育部教育发展研究中心、国家教育行政学院、南京大学、华中科技大学、华南师范大学、华中师范大学、广西大学、深圳大学等十多所研究机构和大学的客座或兼职教授。曾任厦门大学副校长、顾问、教务处处长、高等教育科学研究所所长、海外教育学院院长，国务院学位委员会教育学科评议组召集人，中国高等教育学会副会长，高等教育学专业委员会理事长，等等。

潘懋元先生是中国高等教育学科的奠基者和创始人。作为著名的教育理论家，潘懋元先生教育理论研究硕果累累，为创建我国高等教育学科，丰富和发展我国乃至世界高等教育理论体系做出了重要贡献。作为杰出的教师，他培养了大批高层次教育学人才，桃李满天下，为建设我国高等教育学科骨干教师队伍和研究队伍做出了重要贡献；作为一位优秀的教育活动家，他对我国若干重要教育改革决策提出了许多宝贵的意见和建议，为我国高等教育宏观决策科学化做出了重要贡献。

潘懋元先生从1935年15岁开始从事教育工作，在15岁之前就已经进行创作和发表。涉及范围从最初的文学创作，到后来从事教育史研究、教育学研究，开创高等教育学科以及长期从事高等教育研究等，时间跨度长达80多年，内容精彩，成果丰硕，卓有建树，其中尤以高等教育研究成果为最。

这套《潘懋元文集》收录了潘懋元先生的绝大多数成果，约550万字。根据潘懋元先生创作及研究成果的特点，我们进行了分类整理，一共有9卷11册。各卷名如下：

卷一·高等教育学讲座
卷二·理论研究（上、下）
卷三·问题研究（上、下）
卷四·历史与比较研究
卷五·序文
卷六·讲课录
卷七·昔年作品及其他
卷八·潘懋元教授纪事年表
卷九·潘懋元教育口述史

上述9卷基本上反映了潘懋元先生学术人生的全貌。其中，卷一是潘先生作为高等教育学科奠基人的奠基之作，1983年5月在人民教育出版社出版第一版，1985年、1992年分别出版第二版、第三版。2010年广东高等教育出版社出版《潘懋元文集》时，将此书收入作为卷一。本书虽然个别地方的表述与现在说法稍有出入，但为了尊重历史和潘先生奠基性的贡献，力求保持原貌。卷二至卷四集中反映了潘先生对教育特别是高等教育方方面面的研究成果，包括理论研究和问题研究。卷五是潘先生为学者们的教育研究专著所作的序言，话题宽泛。卷六是最新版讲课内容，是潘先生给2019级博士生讲授"高等教育学专题研究"课程内容的实录。卷七包括潘先生早年的学士学位论文和文学作品、散论等，最早的作品作于16岁。卷八包括各个时期个人生活、学术活动等内容的照片和教学、科研及学术活动纪事。卷九以教育口述史的形式，以时间为主线，以思想为专题，生动地反映了潘懋元先生的教育人生。该卷由北京师范大学出版社于2007年出版，这次收入文集时略有修订。

在对书稿进行编辑加工的过程中，我们对一些时间概念、专有名词、数据、注释等做了规范处理。为方便选择和阅读，每卷每册开头都编排了编辑说明、代序，末尾编排了潘先生的百岁感言和编者的后记，特此向读者说明。

编　者
2019年10月28日

代　　序

潘懋元：中国高等教育研究的奠基人①

[加拿大] 许美德（Ruth Hayhoe）

潘懋元教授，1920年出生于粤东沿海的汕头市，家境贫寒。在这样的家庭中，能获得基础教育就相当不容易了。但他对教育的热爱却使得他在1941年抗战时期考入当时迁于福建长汀的厦门大学，随后他的教育生涯就与厦门大学的历史结下了不解之缘。厦门大学位于福建省东南沿海的厦门（厦门旧称Amoy，与台湾隔海相望），有着独特的发展历史。

在我涉足中国高等教育之初，了解到潘懋元教授很早就在该领域从事重要的工作。1988年秋，我在南京大学召开的高等教育改革会议上首次聆听他的报告。第二年我移居北京，做加拿大驻中国大使馆的文化参赞。其间，我荣幸地接受了潘懋元教授的邀请访问厦门大学，了解到厦门大学在高等教育研究领域所做的工作。我为这滨海校园之美所打动，它的建筑风格成功地糅合了中西方的特点。

---

① 许美德. 思想肖像：中国知名教育家的故事[M]. 周勇，等译. 北京：教育科学出版社，2008. 许美德教授是国际著名的比较教育专家，多年来她对我国高等教育研究投入了大量的精力，成果丰硕。她对潘懋元教授的地位和贡献给予了高度的评价。本次出版《潘懋元文集》，我们征得许美德教授本人同意，将此文章作为文集的代序（少数地方根据现在的出版或文字规范稍有删改）。

更为重要的是，我获知了很多厦门大学高等教育科学研究所（以下简称"高教所"）的工作，它是潘懋元教授于1978年创办的，源头则要追溯到潘教授自20世纪50年代在厦门大学所做的工作。

1997年11月，我再次有机会访问厦门大学高教所，拜访潘懋元教授，并邀请他讲述自己的人生故事。此前我已定居香港，时任香港教育学院院长。本文的主要资料就来源于那一年的两次长谈。① 我也有幸看见他每周六晚在自己家里为研究生们举办的学术沙龙，由此领略了他的教学风格。

潘懋元教授住的是一栋两层楼的房子，位于厦门大学校园内的一座小山上。二楼是宽敞的斯巴达式的书房，里面整齐地排放着书架，桌子和沙发点缀其间，还准备了许多客人来访坐的小凳子。当晚来了12名研究生，我能感受到他们对于沙龙的热情和期待。潘教授寥寥数语先起了个头，介绍了晚上所要讨论的主题。当晚的主题是一位研究生的论文涉及的论题，她在此之前曾写过一篇论文，与南京的一位著名学者提出的教育社会观进行商榷。这位研究生认为，南京学者的那篇文章的理论前提完全忽视了高等教育作为独特领域而发挥的功能。南京学者于是又发表了一篇文章与她反商榷，这位研究生正在准备她的再次应答。于是学生们围绕着这个问题给她提供各自的意见，他们分成两派，充当论辩中的不同角色。在热情生动的争论中，几个小时不知不觉过去了，学生们在争论之中探讨了高等教育方方面面的社会功能。潘教授不时插入几句简短的评论，以免出现跑题的现象，但辩论主要由学生自主进行。我入迷地观察着整晚的沙龙，亲眼见识到了潘教授的教学风格和对学生和蔼

---

① 对潘懋元教授的访谈时间是在1997年12月6日和8日。

可亲的态度，而这是此前在相对正式一点的场合中我所从未见过的他。

本文中我所描绘的潘懋元形象主要基于他的那次自述，还有自己所拜读的他在高等教育领域的部分研究成果。我从厦门大学开始讲起，自 1939 年直至现在，这是他为生、为师以及成为学校管理者和教授的地方。

1920—1949 年在中国东南地区的成长

1920 年，潘懋元出生于广东东部沿海毗邻福建厦门的汕头市。由于贫困，家里无法供他上学，所以他的早期教育是不正规和断断续续的，由兄长和父亲在家教他认字。8 岁时，他被送到当地的小学插班读三年级。他记得所学课程的主要内容都是传统经典。启蒙教育的内容是《三字经》，接下来是儒家经书和古代历史书籍。虽然 1919 年爆发了五四运动，新文化运动提倡采用接近口语的白话文，但潘懋元接受的仍然是传统教育，学的是文言文，直到后来才接触现代汉语。

小学毕业后，由于家庭无力支持，少年潘懋元无法继续上学。他的父亲希望他留在家中帮助碾米做一些发糕来卖。非常幸运的是，小学校长杨雪立在阅读毕业试卷时发现了潘懋元的中文写作才能。得知他待在家中，不能继续上学，杨校长帮助其减免一半的学费，使他得以上初中学习。就读的那所中学是一所非常传统的中学，称为时中中学。在那里他主要学习了 3 年的中文。潘懋元的很多老师参加过封建时期的科举考试，有的甚至考中举人。后来，他感觉到传统经典的学习给他的一生奠定了一个很有价值的基础。他回顾说，最为重要的是他学会了如何做人。

潘懋元15岁时，知道家里不可能再资助他上学了。但他得到一个到小学当教师的机会，他满腔热情地投入到工作中，但很快发现，教小学生并不是想象中那么容易。他每上一堂课要备课数个小时。初次讲课，备好的课讲不到半小时便无话可说，站在讲台上，面对乱哄哄的课堂不知所措。不甘失败的他决定想办法到师范学校学习，学习如何当老师，同时也找一些教育书籍来读。

他首先找到的是浙江大学庄泽宣教授的《教育通论》，这成了他的启蒙书。潘懋元发现这本书理论复杂，学问深入，他读不太懂，这更加坚定了他要找机会去师范学校读书的决心。1936年，终于有机会到海滨中学高中师范科做旁听生，学习了教育心理学、小学教材教法和教育行政等几门课程。当时，他已能通过教夜校和赚稿费维持生活。在海滨中学学习期间，他写过几篇短篇小说和许多散文，有一些已发表。

1937—1939年，潘懋元在农村小学教书。那时正是日本侵华战争时期，战争使得民不聊生。潘懋元热爱教书，但他越来越多地投身于抗日的洪流中，参加抗日宣传活动，组织民众起来抗日。他加入了汕头地下党组织的青年抗敌同志会，揭发敌人的罪恶行径，鼓舞民众的抗日激情。1939年6月，日军侵占了汕头，在其后的几个月里，潘懋元不得不辞去热爱的教学工作，参加抗日军队，全身心地投入到抗日运动中。

出于多种缘故，1940年，潘懋元决定离开家乡。离家的一个原因就是去接受进一步的教育，以便能做一个称职的老师。那一年他19岁，战争的局势日渐恶化。他翻山越岭，艰苦跋涉，一个星期之后，终于来到福建长汀，厦门大学于1937年迁移至此。他参加了厦门大学的入学考试，虽然他的中文很优秀，但由于事先未做充分准备，英语和数学未合格，结果名落孙山。为了读师范，他考入一所中等师资养成所学习了一年。次年，他终于考入厦门大学教育系。

潘懋元回顾说，1941—1945年在厦门大学的学习生活对他是很大的锻炼。当时在厦门大学担任教授的多是留美学者，其中教育系主任李培囿是杜威的学生，翻译了杜威的一些著作。另一名在教育系工作的知名学者陈景磐教授，于20世纪30年代在多伦多大学获得博士学位，其博士论文是关于孔子生活的背景和为师之道。[1] 通过这些年的学习，潘懋元成为杜威著作的敬慕者，并对陶行知把杜威的理论运用到中国教育实践特别欣赏。陶行知的教育实验在中国有很大的影响，虽然杜威1921年来华时仅在福建有过短暂访问（Keenan，1977），陶行知的实验工作也主要是在南京和上海，但他的思想在福建却备受推崇。[2]

为了糊口，在厦门大学读书期间，潘懋元先在一所小学担任兼职教师，接着又在一所中学做兼职教师。大学四年级时，他还担任了一所县立中学的教务主任，从而可以将自己所学的知识用于实际的教学当中。1945年大学毕业后，潘懋元在江西省的两所中学任教一段时间。与此同时，厦门大学也迁回厦门市。1946年，他收到厦门大学校长和教育系主任的邀请，要他担任厦门大学附属小学的校长，并在厦门大学教育系兼做助教。这期间，他发现陶行知的理论对他主持校长工作的帮助很大，虽然他很遗憾没有机会与陶行知会面。在这一点上，潘懋元与李秉德的认识是一致的，后者也认为陶行知的理论最符合中国教育的实际需要。

---

[1] CHEN J P. Confucius as a teacher: philosophy of Confucius with special reference to its educational implications [M]. Beijing: Foreign Languages Press, 1990.

[2] 刘海峰，庄明水. 福建教育史 [M]. 福州：福建教育出版社，1996：422-438.

新方向与新事业：社会主义时期

对潘懋元来说，1949年的革命胜利意味着新教育生涯的开始。中华人民共和国成立后，他继续留在厦门大学当讲师。1951年秋季，他被派到中国人民大学进修研究生课程，学习教育。一年后，李秉德也在此学习。潘懋元发现，在众多学友中，一些是和他一样的研究生；另外还有一些年长的教授，他们在此学习马列主义的理论知识，目的是为了更好地胜任未来的教育领导岗位。在潘懋元学习的班上，有好几位学者后来都成了北京师范大学的知名教授，包括教育哲学家黄济、教育学家王策三和王天一、心理学家章志光。1952年初，因为院系调整，这项进修计划从中国人民大学转到了北京师范大学。

潘懋元对在中国人民大学的学习至今记忆犹新，他记得有4位苏联教授给他们上马列主义的课程，还有苏联教育理论，他甚至还记得4位教授的名字，但是，对所学的那点儿俄语则记得甚少。当时的教学是有翻译协助的。学习给他留下了深刻的印象，他当时感受到苏联的课程组织的方式和教学计划的制订都非常严谨，能够达到有效的控制。

在北京学习一年之后，1952年夏，潘懋元便被厦门大学校长王亚南召回，协助厦门大学的教学和课程改革。他被任命为教学改革办公室的负责人，负责指导大学的各专业制订新的教学计划。他曾经非常推崇杜威的教育思想和美国的其他教育理念，感觉富有活力而且极具灵活性，但在控制严格的民国时期（指1912年1月1日至1949年9月30日，下同），实践这些理念是十分困难的。两者相比，他感到苏联的教育计划能够较好地使学生获得系统的知识，打好扎实的基础。特别是在诸如工程和自然科学等领域，这些对于社会主义建设是十分重要的。

潘懋元感到，事实上苏联的高等教育模式根植于欧洲大陆模式，特别是法国模式，与英美模式区别很大。他觉得苏联模式和中国自己的知识传统相对应，强调知识基础厚，存在一种中心化、系统化的知识方法。潘懋元特意提到著名的北京大学校长蔡元培，认为他是民国时期最杰出的大学校长。蔡元培在自己的高等教育思想中融合了德国、法国、中国的理念，他采用德国学问之道，特别是在研究和教学上，这得益于他在柏林大学和莱比锡大学的经历。蔡元培极力效仿法国模式的高等教育体系，因为其管理结构十分理性，并按地理区域均匀分布。在教育哲学方面，蔡元培陶醉于中国传统的自学之路，特别是对书院情有独钟，学生可以自主掌握学习进程。蔡元培极力提倡将学校分为从事理论知识研究的综合性大学和担负为国民经济各部门训练高级人力资源的专门学院。潘懋元认为20世纪50年代早期的改革，出现了大量的专门学院，同时只保留了数量相对较少的综合性大学，是较符合当时国情的，适应了中国发展的需要。[①]

但对于20世纪50年代初的院系调整，将一些民国时期优秀的综合性大学的系科进行削减，形成像苏联模式那样的综合性大学，潘懋元持保留意见，他觉得这些是完全可以避免的。他对按高等教育区域进行院系调整发表了看法，以自己所从事的教育领域为例，他认为，中心区按地理分布强调更多的是政治因素而非教育因素，这就导致了反常现象的出现。在南部的中心区里，位于广州市的中

---

① 潘懋元. 潘懋元论高等教育［M］. 福州：福建教育出版社，2000：521-560.

山大学，其师范学院实力雄厚，1953年与其他教育系合并组建了华南师范学院。然而，华南师范学院当时只是不受重视的省级院校，经费和师资都受到限制，以致影响教育学科的进一步发展。

总的来说，潘懋元认为受苏联模式影响的院系调整在当时是起了积极作用的，为中国20世纪50年代国民经济建设培养了一批人才。在1956年中国共产党第八次全国代表大会上，周恩来强调了要尊重知识分子。[①] 如果一直贯彻这一项政策的话，潘懋元相信中国也许能够同日本和东亚其他地区一样经济快速发展。

苏联模式的高等教育有很多薄弱环节，但他感到，完全能够用一种平衡、理性的方法来解决。问题之一是对学生在不同领域能力的认识和实践强调得不够，常常希望学生通过刻苦专注的学习来达到课程所规定的较高的学术标准，而不是将更多的注意力放在教和学过程的研究上。另一个问题是过于迷信翻译过来的苏联资料，其实并不是所有的材料都适合中国国情。

1954年对潘懋元来说是十分重要的一年。他得知厦门大学教育系被并入福建师范学院，他很想前往，专心于教育史的研究和教学。然而，王亚南校长却舍不得他走，决定把他留在教务处，继续管理厦门大学的教学工作。他决心留下来，此举为一门新学科的诞生创造了条件，也由此改变了他日后的工作和生活的方向。

潘懋元感觉到在教育研究、学校教学和担任学校领导的生涯中，他所学的教育知识与高等教育领域的联系很少。大学层次的学生需要一个全新的教育理论，以及高等教育课程发展和教学制度。

---

① ZHOU E L. On the question of intellectuals [M] //BOWIE R R, FAIRBANK J K. Communist China 1955—1959: policy documents with analysis. Cambridge, Mass.: Harvard University Press, 1962: 128-144.

总体来说，高等教育是一个一直被教育理论者所忽视的知识和研究领域。到那时为止，不只是中国，苏联和西方国家也是这样。他曾为捷克一位教授在教育科学会议上所做的讲演所感，这个讲演认为教育理论仅仅关注普通学校，很少关注高等专业院校。潘懋元随后写了一篇题为《高等专业教育问题在教育学上的重要地位》的文章，发表在1957年厦门大学《学术论坛》上。同年，他与几位同事合作写出《高等学校教育学讲义》。这本书随即在中国的综合性大学和师范大学内广泛流传，作为课程改革和教学计划发展的资源。[①] 尽管这本书从未正式出版，但它却是中国高等教育研究领域内最早的学术书籍。

潘懋元着力将此发展为一个新的研究领域，并兴奋地发现，这能为高等教育系统、课程发展和教学计划的制订提供重要的学术基础。然而，1957年是一系列政治运动的开端，他所希望的研究和发展几乎是不可能的。因出身贫寒，他并未受到1957年"反右"运动的影响，但他悲伤地看到，厦门大学的一些老教授虽然做出了杰出的学术贡献却被打成右派，从学术研究工作中被隔离出来。随后的1958年"大跃进"，同样侵扰着潘懋元。当时大量的教材都是从苏联翻译过来的，他认为这样的教材更加应该中国化。他同时感觉到，建立中国传统中医学院意义重大，因为中国传统医学把人体看成一个整体，发展起了不同于西方医学的中医方法，它是一笔巨大的遗产，不应该丢失。

就总体而言，潘懋元认为1958年的教育革命是个误导。1958年前，他在厦门大学教务处，参与了当时所有的课程变革。他感到

---

① 忻福良.当代中国高等教育家[M].上海：上海交通大学出版社，1995：199.

很多想法都未经过细致思考，不过是一种政治运动口号罢了，对教育缺乏真正的理解。在潘懋元看来，让学生代替教师编写教学大纲和教材，这样做显然超过了学生的能力范围，因为他们大多数并没有足够的学科知识来做这些工作。改革强调增加学生参加生产活动实践的机会，然而这大都是出于政治目的，并没有多少教育价值。总之，过多的政治活动以及体力劳动引起很大的混乱。他记得，学生真正听学术课程的时间，一年之中只有70天。潘懋元认为，所谓"开门办学"的思想在某些方面固然有一定的可取之处，但是它无法替代对科学知识的系统教学，而中国的发展又需要这些科学知识来培养各行各业的专门人才。

潘懋元对高等教育作为一个研究领域逐渐有了兴趣，同时对中国高等教育系统在更大范围内发生的变化也给予了密切关注。社会上的学习机会一下子增加了许多，大量的所谓的"红专大学"的开设，给很多个人背景条件稍差的青年人提供了学习机会，但是这些学校根本没有足够的资源用于真正开展高等教育工作，大多数在几年内就关闭了。如江西新建的许多共产主义劳动大学，没有合格的师资，根本无法生存。然而另外有些新成立的院校，比如福州大学，是省内唯一的一所工科院校，被认为对本省经济发展起着至关重要的作用，因此得到省政府支持。

1961年的"困难时期"过后，20世纪50年代初期的那种学术氛围开始恢复，学术质量受到特别的重视。潘懋元再次希望能有机会发展高等教育这一研究领域。然而，1966年开始的"文化大革命"又使他的希望落空了。

建立一门新学科

1977年,邓小平复出。潘懋元准备开始他事业的一个全新阶段,他过去当过厦门大学的教务处处长,现在他致力于建立一门新学科——高等教育学,先是在厦门大学,再推广至全国。我们知道,在20世纪50年代中期他已经开始此项研究,并于1957年发表了一篇题为《高等专业教育问题在教育学上的重要地位》的论文。随后到来的政治运动和混乱年代让他更深刻地体会到研究这一领域理论的重要性,他认为这项研究将使人们对高等教育与社会、经济、政治、文化发展的关系有更深刻的理解。20世纪50年代至70年代后期,高等教育发展中最严重的问题是缺少能给高等教育的政策制定提供理论支持的系统理论研究。随着邓小平时代的到来,全国积极响应邓小平提出的"教育要面向现代化,面向世界,面向未来"的号召,潘懋元最终找到了追求自己理想的舞台和时机。

1978年,潘懋元在厦门大学建立了高等学校教育研究室,很快发展成为一个全国高等教育研究的中心。1983年,高等教育学被教育部认定为教育学的二级学科,有资格建立硕士点和博士点。厦门大学高等教育科学研究所招收全国第一批高等教育专业的硕士和博士。到1998年庆祝高教所成立20周年时,已经有20个博士生和75个硕士生毕业于此[①],他们已在全国各地的大学工作,为这一领域的进一步发展贡献着力量。高教所承担了高等教育各个领域的主要研究课题,举办了十多次全国和国际学术会议。

虽然北京大学、华中科技大学、华东师范大学等其他大学都有

---

① 刘海峰. 厦门大学高等教育科学研究所建所二十周年工作报告[C]//建所二十周年纪念活动专集. 1998:33-35.

高等教育学的研究及相应的研究生培养,但是厦门大学高教所于2000年9月被评为该领域全国唯一一所国家级研究中心,被评为文科重点研究基地,国家提供数量相当的发展基金。这是政府支持人文社会科学研究项目的一部分,其目的是要使一些研究中心能够达到世界同等水平,使其能积极开展国际研究交流活动。厦门大学能排除地理上的相对劣势获得国家的认可,是非比寻常的。当然,这与潘懋元先生用毕生的精力致力于建立高等教育学这门新学科所做的贡献是分不开的。同时也表明,尽管在1949年中华人民共和国成立后的30年,中国政策和社会环境有许多束缚,但一个忠诚的教育家还是能有所作为的。

1978年以后,潘懋元又把工作重心放在学术研究上,他在厦门大学进行教学和研究工作。每周六晚上,他在家里开沙龙,与研究生们聊学习、聊生活,是一个和蔼可亲的长者。然而,他还想推动这门学科在全国范围内发展,希望中国高等教育学作为一门学科能够对国际学术发展做出贡献。1979年,他和上海市高教局及其他7所大学的学者召开了第一次全国高等教育研究会议。1981年,他组织编写了第一部高等教育学著作《高等教育学》,并于1984年出版。① 这是1983年教育部确立这门学科后的第一本高等教育学著作。在随后的这些年里,潘懋元仍然是这一领域中富有远见的领导者,他启发新思想、新的研究方法,鼓励其他人做研究,写作和发表论文,他自己也在这一领域中发表了大量文章,出版了大量著作。

潘懋元工作的中心是想通过建立坚实的理论基础、清晰的概

---

① 潘懋元. 潘懋元论高等教育 [M]. 福州:福建教育出版社,2000:96.

念，以及研究方法来确保这门新兴学科的发展。1983年，中国高等教育学会成立时，潘懋元感到高等教育学被认为只是一个研究领域，而不是一门学科。于是，1992年，他在厦门大学组织了一次学术会议，提出要把高等教育学作为一门学科来研究。次年，在上海召开的高等教育学会议上，成立了一个新的组织——高等教育学研究会，它把高等教育学作为一门学科来研究，挂靠在中国高等教育学会之下。此后，会议定期召开。潘懋元在一篇回顾该学会前三次会议进程的文章中，列出了这一新学会的目标、工作范围，并鼓励进行理论争鸣与探讨。

高等教育学研究会的主要任务是要为理解中国的高等教育建立一个系统性的理论基础。工作范围主要有以下5个领域：理论、历史、高等教育的当代实践、未来发展以及研究方法。① 潘懋元对一些理论的观点和看法，使得这些会议开得活跃而有趣，对中国高等教育给予了深刻的关注和洞察。其中一个关键的理论问题是高等教育的功能问题，对其与社会、经济与政治体制的关系展开讨论。与此相关的是高等教育的目的，国内的研究者普遍认同以下3点，即培养人才，发展知识，为社会服务。然而，第三个目的在近年来受到了强烈的质疑，主要是由于许多大学通过各种形式的咨询服务或与企业的直接关系进行着大量的"创收"活动。有人认为，这些活动将会使大学远离学术追求。由此，一些中国学者们建议，高等教育应有以下6个目的：教学、继承知识、传播知识、发展知识、社会批判、对社会实施监督。② 这将激起高校对社会的特殊使命；大学将与社会经济和政治力量建立互动关系，而不只是对社会的发展

---

① 潘懋元. 潘懋元论高等教育［M］. 福州：福建教育出版社，2000：86.
② 潘懋元. 潘懋元论高等教育［M］. 福州：福建教育出版社，2000：87.

做消极的应对。

另外一个生动的议题是潘懋元在第二篇论述该学科发展的文章中提到高等教育的个体功能和社会功能问题。一派学者认为，人是教育的主体，教育的基本功能在于促进人的自我发展，达到个性的全面发展；与此相对立的观点是，教育是一种社会活动，按社会发展的需要塑造人，教育的基本功能在于满足社会的需要，促进社会的发展。[①] 如此公开著文承认个体发展的重要性及对自我价值的追求是十分有意义的，它使我们思考新儒学教育观"为自我而学习"，以及儒家哲学中所说的个人价值发展的重要性。尽管在20世纪50年代初期计划经济体制下，个人选择的自由受到很大的限制，五六十年代的政治运动给很多人造成了巨大的伤痛，但中国传统教育的价值观仍然保留着它的生机和活力。

在对高等教育学作为一门学科做全面综合研究时，潘懋元看到了两个理论挑战：第一，必须界定高等教育与政治、社会、经济、文化系统的关系，探索这些系统与高等教育系统的相互关系；第二，对高等教育内部各系统之间的关系——如学术与职业、通才教育与专才教育、教学与科研的关系等进行研究。

在发展这门学科的过程中，潘懋元感到既具挑战性又令人兴奋的重要原因在于它的开拓性。与学术体系和学习过程有关的教育学理论有着一百多年的历史，而高等教育学不仅在中国而且在全世界都是一门比较新的学科。在中国，基础教育和学校教育的理论建构受到欧美西方思想和苏联的重大影响，这一点潘懋元在早年的教育研究中就已经意识到了。然而，高等教育学作为一门学科就不再如

---

① 潘懋元. 潘懋元论高等教育［M］. 福州：福建教育出版社，2000：101.

此。回顾在中国建立这一学科的这些年,潘懋元强烈地感到中国所做的独特贡献,同时又感到很骄傲,因为在中国发展起来的这些思想和观点不是别人的派生产物,而是稳稳地扎根于中国自己的知识社会和文化土壤,近几年才开始对国外高等教育的理论有所引进。

潘懋元鼓励他的同事们为世界高等教育研究的发展做贡献,并指出中国学者在发展这个领域承担重要角色的4个原因。其一,中国有着在亚洲历史上颇具影响的古老的学术文化。其二,中国是全世界最大的高等教育体系之一,其规模超过俄罗斯,接近美国。它不仅是一个非常庞大的系统,而且近年来随着社会主义市场经济的成功发展,它经历了快速而且巨大的变化,在这个过程中出现了许多有意义的问题,对高等教育提出了挑战。其三,中国有着一支庞大的高等教育研究队伍,从事这一领域研究的学者可能比其他任何国家都多。其四,中国高等教育发展成为一门学科,靠的是学者个人和地方院校的创造和努力,因此它更具灵活性和自主性。这与中国的其他大部分学科不同,它们多是由自上而下的行政决定建立起来的。中国的高等教育理论可以说是"本土理论",因为这些理论来自对中国近年来正在进行的高等教育改革中出现的实践问题的研究。[①]

潘懋元非常重视中国的传统文化,他的一篇文章对中国传统文化的特点以及文化对中国现代化进程的贡献进行了比较深入的探讨。潘懋元指出,现代化不能等同于工业化或西方化,它影响社会各个方面发展的过程。不同的文化背景塑造不同的现代化。文化的传承和创新是高等教育的功能,它塑造发生在不同社会中的现代化

[①] 潘懋元. 潘懋元论高等教育[M]. 福州:福建教育出版社,2000:107-110.

的不同特征。潘懋元否定那种认为西方社会已经进入"后现代时期"并建立了一套后现代的标准。他建议要对现代化概念本身做全面的理解，必须首先考虑中国现代化发展的轨迹。他还认为这一论点同样适用于正在经历现代化进程的其他非西方国家。①

潘懋元对现代化进程的定义是把"文化价值"放在核心地位，他认为现代化应该是人类共同追求的一个价值，其终极目标是实现"人"的价值，包括个人、集体和社会价值。这个共同追求会导致产生整个人类共同文化遗产，这是一种吸收了不同文明的多样化的遗产。②中国传统教育的许多因素对中国的快速发展做出过积极的贡献，也应该是这一共同文化遗产的重要组成部分。这些思想使我们联想到联合国致力于文化之间对话的观点："把重点放在人类文化、精神层面，放在人类的相互依存和人类的多样性上。"

结语：集多种传统之大成

当被问到什么因素对他的教育事业影响最大时，潘懋元开玩笑地回答道：受益最大的是"文化大革命"中批判的三种意识形态"封""资""修"。他早年学习中国古典文学，从中获得了受益终身的良好道德基础，一生的教育经验使他感到儒学的确是适应任何时期的一种哲学。他在大学时代学习过美国的教育思想，特别是杜威的理论，他从中得到了对改善学校、获得生动的教学方法以及课程设置的很多有用的思想。20世纪50年代，他曾广泛接触苏联的教育理论和模式，慢慢理解并重视苏联模式中全国统一的学术标准，结构严密的教材和教学工作中精细备课的价值。在思考影响了

---

① 潘懋元. 潘懋元论高等教育 [M]. 福州：福建教育出版社，2000：229-241.
② 潘懋元. 潘懋元论高等教育 [M]. 福州：福建教育出版社，2000：231.

他思想的两种国外传统时,他感到,基于欧洲理性主义的苏联教材和教育方法,比美国的更加适应中国的环境,因为中国有着集中知识模式的传统,也因为苏联模式更符合当时中国发展的现实需要。

1997年,我曾两次有幸与潘教授进行深入交谈。当我问到他对中国高等教育未来的看法时,他说他感到当前面临最大的挑战就是要进行教学改革,必须要考虑学生的多样性,最大限度地发掘他们的才能。这反过来又强调了高等教育对优秀师资的迫切需要。总的来说,他对过去15年研究生教育所取得的进步感到高兴和满意。很多素质高的年轻人进入大学教师队伍,但他强调这些教师应该得到足够的支持。他感到高等教育改革应该把重点放在教学和研究的质量上,而不是放在管理结构的改革上,因为后者牵涉到政治改革的重大问题。

对于中国的高等教育体系,潘懋元觉得它将更适应未来世界发展的趋势,强调知识的广度和适应性,注重毕业生总体的德育和智育质量。他认为,终身学习是一种趋势,因为中国人会慢慢发现,为了跟上社会的快速发展,必须经常更新他们的知识。潘懋元相信,在中国快速走向高等教育大众化的时代,为了满足社会发展的需要,私立高校将会起到越来越重要的作用。

2000年,在庆祝潘懋元教授八十寿辰时,他的同事和学生们在厦门大学举行了一系列特殊的庆祝活动。其中之一是收集出版了他有关高等教育学的最重要的理论著作。[①] 然而,这并不是一个退休告别会,潘懋元仍然是一个积极的学者、教师,继续活跃在进一步发展高等教育学的工作中。他在2001年出版的新著《多学科观点

---

① 潘懋元. 潘懋元论高等教育[M]. 福州:福建教育出版社,2000:727.

的高等教育研究》就是企图以新的方法论来推进高等教育学的理论建设。是什么使这位来自贫苦家庭的谦谦君子，保持着发展一门新学科的热忱和忠诚，50年来从不言悔？潘教授谈到早年所受的中国传统教育时说的一番话也许能给我们答案。他可能从没掌握过一门外语，在数学和自然科学中也并没有很高的造诣，但在他早期所接受的教育中，首先学会了怎样做人，同时也学会了用汉语表达自己的思想，他把对文学的热爱转化成了从事教育工作的关键财富。最后，他学会了把从各处学来的有用知识融入他学生时代形成的知识框架中。

目录
CONTENTS

第一部 早年生活

我的家乡 /3

我的父母 /6

哥哥是我的启蒙老师 /11

插班进小学 /17

半费的中学生 /22

爱好文学 /24

初为人师 /27

插班进师范 /29

乡村教师 /34

投身抗战 /37

第二部 负笈求学

山间跋涉 /49

两考厦大 /52

如愿以偿 /55

南方之强与长汀精神 /59

江西岁月 /77

第三部 厦大岁月

复建厦大附小 /81

反饥饿与争民主 /86

新教育生涯 /92

进修研究生 /96

学习苏联与教学改革 /100

第一个研究杨贤江 /103

第一本《高等学校教育学讲义》 /106
借调中央教科所 /112
干校劳动 /116
云南岁月 /118

第四部　开创中国高等教育学

创立全国第一个高等教育研究机构 /125
筹备中国高等教育学会和高等教育学研究会 /131
主编第一部《高等教育学》 /138
教育内外部关系规律 /145
高等教育与商品（市场）经济 /151
传统文化与高等教育 /153
大学素质教育 /156
高等教育思想的转变 /159
高等学校教学原则 /162
多学科研究方法论 /166

第五部　高等教育问题研究

高等教育地方化研究 /175
高等教育大众化研究 /177
民办高教研究 /185
高职教育研究 /189
高等教育通向农村研究 /193
高等教育分类定位与学制研究 /196

第六部　拳拳之心

得天下英才而教育之 /203
希望在明天 /214

跋 /229

百岁感言 /233

编后记 /235

第一部

潘懋元教育口述史
PANMAOYUAN JIAOYU KOUSHUSHI

早年生活

改革开放后充满信心

第一部　早年生活

我的家乡

我于 1920 年 8 月 4 日来到这个世界，按农历计算是六月廿日①，出生地是广东省汕头市，祖籍揭阳，小名叫如德。我的家庭出身，既非书香门第，更谈不上是名门望族，而是一个普通而贫穷的小商贩之家。

广东在五岭山脉以南，俗称岭南，文化上有"岭南文化"或"岭南派"之称。岭南文化，又分为广义和狭义。广义的岭南文化，包括三大民系的文化：以珠江三角洲为中心的"广府民系"，以潮汕平原为中心的"潮汕民系"，以兴梅山区为中心的"客家民系"。狭义的岭南文化，特指广府民系的文化，与此相对应的，粤东地区或潮汕地区，称为岭东地区。民国时期，粤东有一份报纸就叫《岭东民国日报》。岭东地区由于特殊的历史、地缘、语言、风俗等原因，形成了独特的地域文化——潮州文化，近代以后又发展成为潮汕文化。

广东古属南越地区。秦灭六国之后，平定南越，置南海郡，郡下设县，东部地区被设为揭阳县。所以那时候的揭阳县，比现在的揭阳市范围大得多。东晋以后，此地设为义安郡。隋唐以后，改义安郡为潮州府。潮州之得名，是因为它地处沿海，潮水常涨至海边金山，潮涨潮落，潮水往复。

汕头原名沙汕头，意思是海滩之头。西面另一个市镇，名为汕尾。汕头是当地两条最大的河流——韩江和榕江的入海口，也是由这两条江水冲积而成的三角洲。入海处有一个内海湾，叫牛田洋，状如喇叭，水域宽广，是优良的港湾。汕头本是个渔村，清朝以后，大量渔民出洋谋生，渐渐发展为重要的进出口岸。1860 年第二次鸦片战争以后，《中英天津条约》签订，汕头开放为正式通商口岸。近代开始，汕头渐渐发展成为粤东第一大城市，成为与潮州府城同等重要的政治、经济、文化中心。不知不觉中，"潮汕"的统称，替代了过去"潮州"的指称，如过去一般将此地人称为"潮州人"，现

---

① 后来厦门市思明区碧山派出所的户籍警把户口本误写成"9 月 25 日"，身份证也随之这样写，并且很难更改。虽无关宏旨，却令人遗憾。

在则称为"潮汕人";过去有"潮州话"之称,现多称为"潮汕方言";等等。在我出生的 20 世纪 20 年代,汕头没有现在这么繁华,虽然面积大约只有现在汕头市区的 1/10,却是粤东第一大城市,也是当时的一个重要商港,货物年吞吐量占全国的 4%~5%,是东南亚华侨主要的进出口岸。

当地原居民为畲族,到近代已经为数不多,而且大多住在山区。现在的"潮汕人"基本上是由中原南迁来的移民,后迁来的被称为"客家人"。迁徙路线:先迁来的,一般是先由中原迁入福建,再由福建迁入粤东,所以当地文化与闽南文化有着深厚的历史渊源,当地语言又与闽南语有着密切的关系,这些移民又被称为"福佬";后迁来的,是越过五岭东部南移,为兴梅山区客家民系的边缘。

潮汕文化的形成,带有很强的历史和地域特点。移民们很早就带来了中原先进的农业文明,讲求精耕细作。由于这里地处偏远,依山傍海,俗称为"省尾国角",历代为罪官囚徒流放之地,特别是唐朝时期,贬官增多。如大文豪、大教育家韩愈就曾流放到这里,他在诗中描述潮汕:"一封朝奏九重天,夕贬潮阳路八千"(《左迁至蓝关示侄孙湘》),"潮阳未到吾能说,海气昏昏水拍天"(《题临泷寺》),"潮州底处所,有罪乃窜流"(《泷吏》)。当地有一条韩江,就是因韩愈而得名。贬官们就个人遭遇来说,是怀才不遇,却为当地老百姓带来了好处。许多贬官在此兴办学校,推广教育,奠定了浓厚的儒家文化的基础,推动了地方文化进步。又由于交通阻塞,居民移至此地后,很少再与内陆交流,所以时至今日,这里仍旧保留了大量的古代中原文化。

从文化的载体语言来说,当地方言"潮州话"很能体现古代文化的流风余韵,带有大量古代汉语的古音、古义。例如,我这个姓"潘"字,现在是作为姓氏用字,但在古代汉语中却是指淘米汁,晋朝杜预有注:"潘,米汁,可以沐头。"《广韵》平声桓韵:"潘,浙米汁。"现在潮州话仍将淘米水叫作 pung。又如,"底"字,现在多用作名词,古时候还用作疑问代词,如上文韩愈诗中有"底处所"用法,就是"什么地方"的意思。另外还有一首诗的两句:"渠将底物为香饵,一度抬竿一个鱼。"(杜荀鹤《钓叟》)潮州话中现在还有这个用法,如"底个"(什么)、"底块"(哪里)等。再者,潮州话还带有许多古语词和土语词，许多词在《现代汉语大词典》中根本查不出来。在音调方面，潮州话保留有古汉语的平、上、去、入四个声调，并细分为阴平、阳平、阴上、阳上、阴去、阳去、阴入、阳入八个声调，而现代汉语只有阴、阳、上、去四个声调，而无入声。所以潮州话非常容易辨别平仄，阴平、阳平为平，其余六声为仄。一些古诗词，包括一些古代散文，用现代汉语读起来不一定那么押韵，用潮州话读出来却特别有韵味，朗朗上口，特别好听。

潮汕文化兼有海洋文化的特征，这也是由地理因素决定的。由于这里临海，很多居民以渔业为生，并且很早就与海外有贸易往来，所以吸收了不少外来文化。例如，当地语言中又有不少外来词汇，如马来语和泰语等。内陆文化与海洋文化，特别是与南洋文化（东南亚一带的文化）在这里交汇融合，使得潮汕文化既具有很强的保守性，又具有很强的开放性。例如，中原文化是重农轻商，这里既重农渔，又重商贾。

"潮商"也是一个很重要的文化概念，"潮商"的足迹遍布海内外，且主要是海外。因当地人多地少，居民大多吃苦耐劳，在家善于务农，出海善于捕鱼，出外善于经商，养成了勤俭、细心、精明、和气的文化心态。一般来说，潮汕人骨子里坚忍，自强不息，外在表现平易和气，不轻易与人发生争执，更不会轻易地动刀子、动棍棒地干仗。明清以来，迫于生计，不少人漂洋过海在外谋生，所以当地华侨很多，还出了不少有名的华侨商人，例如现代商界巨贾李嘉诚就是这一地方的人。商业比农业更需要读书、识字、计算，很多商人经商致富之后，重视教育，兴办学校，所以这一地区教育也发展较早。我少时有这样的印象，一个乡村，都是破旧的房屋，如有一溜子新建房屋，那一定是一所小学。当然，更多的小学是利用祠堂来办学的。

我虽出生在汕头，但我的老家是揭阳县榕城镇（现改为揭阳市榕城区）。榕城是重要的水运枢纽，也是历史悠久的古城，宋朝以后，一直是揭阳县的县城，有"水上莲花"之称。榕城和榕江之得名，皆因当地满是冠盖宽阔、瀚蔚苍郁、独木成林的参天古榕树。榕江流到这里，分为两道支流，环绕这座古城——绕城南的称为南溪，绕城北的称为北溪；南北两溪之间，贯通着纵横交错的渠道；渠道之间，点缀着大大小小的池塘。我少时印象中，城中支流蜿蜒，纵横错杂，构成水网，舟楫航行方便，到处是小桥流水人家。居民临水而居，取近水生财之意，所以很多人家门口挂着"榕荫"或"近水生财"的匾额。这有些像苏南地区的水网，也像苏州"人家尽枕河，水巷小桥多"的风光，所以榕城又有"小苏州"之称。这些水网如今却多被填塞，实为可惜！

榕城距汕头不过百里地，榕江从这里流经汕头入海。近代以来，榕城远不如汕头繁华。我的父亲很小就从榕城跑到汕头谋生。经过辛苦劳作和勤俭持家，他从一个脚夫走贩慢慢变成一个小商贩，在汕头站稳了脚跟。

我的父母

我的祖上在当地是很一般的家庭。据说，五代以前的高祖曾当过县主簿一类的小官吏，后来衰落了，像旧社会大多数潮汕人一样，过着清苦贫穷的日子。我没有见过我的祖父母，他们在我出生之前就已经去世了。

我的父亲很小就自己谋生。当时我的亲戚中有人做米糕生意，我父亲在很小的时候就开始从亲戚家贩米糕卖，并且从此以后，毕生以卖米糕为生。卖米糕是小本生意，父亲起家的历程可谓异常艰辛。父亲先是用竹簸箕装些米糕顶在头上叫卖，稍微大一点，就挑着担子叫卖。卖的地点，起先是在揭阳，每天走村串巷，沿途叫卖；后来就在往返于揭阳和汕头之间的轮船上叫卖。那时候从揭阳到汕头，不像现在有公路可以通汽车，而是走水路，坐小火轮。那种小火轮以煤为动力燃料，航行很慢。揭阳至汕头，顺水走五六个钟头，逆水要七八个钟头。这样，人们乘船时，总要吃些东西，特别是小孩子。我父亲就在轮船上叫卖米糕，往返于揭阳和汕头之间。

慢慢地，我父亲积蓄了一点钱，自己也学会了做米糕，就不再来回奔波，而是在汕头市固定下来。刚开始，他自蒸自卖，挑着担子，将自己做好的米糕沿街叫卖；慢慢地，固定一个地点，摆小摊子；再后来，就租了一个店面，开成一个小米糕店；再往后，就有些人从他的店里批发一些米糕去卖，一般是早上拿货，晚上结账。我父亲打一个折扣给他们，比如说10个铜板的东西，算7个铜板，生意好的时候，有四五个人来拿货，平时一般只有两三个人。

父亲潘镜耀

到我懂事的时候,父亲已经租了店面。我记忆中,租的房子是带店面的两层简易楼房,一楼用来磨米、蒸制米糕和卖米糕,二楼住人。这种简易楼房,楼梯是木头的,很窄,摇摇晃晃的,我们小时候经常从楼梯上摔下来。从六七岁开始,我就帮家里做些事情,比如帮着看店子、卖米糕。稍微大一点,就帮着碾米,把已经浸泡好的米磨成米浆。这是我最经常做的活儿,遇到特别忙的时候,一磨就是一整天。所以我干别的事不行,磨米还是很在行的。

我父亲很勤劳,有点小精明,待人很和气。他有好几个名字,比较正式的名字是潘镜耀,按辈分来排叫潘周然,大家比较知道的是潘文声,店面叫潘文兴。父亲没有正规进过学校念书,只上过三个月的夜校。但在做生意的过程中,父亲东学一点,西学一点,慢慢学会了识字,能看旧小说和报纸,账也能记,信也能写了。我现在还保留有父亲写的信。

我父亲觉得做生意很辛苦,希望子女们能够读一点书,找到一份比较好的职业,不再做苦力,用他的话说就是:"将来能够穿鞋子、穿袜子!"因为当时能够穿鞋子、穿袜子的是体面人,一般做工的人只是打赤脚或穿木屐,有些人长年都是打着赤脚。父亲不希望我像他那样做苦力,他经常对我说:"你不是做这个东西的料!"所以他想尽一切办法让我们兄弟几个念书,始终不让我们真正学做米糕，成为家庭主要劳动力。

母亲梁韵清

我母亲姓梁，是广东番禺人，名字叫韵清，但是从没听人喊过她的名字。过去的女人，很少人知道她们的名字，连姓都没人叫，一般只是随丈夫叫，叫某某嫂、某某婶或某某婆。我母亲自幼父母双亡，寄居在一位曾姓亲戚家中，大概相当于小丫环的身份。稍微大一些，就跟着一位梳头师傅学梳头。在嫁给我父亲之前，她靠帮别人梳头为生。那时候，广东顺德一带有一种职业是帮有钱人家梳头的，一般是固定好几户人家，一个星期去几次。我母亲后来漂泊到了汕头，嫁给了我父亲。结婚之初，母亲讲广州话，父亲讲潮州话。后来母亲慢慢地学会了潮州话，不讲广州话了，只有那些早年一起干活的梳头姨来我家时，她才讲广州话，不过多半的时候她只是听。我母亲为人善良，不识字，话不多，是一个典型的中国旧式妇女，任劳任怨，操持家务，抚养孩子。

我父母先后生育了十个子女，七男三女。我们家里穷，孩子多，父母难免有不少烦心的事，但在我们成长过程中，父母从来没有打过我们。后来，我在教育自己孩子的过程中，也没有打过孩子，孩子们反而都能自律。

十个孩子中，最后只有三个孩子活了下来。为什么生得多，活下来的少？卫生条件不好，穷，看不起病！最先出生的是一个男孩子，仅活到三四岁，在我出生之前就夭折了。第二个哥哥，也就是对我影响最大的哥哥，活到21

岁,却不幸英年早逝了。能够活下来并且至今健在的,除我之外,还有一个姐姐和紧随我之后的一个弟弟。虽然我应当是"老四",但传统习惯只按男丁排行,我排行第三,弟妹们就叫我"三兄"(潮汕话都称哥为兄)。再下面的六、七、八、九、十,三个弟弟,两个妹妹,都先后夭折。按排行,他们的名字是如珍(妹)、如哈(弟)、如琴(妹)、如海(弟)、未名(弟),他们有的已经上小学,有的还未念书,有的只活两三年,最小的一个活了不到一年。在二哥去世后的几年间,死亡的阴影笼罩着这个贫困的家庭,我也在一次伤寒中差点丧命。回忆起这段悲苦的日子,我的心就在滴血,我不敢回忆。除了没见过面的大哥之外,这些骨肉同胞的音容,永远镌刻在我的心灵深处。

我不知道我的父母如何经得起一连串的变故,我们都不敢提及死去的兄弟姐妹,他们也不说,但母亲的身体明显地一天一天委顿下去。后来姐姐出嫁了,弟弟从小就寄养在姑母家中,抗战时期我也不得不离开汕头,父母的日子更艰难了。抗战时期,我的母亲去世了,去世时才50岁,死得很凄凉。

抗战时期,汕头沦陷,家里只有我父母留在汕头没能逃出来,他们依旧开着米糕店,勉强维持生活。由于长期操劳,母亲身体一直不好,后来就长年抱病。日本鬼子对于生病的人,不但不给医治,反而要拉出去,说是集中起来以免传染,结果被拉出去的,就没有活着回来的。所以老百姓非常害怕生病,有病就硬撑着,不敢去看病。日本人更是三天两头来检查,发现谁家有病人就拉出去。这时如果有人真的病了,即使是躺着的也会赶快爬起来,下床干活,装作没病的样子。我母亲就是在这种环境下,病着,撑着,忍着,拖着,贫病交加,痛苦度日。到最后,实在不行了,我父亲决定"偷渡",将我母亲送回揭阳老家。

当时,汕头港已经由日本鬼子把守,他们在港口设立哨卡,不让人们随便出入。一天凌晨,天还没有亮,我父亲雇了一条小船,准备偷偷渡过封锁线,送我母亲回揭阳老家。他们的船刚过牛田洋面封锁线,就被日本鬼子发现了。日本鬼子向他们不停地开枪扫射。好在洋面宽阔,当时天还没有大亮,船老大拼命划船,最后总算在枪林弹雨中逃出命来。他们划出牛田洋海湾之后,沿着榕江逆流而上,划了整整一天,到了晚上好不容易才划到揭阳老家。可是等回到老家时,我母亲已是奄奄一息,生命垂危了。

当时我们三个子女都不在父母身边。我正在长汀的厦门大学念书，念大二第一学期。父亲赶紧给我拍电报："母病速归。"那时我是一个来自沦陷区的穷学生，一方面在拼命念书，另一方面还得挤时间兼课养活自己。战争把亲人分隔两地，虽然心里时时想念父母，但是无可奈何，想归想，回家总是不现实，真正是"有家不能回"。我内心里一直以为父母能够活很久，会一直等着我大学毕业和成家立业，万没想到母亲会这么早就离开我！

接到家里的电报，我还没有回家的路费，赶紧向同学借钱。当时大家都很穷，也没有多少钱可以借。知道我的困难后，大家东拼西凑，最后总算是连夜筹到了回家的路费。第二天，天刚刚亮，我就赶紧上路往家赶。我先从长汀出发向西，往江西瑞金方向走；再从瑞金折向南，往会昌方向走；然后从会昌继续向南，到蕉岭；最后从蕉岭到梅县。除了在会昌和蕉岭之间搭乘了一段过路的货车之外，一路徒步穿行，翻山越岭，心急如焚，这样一连走了五天。第四天从蕉岭到梅县途中，我就心神不宁，有种不祥的预感。第五天傍晚，踏入家门，横在门里的却是一口白木棺材。我母亲已经于前一天过世了。

当时的情形如晴天霹雳，好半天，我都不敢相信这是事实。我伏在棺木上号啕大哭，肝胆俱裂！脑海里不断回想我母亲这一生的片段：一生操劳，贫病交加，病着，疼着，拖着，忍着，她忍受了多少痛苦，常人难以想象；她生育了十个子女，最后只有三个活了下来，她遭受了多少失子之痛，别人难以想象；国难当头，民不聊生，朝不保夕，她的子女们又都不在自己身边，她是如何地牵挂，难以想象；特别是在最后时刻，茫茫海上，长夜未明，波涛汹涌，他们的小船在海上孤零零地漂荡着，日本鬼子的机关枪连珠炮似地扫射着，她躺在小船里，呼吸微弱，她忍受了多大的病痛折磨，别人更是难以想象……苍天在上，当时他们是多么无助！真是叫天天不应，唤地地不灵啊！

"树欲静而风不止，子欲养而亲不待"，我的痛苦更甚于此，现实的情况是我连赡养双亲的能力都没有。一想到这些，我就心如刀绞，悲痛欲绝。但是，我也只能在家里待上一个星期。扶柩上山之后，我去拜访了一些亲戚，感谢他们对母亲的临终关怀和照料。最后涕泪交流，辞别白发苍苍的老父亲，又迅速赶回学校上课。因为期末考试快到了,如果不赶回去参加期末考试的话,就得推迟一年毕业。返校的时候,家里虽然很困难,还是帮我凑了一些路费,我仍是徒步穿行,差不多走了一个星期。那一阵子,虽在紧张的复习考试中,但做梦老是梦见母亲。

后来我常想:如果不是汕头沦陷,我母亲也不至于那么早就离开人世。直到现在,一想到这些,我就愤恨难消。我那未曾见过面的岳父死得更惨。岳父是南昌人,南昌沦陷以后,日本鬼子将成千上万的老百姓拉出去活埋。据说我的岳父就是当时被活埋的。所以,我们这一代人对日本的感情很复杂,既希望和平,又对日本军国主义充满了仇恨。家家都有一本血泪史啊!

我父亲一直活到中华人民共和国成立以后。我成家以后,父亲还帮助我带小孩。他是一个慈祥的爷爷,我的几个子女都很喜欢他。他一生劳碌,到了晚年,虽然没有过上好日子,但也算是颐养天年。

总之,我们这个家庭是非常贫苦的。按说我跟读书无缘,但我不仅读书了,而且读书的程度远远超出了父母的想象。这要感谢我的父母,感谢我的哥哥,感谢我的老师们,大概还要感谢命运对我的眷顾。

哥哥是我的启蒙老师

我的哥哥比我大6岁,他的一生很短暂,只活到21岁就英年早逝了。但是,哥哥对我的影响很大,是我的启蒙老师。不仅如此,哥哥在潮汕文化上也有一定的影响。下面我就专门讲一讲我的哥哥。

我哥哥叫潘载和,小名如章,学名连熙,1914年10月生,他是在老家揭阳榕城出生的。当我懂事时,哥哥已是汕头广旅小学的高小生。[①] 广旅小学是由广州市旅汕同乡会办的,教学质量比较好,大概由于我母亲是广州人,所以哥哥才可以进广旅小学。哥哥特别聪明,我印象比较深的是,他读高小一年级(相当于现制小学五年级)时,参加汕头市全市小学生学业评比,比试

[①] 旧制小学分为初、高两级,源于1922年的"壬戌学制"章程。"壬戌学制"规定:初等教育为六年,分初、高两级,初级为四年,高级为两年。

国文、算术、常识三科，获全市第三名。颁奖仪式之后，仿照科举仪式，让前三名的学生坐敞篷汽车，由军乐队在前面引路，在街上游行，可以说是风光一时。全家人都为这事兴奋了一阵子，当时能坐汽车，是件很稀罕的事。

当时各地都有孔教会，旨在"尊孔重教"。初中时，哥哥进了汕头市孔教会办的时中中学。"时中"，就是与时俱进的意思。儒家思想的精华，是能与时俱进，与日俱增，适应不同时代的思想。人们称颂孔子是"时中之圣"，有的地方为孔子塑像时，座基上就刻有"时中之圣"或"圣之时者"的字样。时中中学校训取自《古文尚书·大禹谟》："人心惟危，道心惟微。惟精惟一，允执厥中。"也是宋儒"十六字心传"。这所学校有不少有名的教师，教师里面有贡生和举人。校长杨雪立先生是清末的贡生，在当地很有声望，雪立的名字，就是取义于尊师重道的"程门立雪"的典故。这位杨校长不仅古文好，而且写得一手好字，从他那里我才知道，写字可以卖钱。在当时，校长的工资本身就很优裕，但是他的字卖的钱更多，当地很多牌匾寿幛都是他写的。时中中学办了一个班，设国文、英文、数学三科，这在当时是比较新潮的，所以父亲就送哥哥去时中中学念书，希望哥哥能学到一些应用知识。

虽然在学校里学习国文、英文和数学三科，但是我哥哥对数学和英文不感兴趣，只是喜欢国文。他读了很多古书，并已经开始写小说和诗歌，经常在《岭东民国日报》《星华日报》等报刊上发表文章。1931年，哥哥念初中三年级，九一八事变爆发，汕头市组织学生救亡联合会，哥哥就加入了学生救亡联合会，并担任联合会文书干事。从此，他开始参加一些社会活动，接触一些社会人士和新闻界人士。中学毕业之后，哥哥当小学教师，先是在汕头教书，后来又去了揭阳榕城。教学之余，他总是不停地写作，写出了一些有分量的东西，即使在今天来看，这些东西仍有重要的文史价值。1995年，汕头大学出版社出版了孙淑彦著的《乡邦人文》一书，书中以《文藻风流获我心》为题，专门介绍了我哥哥的一生及其著述。

当时潮汕人学习认字，用民国初年出版的《潮声十五音》作字典，这部书还不完善，仅可依音索字，不能凭字检音，也就是说，可以查到知道字音而不能写的字，但不能查到知道字形而不知道字音的字，而且也不注释字义，使用起来很不方便。于是，我哥哥就重新编写检音字表，以解决潮汕人读音

哥哥潘载和

困难的问题。当时我还帮他抄抄写写,抄写过程中,我也学到了不少文字学的东西。① 第二年,也就是1933年,他编的《潮汕检音字表》出版了。《潮汕检音字表》(以下简称《字表》)以字形检音,共分部首214个,收录近8 000个字,使用方便,特别适合中小学生,普通的农工商人也可以用。所以这部《字表》一经出版,就大受欢迎,发行量很大。据说,后来八年间重印了八次。

《字表》一出来,很快就有盗版,当时叫作"偷印"。这时我哥哥已经过世,我为了版权还同人打了一场官司。当时,我得知有一家书店偷印这部《字表》,以两毛钱一本的价格出售。我就先找我哥哥的一位朋友,他是会计师,请他帮忙出主意。然后我们一起去找当地一位有名的律师,请他出面打官司。那位律师说:"这个事情不用找我,我的孩子刚刚大学法律系毕业,可以写状子、打官司。"于是我们就找到他的孩子,一起到那家书店去查。果然,书店里有偷印的《字表》,因为偷印的书没版权印。最后,我们打赢了官司。处理的结果是:第一,以后不许偷印;第二,对已经偷印好的,帮助盖

---

① 受此影响,后来我一度对文字改革比较感兴趣,不仅在乡村小学教书时参与新文字运动,20世纪50年代初还与语言学家黄典诚、洪笃仁等组织新文字研究会,一起编辑《新文字月刊》。

版权印；第三，书店赔偿一百块钱。当然那赢下来的一百块钱，我并没有得到手，基本上付了律师的费用。在我这里，只是讨回了一个公道。

除了编写《字表》外，我哥哥还做了一件很有意义的事情——编《潮州府志略》。在此之前，比较完备的潮州府志是清乾隆二十七年（1762）周硕勋编纂的《潮州府志》，称为《周志》。但是《周志》洋洋洒洒43卷，民间不容易见到。此后中断了171年，没有新志出现。回到老家揭阳教书后，我哥哥就利用业余时间编纂地方志。这是一件很烦琐的工作，工作量很大，他系统翻阅了43卷的《周志》，以此为蓝本，同时参考其他一些资料，如《韩江闻见录》《潮州耆旧集》《潮州文概》等，作摘要的作摘要，作补充的作补充，同时增加许多清代到民国时期的新资料，重新编出了一部《潮州府志略》。这部《潮州府志略》共20多万字，讲述了潮汕地区一千多年的历史变迁、山川风貌和风土人情。全书不分卷数，设纲目16项，附录3种。主要的纲目有图志、自然现象、沿革、疆域、山川形势、交通、建设、兵备、税法、人物风俗、物产、轶闻、古迹、艺文等；附录包括《南澳考略》《汕头考略》《潮汕现状》3篇。因为当时南澳置县还不到20年，志乘没有记载这件事，所以用南澳考略作为附录；而汕头本来不过是一个穷荒渔村，辟为商埠之后，几十年就成为一个有名的港口，所以有必要考察其沿革变迁。另外，自辛亥革命以后20多年，潮汕的变迁很大，还没有志书记述现状，所以有必要对潮汕现状做一描述。

人们常说，"一方水土养一方人"，其中也包含了地方文化的影响和一个地方的菜根滋味。《潮州府志略》卷首，哥哥的同窗好友陈宗博为他题了"菜根滋味知君惯，文藻风流获我心"诗句。《潮州府志略》出版后，同样受到社会欢迎，不到一年就再版。当地很多人都知道哥哥，揭阳县县长还亲自来拜访他，同他商量重刊《揭阳县志》的事情。我哥哥将这事应承了下来，很快写了《重刊揭阳县志缘起》一文，文中说道，揭阳是"人文荟古今之盛，风气开岭海之先"（可惜我哥哥还来不及做这件事就英年早逝了）。即使到现在，《潮州府志略》仍然是很有价值的地方文献。1987年，汕头市市志办公室重印了这部《潮州府志略》，台湾文海出版社前几年也重印了这部书。

我哥哥一直爱好文学，也比较有文学气质。他平时喜欢写些诗歌、散文和小说。因为他的头发是天然卷曲的,所以他用"虬发"做笔名。1933年,哥哥出版了诗集《夜心集》,署名就是虬发。这本诗集主要收录他在1931—1932年所作的20首新体诗和五首词。当时有人评论他的诗集是:"有春水一般的温柔的词句,有茉莉一般的馨香的情怀,像幽林的杜鹃在午夜低叫,像芍药枝残在深宵轻抖。"其实他的诗也很有激情,有些诗跳动着时代的音符。例如,他的诗中也有这样的句子:

  起来,奴隶们!
  在黄浦江边,在长白山下,你不看见同胞的血肉狼藉?
  长城堕坏,铁壁摧磨!何处不是,草莽梗塞,烽火纵横?

  这些诗歌体现了他忧国忧民的呐喊与悲愤,其精神与1934年拍的电影《儿女风云》的主题歌《义勇军进行曲》的精神有相似之处。《义勇军进行曲》后来成为我们的国歌:"起来!不愿做奴隶的人们!把我们的血肉筑成我们新的长城!"两年后,这本诗集再版。我哥哥还作了不少旧体诗和词。他将自己的居室命名为"听雁楼"或"秋风听雁楼",所以他将诗词稿定名为《听雁楼诗词稿》。有些诗很能体现他的一些功力。例如,他在《二十题影》中,有"伤春一夕频推枕,忧国几回欲着鞭"这样的诗句,很有些少年壮志的情怀。还有一首诗《郊游》:

  寒村尽处酒帘飘,曲径初回白板桥。
  仿闻鸡鸣还隔岭,才听鹤唳已凌霄。
  空山积翠云归岫,野渡无人浪拍桡。
  偶值邻翁相问讯,绿杨仍否去年腰?

从中也可以看出他的诗清丽凄清,在仿效中唐风格。
  我哥哥生前谈过一次恋爱,那是他的初恋,由于种种原因,最终与恋人分手了。他曾以恋人为主人翁,写了一篇中篇小说《泡影》,在汕头的《侨声报》上连载。他的文风清丽,比较细腻地刻画了人物心理,也能够反映当时的社会风貌。

1934年春天，哥哥与友人合资在汕头市开办了一间书店，叫"上海书店"。不久，书店因经营亏空而收盘，接着他离开汕头去了上海。在上海，他为《大公报》等报刊写稿，卖文为生。夏天，哥哥又回到了汕头，以"重来"为笔名，为汕头的《星华日报》写稿。秋天，哥哥回到揭阳，在榕城私立树德学校教书。

1935年初，哥哥在揭阳教书时生病了，患的是肺病。他先从揭阳回到汕头求医，但当时没有特效药，病情时好时坏，半年后又回到揭阳老家休养。当时我家在揭阳还有一处房子，大约20平方米，隔成两间。父母就让我回揭阳陪哥哥，帮着煮稀饭、煮药，有时扶着他出来走走。由于肺病在当时是不治之症，哥哥在当年11月初去世，年仅21岁。

哥哥一死，我们这个贫困的家庭失去了一个重要的经济来源。对于15岁的我打击也不小，因为我失去了一位好老师。哥哥百日祭时，我写了一篇《百日祭文》。祭文开头是这样写的：

> 维中华民国二十五年一月廿三日，三弟隽之谨以至诚之心致祭于先兄载和之灵而哭曰：呜呼！物坚易折，花香早凋，兄以英才，遽遭天妬。不及回鲤之年，遽应修文之召。壮志未偿，抱恨而终。伤矣惜矣！追思昔日，自幼共处，质疑问难，有所之自。弟之寒劣，赖以扶持，方冀荆树永茂，大被同眠，孰知兄竟薄命如斯耶！

哥哥临终，托付我两件事：一是续编《潮音字汇》，二是整理遗稿。对于《潮音字汇》，我当时着手做了一些修订工作，加注潮拉拼音，使字数从8 000左右增加到10 000左右。1937年，抗日战争爆发，整个形势发生了变化，我不得不奔走在外，中途辍笔，将书稿存放于揭阳老家。抗战胜利后，我回到揭阳翻检旧物，书稿早已不知去向。愧疚难当！好在现在潮音字典已出版多部，没必要重新编纂。对于哥哥的遗作，几十年来，我一直随身携带，历经战乱和"文化大革命"，大多完好无损。2000年，由堂侄潘可琪帮忙整理出版，书名定为《听雁楼诗文集》。终于了却了65年前的心愿，愧疚和喜悦兼半。

插班进小学

我父亲通过自己的命运和阅历，本能地意识到，读书有好处，能够改变人的命运。现在有一句口号，叫"知识改变命运"，这用在推广教育上是很能深入人心的，特别是对于普及义务教育有好处。不仅对于个人来说如此，国家的命运也是系于教育，只有提高整个国民的教育水平和整体素质，才能提高整个国家的综合实力。不过，我父亲的想法倒很简单，他只是觉得，他做生意很辛苦，也赚不了什么钱，所以希望他的儿子们能够通过读书改变命运，或者说，找到一份比较正式的或比较体面的，能够穿鞋穿袜的职业。我父亲的打算就是让我们读到小学毕业，找到一份正式职业；中学就很难说了，因为当时能够上中学的，大多是中产阶级家庭的孩子。在我们家，能够让我们上小学就很不容易了。

所以，等我到了上学的年龄，6岁左右，父亲就让哥哥在家里教我念书，哥哥也因此成了我的启蒙老师。那时我白天在家帮着干些活儿，闲时自己也偶尔翻翻书，一到下午，就盼着哥哥放学回家。而且，我对哥哥很崇拜，对学校也很向往。哥哥这时也才十二三岁，正念小学。他每天放学回家后，就一边讲些学校当天发生的故事，一边拿起小学课本教我念书，"照本宣科"地将他所学的知识教给我，同时他自己也可以借此复习。当时我们学的东西，包括一点点基本算术，也就是一些简单的加减乘除，还有一些是当时的启蒙教材，如《三字经》《千字文》《幼学琼林》。我是懵懵懂懂地跟着哥哥"念书"，鹦鹉学舌，照葫芦画瓢，觉得念着好玩，也能简单地背诵一些东西，但具体的意思并不懂得。长大以后，这些东西反而在脑袋里面经久不忘。比如，一直到现在，《幼学琼林》里面的典故我还记得很多。《三字经》也记得很熟，比如"人之初，性本善。性相近，习相远。苟不教，性乃迁。教之道，贵以专。……"哲学上有性善论和性恶论之辩，但不管怎么说，人是万物之灵，教育可改变人的气质。一直到现在，我还时常思索这"教"字的含义。

我小时候懵懵懂懂的，也经常会想一些乱七八糟，甚至在一般人看来莫名其妙的东西。南方的夏天天气炎热，人们夜晚一般在外面睡觉，叫作"乘凉"。乘凉的时候，我经常躺在家里二楼的阳台上，望着天上的星星和月亮，望着深邃莫测的天空，浮想联翩。我常常想：星星后面是什么东西呢？是不是空的呢？空的后面是什么？是不是有堵墙堵住？还是到底了？到了底以后又是什么呢？朝上，朝东，朝西……一直深下去，什么地方到底呢？

　　一个问题接着一个问题冒出来，想着想着，就不敢再往下想了，可这些东西又一直纠缠着我，把我搞得很迷惘，但又止不住去想。一直到高小，学了一些常识后，才知道地球是圆的。一直到现在，我始终没有解决这个问题。只是到了成人以后，有了宇宙的概念，知道了"三无"的概念：宇宙的无穷、时间的无穷和空间的无穷，但并没有真正弄清楚"无穷"这个概念。大概从哲学的角度来看，人是生在有限的地球上，地球以外的东西，我们很难用地球人的思维方式去思考。不知为什么，我很小的时候就经常想得很远，尽想些这样莫名其妙的事情，大概这就是童年的好奇心，也可以说是抽象思维的开始吧。

　　1928年，我已经8岁了，按中国旧历年龄计算是9岁了，家里才决定送我正式上学，并希望我能够插班，以便节省一些学费。那个时候插班比较容易，基本上是校长说了算。我父亲找到校长，校长就说："来考一考吧，看够不够格。"父亲就带着我去见校长。校长拿来一本书，随便翻到一页，让我往下念。念书我是会的，《幼学琼林》当时已念了一大半。于是我拿起书就往下念，当然具体什么意思并不懂得，只是照着往下念。念着念着，校长就说："可以了，只念错了一个字，进三年级吧。"这样我就上学了，并且一下子就成了初小三年级的学生，家里为我取了个学名，叫连培。当时进的是汕头市东海小学，这是一所私立小学，由一户姓徐的家族办的，地点在徐家的祠堂，离我家不远。哥哥也曾在这所小学念初小，这时他已经转到广旅小学念高小了。

　　过去是春季开学，我第一次正式入学是在清明以后。旧时广东习俗，似乎初入学必须是在清明以后，也可能是与要祭告祖先有关。还有一个习俗，初入学得穿新衣服和新鞋子，大概因为穷困，平时没有新衣服穿，穿新衣服是为了不寻常的事情，以示郑重。我总记得第一天上学的情形：春风丽日，我穿着新衣服、新鞋子，背着新书包，兴奋得不得了。按学校规定：入学前，须先到"至圣先师"孔子的牌位前面叩头。当时大多数学校都设有孔子牌位，在老师的指点下，我来到孔子牌位前郑重其事、恭恭敬敬地叩了三个头，很紧张，也很兴奋，然后才正式去上课。

当时我们班20人左右，教师大概有三四名。我虽然已经在家里念了一些书，但是知识不系统，不怎么懂得上课的秩序，也不懂得怎么考试。第一次考试，一塌糊涂，全班倒数第二名。当时心里很着急，见了校长有些不好意思。校长倒没说什么，只是安慰了一下："下个学期好好念吧。"

第二个学期，读书就更加认真，慢慢地摸到一点门路，对学习也更有兴趣了，特别是国文和算术跟上来了。同时也觉得，上学很好玩，或者说，能跟小朋友们一起读书，是件很好玩的事情，起码比一个人在家自学强多了。还有一些课，学得挺有意思，例如在常识课上，知道地球是圆的，是围绕着太阳转的，月亮是围绕地球转的。这与我经常望着天上的星星想的问题有关，学起来很有兴趣。还有体操课（那时不叫体育课，而叫体操课），也很爱上，觉得好玩。唱歌课，也喜欢唱，虽然不成调。总之，我越来越体会到上学的乐趣，第二个学期考试，我就成了班上的顺数第二名。

第二个学年，念四年级，学习更顺利。可惜好景不长，四年级只念了半年，下半年又没有去念，原因是我家搬家。我家原来住在汕头市小公园附近，那里是市中心，但是房租太贵，我家承担不起，就搬到了市郊中山公园附近（现在也是市中心）。搬家后，离学校太远，上学不方便，我只得停学在家，不过还是跟着哥哥在家里念书。哥哥对古文很感兴趣，我就跟着他念了很多古文。这段时间真正念了一些东西，打下了一定的古文基础。

我哥哥这时已经念到初中，在时中中学。时中中学有一个附属小学，在家待了半年之后，我又跟着哥哥去他们的附属小学念高小一年级。学校有一位温丹铭校董是藏书家，学校为他专开了几间藏书室，其中有一间用作读书室。我的哥哥很用功，一天到晚都泡在读书室，不停地看书和写东西。我也跟着学样，一有空就往那里跑，跟着读了不少书。

在这所小学我主要有两方面的发展：一方面是看了很多旧小说，另一方面是学会了写文言文。对于旧小说，我是兼收并蓄，拿起来就看，《三国演义》《水浒传》《西游记》等，都是在这个时候看的，还有林琴南的译本。书里面的人物和故事，对我们有无穷的吸引力，看了以后就跟小伙伴们津津乐道地当故事讲。另外，学校上课的课本虽说主要是白话文，但老师也常选教一些简短的文言文，如《苛政猛于虎》《爱莲说》《伤仲永》等，而且要求用文言文写作文。由于我已经念了很多古文，写文言文还能上手，作文进步很快。我觉得，读、写两个方面密切相关，只有看得多，才能写得好，现在的语文教学有一个重要的欠缺，就是不能引导学生多读书。

在这期间，我还有一个收获——锻炼出了走路。时中中学和附属小学不在市内，设在郊区田野间。校园按孔庙设计，正中是一座大成殿，殿堂上供奉的是孔子雕像，两边的厢房就用作学校的教室。① 学校离我们家较远，上学放学要穿过一片田野和一座小山包，走路大约要半个小时。我哥哥上学放学总是走得很快，我就跟在哥哥后面跑。一般我们是早上7点钟上学，中午在学校吃饭，傍晚放学回家。刚开始，上学和放学我都跟在哥哥后面小跑，后来就自己走，或者跟自己一般大的小伙伴们一块儿走。那时候海边有很高的沙丘，田与田之间有矮墙相隔，大约半人高，对于我们小孩子来说就算高的了。我们经常不好好走路，而在窄窄的矮墙上快步走，从上面摔下来也是经常的事。遇到沙丘就从沙丘上往下滑。就这样，上学放学，来来回回，跑上跑下，嬉戏打闹，真是充满了童年的乐趣。大概人的天性中就有冒险的精神。

但是有一次，我吃了个大亏。一天，我像平时一样在矮墙上跑，跑着跑着，一不小心，从矮墙上摔了下来，膝盖擦破了皮，流了不少血，沙子进到肉里面了。小孩子不懂事，当时也没当回事，只是简单地洗洗了事，也没洗干净，回家也没敢告诉父母，只是一个人偷偷地忍着痛，每天照样上学放学。过了几天，伤口感染了，走路一瘸一瘸的，终于还是让父母知道了。父母并

---

① 中国由于受儒家文化的影响，很多地方都设有大成殿，有大成殿的地方必有孔子像。我们小时候见到孔子像总有一种特别的感觉。20年前我回到当初念书的小学时，那个大成殿和学校还在，可惜现在已经不在了。

没有打我，赶紧给我弄了一些草药敷上，天天换药。这样过了好几个月，伤口才慢慢好起来，至今膝盖上还留有隐隐的疤痕。还有一次，用弹弓打鸟，不知怎么搞的，小石子反弹，打伤了右眼。伤好了，右眼却成了近视眼。左眼正常，右眼近视，倒也不碍事。50岁之后，左眼老花，右眼仍近视，近、远咸宜，坏事变成了好事。

我还有一个爱好就是踢足球。小时候我特别爱踢足球，小伙伴们在一起时一有空就踢，经常踢得满头大汗，气喘吁吁地跑进教室上课。总的来说，这两年真正好好地念了两年书，日子过得也很欢乐，也就是所谓的童年的乐趣吧。

1931年，小学毕业留影

高小毕业时，时中中学校长杨雪立先生来主持考试。他主考时，算术、常识、历史、地理由小学老师考，他只考国文。国文考试，也只是出了道作文题：《我之志愿》。我写了两三百字，用文言文写的。大概写得还算通顺，给校长留下了比较深的印象。他大概没想到，一个小学生还能写出如此通顺的文言文来，所以就记住了我的名字。也是这次机缘，使他日后特别照顾我这个还不太懂事的穷学生。

很有意思的是，20世纪80年代中期，北京、上海、天津和广东的四家出版社联合"命题作文"，邀约当时一些文化界和教育界的人士给大学生谈自己的学生生活，我联系自己的求学经历写了《理想与追求》一文。这与我小学毕业那年的《我之志愿》对应起来，也算是对生活的回应，或者说是历尽岁月洗礼之后对生活的沉思。

半费的中学生

1931年底，小学正式毕业了，这时我11岁。我父亲原是指望我毕业后能找到一份职业，但是1932年初上海"一·二八"事变以后，沿海一带很紧张，工作更不好找。这时虽说我哥哥初中毕业后已在一所小学教书，但也没有多少薪水，供不起我上中学。这样我就既找不到工作，又上不起中学，只好又待在家里，帮助父亲磨磨米，卖卖米糕。

这样又过了半年光景。一次，我哥哥回母校时中中学办事。当时他大约是想编潮音字表，回学校查些资料，并请校长杨雪立先生指导。杨校长还记得我，便向哥哥问起我："你不是有个弟弟吗？我还记得他的作文写得好。"当他得知我失学在家后，主动对我哥哥说："让你弟弟来上学吧，我只收他一半学费，别人每学期20个银圆，我只收他10个银圆！"哥哥回家将这事告诉父亲。父亲当时沉吟了一会儿，半晌没作声。因为10块钱对我家来说，也是个不小的数目。最后父亲毅然做出决定："既然人家校长有意栽培，还是去念吧！"

1932年暑期之后，我又继续念书了。有时候，人在困难中，得到一个适时的帮助，可以改变一个人的命运。时到今日，我时时感念杨雪立校长，他是我的恩师，如果没有他的及时帮助，我不知道我后来会干些什么，是不是就在家里卖米糕，还是当个小职员什么的，无法想象。现在，到了我这个年纪，吃穿不愁，我希望力所能及地帮助年轻人，设立一个"懋元奖学金"，也是想鼓励年轻人用心向学。

时中中学的中学部这时已从郊区迁至市区，租赁了一座商行的建筑做校舍。这种建筑庞大,集账房、住房和货仓于一座楼中,学校租赁后略加改建,教室设在一楼和二楼,三楼是办公室和教师们的休息室。楼中间有个很大的天井,学生经常在天井里面玩耍打闹。但是最怕的是看到杨雪立校长。如果校长一出现,或者只是从三楼向天井伸个脑袋出来,大家立即变得鸦雀无声,就像老鼠见了猫,所以学生们给校长取了一个外号,叫"老猫"。我很尊敬杨校长,但也很怕他。有一回,杨校长把我叫到他的办公室,拍着我的肩膀,语重心长地对我说:"别的同学玩,人家无所谓,多读一点也好,少读一点也好,反正将来照样做生意、当老板。你就不同了,你是要学点知识、学点本领才可以谋生的。怎么可以同他们一样玩呢?"这些话虽不是打骂,却比打骂更厉害。其实,这是一种特殊的关怀,也是一种特殊的压力。此后,我就不敢贪玩了,总有一种无形的压力如影随形,使得我不敢不好好念书。

时中中学虽说是初中程度,但不同于一般初中,不是按照普通中学的课程来安排的,实际上几乎是国文专修科,我们学的也几乎全部是古文。杨雪立校长亲自开了一门课"聊斋志异"。他认为《聊斋志异》不仅故事性强,而且文笔很好,学生学其他的古文不太容易,从《聊斋志异》学起就很容易。我也觉得《聊斋志异》的故事很有趣,读起来轻松,而且在不知不觉中培养了我的文学兴趣,今天我还能记得《聊斋志异》里面的许多故事。同时,我们还念了"四书","四书"里面主要是念《论语》《大学》《孟子》;还念了《东莱博议》《古文观止》《诗经》《读史方舆纪要》等;其他方面,还念了一些公文和法律等应用性的知识。从这些课程来看,知识不系统,不是念普通中学的教科书。

这期间我学习非常用功。好不容易得来的上学机会,我当然非常珍惜,真有点如饥似渴的味道。当时的教学方法最主要的是背书,考试也是背书。回过头来想想,当时这种教育方式也还不错。一是当时年纪小,记忆力强,并不觉得背书很苦。二是那些古书,特别是骈体文很押韵,读起来朗朗上口。特别是用潮汕方言念出来,抑扬顿挫,别有一番风味,例如:

大学之道,在明明德,在亲民,在止于至善。

古之欲明明德于天下者，先治其国；欲治其国者，先齐其家；欲齐其家者，先修其身；欲修其身者，先正其心；欲正其心者，先诚其意；欲诚其意者，先致其知；致知在格物。物格而后知至，知至而后意诚，意诚而后心正，心正而后身修，身修而后家齐，家齐而后国治，国治而后天下平。自天子以至于庶人，壹是皆以修身为本。

这无论从哲学还是从文学来说，都是美文。我们经常是全班齐声诵读，清楚整齐，抑扬顿挫，气息绵长。或远或近，都很好听。中国古人叫"吟诵"或"诵读"，我们当地人叫得更形象，叫"念书歌"。

更重要的是，小时候会背的东西，不容易忘记。我年轻时很会背诵，现在有些东西还能背，当然已经背不齐了。但是背下来的东西，一辈子受用。又扯到教育上来，现在的孩子要学的知识很多，不能完全像我们那样全部都要背诵，而且白话文也不容易背诵，但是作为一个中国人，必要的、基本的中国经典之作，能背诵一些当然很好。

很有意思的是，在这朗朗上口的诵读之中，我越来越对中国的语言文字有了一些切身的体悟，其文学之美、意境之美，妙不可言。慢慢地，我也就产生了一种特殊的兴趣——爱上了文学。

爱好文学

念小学的时候，学校要求我们用文言文写作文，我初步能写一些简单的东西，自我感觉还比较得意。念初中的时候，我慢慢喜欢上了文学，一有时间就不停地看书、写东西。

初中时，看了很多课外书籍。学校里虽然基本上念的是古文，但是我的阅读面不限于学校的古文知识，而是在课外看了很多书籍。当时汕头市有一个市立图书馆，馆长就是上面提到的藏书家温丹铭的公子，馆藏很丰富，并且不断有新书上架。借书手续很简单，将钱押在那里，一次押一块钱，可以借两三本书。我经常去押钱借书，一次押一块钱借两三本；过几天还回去，再借两三本；不断往复。时间一长，馆长就认识我了，夸奖我："这个中学生，好读书，不错啊！"后来，馆长还主动向我介绍一些书来读。当然，这时我主要读的是文学类书籍，包括新出版的文学创作和文学理论书，有时也读一些社会科学类图书。懵懵懂懂地，我也就知道一些世界和社会上的大事。

我还经常买书看，钱是从饭钱中省下来的，因此差点落下了大病。那时候，我是早上在家吃饭，7点钟上学，父亲每天给一毛钱，让我中午在学校吃饭，晚上再回家吃饭。我常常是中午舍不得吃饭，将钱省下来买书，一直饿到晚上回家吃饭。经常这样饿肚子，不敢告诉父母，也不敢告诉同学。有同学问起来："怎么没看见你吃饭？"我装作若无其事的样子说："我吃了，从家里带来的饭。"这样时间长了，就经常胃痛。有一阵子，胃痛得特别厉害，特别是一到吃晚饭时胃就痛，有时一连好几天胃都痛，最终还是让父母知道了。他们赶紧请医生来看病，吃了些药，才慢慢好些。于是父母规定："以后再不准这样子。"但我总是很瘦，脸色黄黄的。胃痛真正好起来的时候，是抗日时期在随军工作队的时候，每顿饭都能够吃得饱饱的。很奇怪，再后来胃就没什么毛病了。

那个时候看书范围很广，什么书都看，如饥似渴，兼收并蓄。印象特别深的是，很喜欢地理，看了很多地理方面的书，也很喜欢游记，还埋下了后来喜欢旅游的种子。书看多了，写起文章来就更顺手了，也开始写东西发表。记得第一篇发表的比较正儿八经的文章，是讲有关戏剧宣传意义的，发表在汕头的《市民日报》上，当时12岁，念初中一年级。文章的发表，给了我很大的鼓励，以后就一发不可收。从此，花了很多时间在写作上面，诗歌、散文、小说和时事评论，统统都写，写好了就往报纸上投。刚开始，寄出去的文章有时能发表，多数时候不能发表。后来时间长了，编辑们也慢慢地知道我了，到中学快毕业时，发表的文章才慢慢多起来。

当时汕头市的主要报纸有《市民日报》《岭东民国日报》《星华日报》等。最难发表的是《星华日报》，这是当时有名的华侨胡文虎办的。胡文虎是南洋华侨，为祖国的教育和文化机构捐过不少钱，建造了许多中学和小学。他在国内外还办了多家报社，有《星岛日报》《星洲日报》《星光日报》等。

当时《星华日报》有个副刊叫《流星》，我就经常在上面发表文章。那时一千字五毛钱，如果一个月之内能凑到四千字，就可以领到两块钱稿费，如果不到四千字，凑不够两块钱，就一分钱也拿不到。我就经常往副刊投文章，有时候发了一篇，就赶快写下一篇，以便能领到稿费。刚开始，常常凑不到四千字，也就拿不到稿费。但是通过不停地写，不断积累经验，越写越顺手，慢慢就可以拿到稿费了。

当时如果能拿到两三块钱，是很能解决问题的。有了钱以后，我就买书，买的大多是文学方面的书，主要是小说，但从来不买小人书（即连环画）看。当时我的一些同学还在看小人书，我就心想："我已经在看大部头和写东西了，你们还在看小人书？"同学们倒是很羡慕我，给我起了一个外号，叫"文学家"，还经常有同学请我帮他们写作文。

也就是从这个时候开始，文学成了我生活中的一部分，对文学的爱好，我是终身保留的。不管是念高中、念师范、念大学，还是后来参加工作，我花在文学上的时间都不少，一有空就看些东西或写些东西。也许刚开始是为了赚稿费，后来慢慢地就成了生活习惯。即使是现在，我还抽时间看小说，特别是在出差途中，没事就看些小说。我觉得，文学作品刻画人物比较细腻，特别是对人物心理描写比较深刻，这对于我们从事教育工作和教育研究的人是有帮助的。现在我主要看些中篇小说，因为短篇小说不经看，长篇小说没时间看。我一直都订有《中篇小说选刊》和《作品与争鸣》等，特别是《作品与争鸣》，上面有不同观点的评论，能给人一些启发。《新华文摘》上的小说及散文，也是要看的。好的电影也会看一些。但是电视剧几乎无法看，主要是太长、广告太多，没时间耗。

总之，我这一生与文学有不解之缘，但我始终没有滋生出要做文学家的梦。我有自知之明，我觉得我这个人逻辑思维比较强，形象思维比较弱，不适合做文学家。也许，生活中某种机缘巧合，或者不经意间某种特殊的经历，会影响一个人一生的决定。下面发生的事，就影响了我一生的决定。

初为人师

上面说到，在我念初中三年级时，我哥哥生病了。他开始是在汕头市求医，后来回到揭阳老家休养，父母让我回揭阳老家陪伴哥哥。我的主要工作就是帮着煮稀饭、煮药和陪着哥哥出去走走，并不是特别忙。这期间我哥哥的一位朋友、树德小学的校长前来看他，谈到他们学校的老师还不齐，我哥哥就跟他提起我，推荐我去教课，校长同意了。于是我就去了树德小学教书。当时不是完全正式的学校教师，而是兼课，教小学三年级的国文和算术，每天去半天，一个星期教10小时。这是我人生中第一次当老师，我记得是1935年下半年，这一年我15岁。

第一次上课的经历终生难忘，那是一次失败的课。事先，我花了很多心思认真备课，结果到上课那天，一上讲台就紧张，才讲了十几分钟，就将备课的内容全部讲完了，接下来也不知道讲些什么好。学生见老师没话可说，就在下面叽叽喳喳、打打闹闹，教室的秩序顿时乱作一团。我站在讲台上，面对教室里闹哄哄的孩子，不知所措。总之，第一次上课失败了。但失败并未使我气馁。"为什么别人能当好老师，我不能？"一股倔强的牛脾气，使我下定决心克服困难。几堂课之后，我渐渐地不紧张了，觉得小孩子虽然吵吵闹闹，但是也很可爱，对老师也很尊敬，后来就慢慢地爱上了教书这个行当。我当时选择当老师，还有一个很朴素的想法，就是感觉自己没有什么社会背景，只能选择当老师。于是我就发誓："一定要教好书，当个好老师！"

从此，我开始有意识地找一些教人如何当老师的书来读，读的第一本教育学方面的书是庄泽宣的《教育概论》。庄泽宣是中国有名的教育学家，美国哥伦比亚大学留学归来的教育学博士，曾在厦门大学任教。在我这个没有什么教育学基础的15岁的小学兼课教师眼里，这本《教育概论》非常晦涩难懂，但我还是硬着头皮，从头到尾全部啃完。这也使我感到：光靠个人自学不是办法，最好能进师范学校，系统学习教育学、心理学知识。

1935年11月初，哥哥不幸去世。我在揭阳一直待到冬至之后，为哥哥扫完第一次墓后才回汕头。广东习俗，冬至是一个比较大的节日，有"冬至过小年"之说，这一天要祭祖、谢神和扫墓。① 从揭阳回到汕头之后，我心里空落落的，感到前途渺茫，什么都没有着落。这期间，我曾到我家附近的一所英文补习学校读了几个月的英文，由于初中期间没有学过英文，只能从 ABC 学起。但是我对文学有兴趣，对英文不感兴趣，于是又去时中中学找杨雪立校长。杨校长就说："我们正在办高中，你来吧！"这样，我又一次得到杨雪立校长的帮助，回到时中中学念高中，这时已经是 1936 年夏天了。

　　回到时中中学继续念高中，功课对我来说没有什么压力。课外时间，我基本上用来看课外书和写小说，同时还参加学校的一些活动。旧时教师节是孔子诞生纪念日，即农历九月廿八日，每逢这一天，孔教会就在汕头市开讲座，向群众做宣传、做演讲。演讲的地点在市中心小公园广场，时间大多是在晚上。小公园中间有一座亭子，还有孙中山的铜像（这座铜像现在还在），每天晚上有很多人在那儿纳凉。当时还没有电灯，每逢晚上搞公共活动，就在那儿点煤气灯，老百姓叫"大光灯"。② 到了晚上，大光灯一亮，喇叭一响，市民们就知道有活动，会有很多人围过来。当时也没有汽车，街道比较安静，在那儿发表演讲效果不错。

　　每逢教师节那天，孔教会就组织人到小公园发表演讲，我去讲过两次。其实这之前我已有公开演讲的经历，我的第一次公开演讲是在念高小时期。那是 1931 年九一八之后，当时各地都组织抗日救国宣传队，我们时中附小也组织了抗日救国宣传小分队。我们这些小学生列队走出校园，在街道上齐声高唱抗日救亡的歌曲，引得市民前来围观，接着就有人站出来发表演讲。有一次，我也被老师派出来发表演讲，我当时年少，不懂什么大道理，却也是满腔热情、义愤填膺的。当然第一次演讲也是失败的，演讲时两只小手不知道往哪里放，就插在口袋里。好在大人们对小孩子要求不高，只是看看热闹。但这以后，演讲之于我，有了第一次，就有第二次，算是练出胆量来了。

　　念高中时，我对演讲已经有了一些经验。一般是，每次讲半个钟头左右。

---

① 广东习俗，冬至扫墓称"挂冬纸"，清明扫墓称"挂春纸"。
② 后来我们参加抗日活动，做抗日宣传和发表演讲，用的都是大光灯。

我都是事先写好稿子，背熟。演讲刚开始的时候，人家都好奇："这个学生在那儿讲什么呢？"慢慢地围过来的人就越来越多了。有一次，演讲的题目是《孔子学说的微言大义》，题目很大，似乎相当深奥。我当然不可能讲多深，无非是抄抄书，东拼西凑，弄成一篇东西，认真背熟，然后就在那儿煞有介事地宣讲，实际上是背诵，不过比单纯背诵强一些。总之，在时中中学念高中的时候，我基本上学会了演讲，以后无论面对多少观众，都不害怕了。

念高中时，汕头市的《小日报》面向潮汕地区中学生搞征文活动，主题是"岭东农村何处去"。活动规定，取得名次的可以发给奖金。我投了一篇小论文，大意是"如何救济潮汕农村经济"，结果取得了第三名，得到10块银圆奖金。10块钱在当时可不是个小事，我们全家都为这高兴了好一阵子，同学们更认为我是一个小"文学家"了。

但是，我仍然没有想到要当作家，另一个想法反而更强烈了，我要去实现我的梦想——当老师。

插班进师范

有了这10块钱，我就不想再继续念高中了，而是一心想念师范。我当时认为，师范是教人如何当老师的，念了师范就可以当老师。其实，那个时候我不可能对教师的社会意义有什么深刻的认识，也不懂得"人类灵魂的工程师"所包含的责任，失败的教学经验更不会给我带来什么大的兴趣。为什么我还是想念师范呢？大概这与我的个性有关。这种个性是股"牛劲儿"，说得好听点是执着，说得不好听叫固执。我认定的事情，哪怕再困难也要去做，所谓"明知山有虎，偏向虎山行"。后来从事高等教育研究，也经常遇到困难，但我总是想办法克服，有时候甚至是"明知不可为而为之"。幸好，经过努力，往往总有些收获。人们常说，"性格决定命运"，大概多少有些道理。

我当时的想法很简单：当老师是我的理想，我一定要追求自己的理想。话说回来，对于理想，经过几十年的人生经历，我体会出一个道理：理想，是要有兴趣为支柱的，但兴趣所在，不一定就是理想所在；理想的形成，也不一定是从兴趣开始的。有意义的理想，往往和困难相始终。现在很多人只谈兴趣，不谈理想，就会缺少克服困难的动力。这不是好事。

当时国民党南京政府成立之后，教育部规定：师范学校必须是公立且不收学费的，所有私立师范学校必须停办。对于已经招收进来的师范生，可以让他们继续念完，拿到毕业证书。当时汕头市只有一所师范学校，而且是私立的，叫海滨师范学校。这所学校是中等教育性质的，设有简师和高中师范科两种。简师学制一年，当时已不再招生；高中师范科学制三年，也不能再招一年级新生了，但是高中师范科二年级和三年级的学生要继续念完，直到拿到毕业证书。再招收的新生，就要改为海滨中学的学生了。

于是我就想插班，进高中师范科二年级。但是我的条件不够，我只在时中中学念了一个学期的高中。我就去找我哥哥的一位朋友，他通过关系让我到高中师范科二年级去旁听。当时师范科二年级全班只有12名学生，校长黄勖吾说："反正多一个学生也无所谓，就来旁听吧。"当时的教导主任是位进步教育家，是陶行知的学生，叫王贯三，他也同意让我插班旁听。师范虽不收学费，但要收杂费，一个学期，杂费20块银圆。我征文得奖已经有了10块钱，再加上要买一点书和制办军训的服装①，10块钱肯定不够，我就"死乞白赖"问父母要钱，父母给了我20块钱。这样除交给学校20块钱外，还有10块钱买书和置办服装。最后我终于如愿以偿，成了汕头私立海滨中学高中师范科二年级的旁听生。

就像当年插班进小学念三年级时一样，我在高中师范科的学习刚开始并不顺利。因为我此前在时中中学念的课程不系统，而且高一还没有念完，现在一下子就要念师范科二年级，这是个不小的挑战。我客观地分析了一下自己的情况，决定一个个科目攻关。首先，师范不念英文，可以省些心。国文、公民、历史、地理是我的强项，能够应付。生物和化学也不怕，在念师范之前我已经自学了一些。我至今还清楚地记得第一次上化学课的情形。化学老师是中山大学化学系的毕业生，那次讲课的内容是有关溶液和溶解的，老师拿了一些盐来做溶解试验。他不停地将盐往一只盛有水的杯子里倒，一边倒，一边搅拌，一边解说："到了饱和以后，盐就不会再溶解了。"我们发现，到

---

① 当时教育部规定：中学是童子军，高中生就要进行军训。

了一定的程度，盐真的不再溶解了。这使我觉得挺有意思，对化学课慢慢地产生了一些兴趣，以后的化学课还能应付。最难的是物理和数学。虽然师范学校由于相当注重教学技能的培养，对知识程度的要求相对比较低，但是我以前完全没有学过，一下子很难适应过来。物理课，学校选用的是一本《实用物理学》，从美国直接翻译过来的，我花了一块钱买了一本，认真读了一些，物理现象好理解，但计算题就令我头痛。而数学呢，始终是我的薄弱环节，计算题我老是做不好，一直到现在，我还是搞不清楚三角函数中关于 sin 与 cos 的计算。但对几何论证题饶有兴趣，不就是一步步论证嘛，所以几何论证题我做得很好，也因此训练了我的逻辑思维。后来我对逻辑发生兴趣，不是从学习逻辑学开始的，而是从学习几何学开始的。

1937年，高中军训照

1937年上半年，又接着念师范，学习上也更顺利些。当时我们还有军训课，同时也学习一些军事基本知识。我很喜欢上军训课，特别是我们穿着整齐的军服，打着绑腿，一齐操练，很是精神。有时候列队从街道上走过，引得市民们驻足观看，感觉很神气。这样很认真地差不多念了一年的书。

不久，我得了一场大病，差点要了命。得的是伤寒，住了两个多月的医院，好在当时的同济医院对平民是免费治疗的。我后来才知道，治疗这种伤寒病没有什么特效药，细菌一直要把肠子吃得只剩下一层薄膜才自动消失。对于这种病，调养非常重要，在相当长的一段时间内，只能吃流质，甚至连稀饭里面的米粒都不能吃。我就整天躺在医院里，只吃流质的东西，喝豆浆、米汤、牛奶和双皮奶（每天下午用牛奶打蛋花，叫"双皮奶"）。这种双皮奶特别好吃，我现在还特别喜欢。住院期间，有两个多星期，我基本上只能完全躺着，不能下床，坐起来也不行，人瘦得只剩下皮包骨头。后来终于一点一点地恢复了，慢慢地可以下床了。但刚开始下床时，连走路的力气都没有，只能扶着床沿慢慢走。这两个月的医院生活，看到很多的生老病死，对我触动很大。我在医院也结交了不少病友，都是同病相怜，特别是有一个从乡下来的年轻人，我们经常在一起聊天，相互鼓励，度过了不少寂寞的时光。

在我生病期间，整个国家和我家里都发生了很大的变化，但是我躺在医院里面，对外面的情况一无所知。从国家来说，七七事变爆发了，日本帝国主义发动了全面侵华战争，时局变得不安定起来。而家里呢，也是非常凄凉。我有一个比我小6岁的弟弟，当时已经11岁了，在我住院期间夭折了。我平时很喜欢他，经常带着他玩，教他认些字。所以我一回家就到处找他，家里人这才告诉我："他死了，当时你在医院里面，没有告诉你。"我听了以后，非常伤心。手足情深，骨肉相连，一直到现在，一想起来还很伤心。这段时间，死亡的阴影和悲凉的气氛笼罩着我们家，我的兄弟姐妹们一个个生病，然后一个个相继夭折，这对我们这个贫困的家庭来说，是不断地雪上加霜。当时我的身体还很虚弱，连楼梯都爬不动，每次才爬两三步，就要坐下来喘气。当时的情形，真是国难、家难一齐压过来，祸不单行，屋漏又遭连阴雨！

七七事变之后，许多学校停课，海滨师范学校也停课了，家里就让我回揭阳老家养病。一段时间之后，学校又复课了，我又回到汕头继续念书。但是自七七事变之后，再也没有战前那样平静的日子了，我们经常要防空袭。当时经常有警报，警报一来，大家就赶紧往楼下跑。家家户户都在房子上面加盖一层竹棚，因为如果有爆炸，就在竹棚上爆炸，可以缓冲一下，楼下就比较安全一点。在这种动荡的局势下，我又勉强念了一年书，算是将三年的课程基本上念完了。但是并没有完全念完，到了1938年三四月，局势越来越不安定，学校不得不停课，同时准备内迁。停课一段时间之后，有一阵子相对平静一点，大约是1938年5月，学校通知我们回去参加毕业考试。我是旁听生，本来没有机会参加毕业考试，但是由于我的学习成绩还不错，学校就为我想了一个变通的办法，使我有资格参加毕业考试，结果我就拿到了一张毕业文凭。有了这张毕业文凭，将来就业、升学都比较好办些。

另外，再做一点补充说明，自从我向家里要了20块钱交了杂费并且成了师范科的旁听生之后，我再也没有向家里要过钱。我能继续念书，靠什么维持呢？我这时已经自己开始挣钱了，当时主要有两个经济来源。

第一个经济来源是到夜校兼课。当时汕头市市立第三小学有一个附属夜校，是由第三小学的校友会承包的，也就是几个人以校友会的名义承包附属夜校。夜校收取比较便宜的学杂费，招收一些穷人家的孩子来念书，教他们一点基本的算术和国文，一般是到初小程度。收上来的学杂费，一部分作为校友会的经费，一部分作为教师的报酬。教师一般是义务或者半义务的，报酬很少，所以很多人不愿意做。校友会里面有我的一些朋友，他们问我愿不愿意去做，我说："可以，但是我不是第三小学的校友。"他们说："没有关系，你来教吧。"这样大约从1937年4月起，我就白天在师范学校读书，晚上在夜校教书。一般一个班教两个晚上，我教两个班，共教四个晚上。报酬虽然很少，但毕竟有些收入，大约每个月5块钱，除了缴学校的杂费外，还有些余钱平时零用。我因伤寒病住院期间，他们还照样给了我一些钱。病好以后，我继续在那里教课。

第二个经济来源就是稿费。我喜欢文学，经常写些稿子拿出去发表。这时写稿，不再像以前那样经常拿不到稿费，而是经常可以拿到两三块钱的稿费。这样就不断地有些小收入。我经常在当地很有影响的《星华日报》上发表文章，《星华日报》副刊《流星》的编辑是张问强（中华人民共和国成立后任广东南方大学校刊总编辑和香港《文汇报》顾问）。写稿子的时候，我一般是用笔名"隽之"。

由于喜欢文学和经常写稿子，我在汕头市结识了一些进步青年。早在英文补习学校念书时，我就认识了一位文学爱好者吴南生（吴南生后来去了延安，中华人民共和国成立后当过广东省委书记、深圳市首任书记与市长、省政协主席，在20世纪七八十年代广东经济改革开放中起过重要作用），这时与吴南生的联系就更密切了。吴南生也是文学爱好者，他的活动能力很强，与地下党有联系。通过吴南生，我还认识了其他进步青年。当时共产党团结进步知识青年的方式，往往是通过文艺座谈会。吴南生、张问强、王亚夫等人就在汕头发起和组织文艺座谈会。文艺座谈会，主要就是在茶馆喝喝茶、聊聊天，互相推荐进步书籍，交换学习心得，介绍国家的形势以及解放区的情况等，我经常参加这种文艺座谈会。① 后来，吴南生和我一起发起了一个进步组织，叫"燎原文艺社"，并在《岭东民国日报》的副刊上开辟"燎原"专栏。我经常在"燎原"上发文章，用笔名"隽之"。这样，我渐渐靠近了进步组织，从这时开始，我读了一些马克思主义的进步书籍，最早接触的是艾思奇的《大众哲学》、列昂捷夫的《政治经济学》等。

随着视野的扩大，不知不觉中，生命的轨迹发生了改变。1938年春天，我开始投身于抗日活动。

乡村教师

日本帝国主义侵华暴行激起了全国人民的奋力抵抗，全国各地纷纷成立抗日救亡群众组织，潮汕地区地下党这时也组织成立了汕头青年救亡同志会（简称"青救会"）。青救会去备案的时候，国民党是不同意的，成立的那天，还出了一些事情，警察来搞破坏，强行解散会议。我当时在场，为此我以"车倍"为笔名，写了一篇通讯《警察阻止我们》，发表在广州发行的《救亡日报》上。

1938年三四月之后，海滨师范学校停课，准备内迁。这时我的身体还没有完全从伤寒病中康复过来，家里就让我回揭阳老家休养。我家在揭阳亲戚很多，其中我堂叔家的经济情况稍微好一些，堂婶对我也很好，我就在他们家吃住。这期间正赶上地下党在揭阳成立青救会，我本来就在汕头参加了青救会，便要求加入揭阳的青救会。这时随着形势的变化，国民党不得不放松对民间救亡团体的限制。在潮汕地区，由共产党地下组织发起的青年救亡同志会后来再去正式备案的时候，得到国民党地方当局的同意，并改为青年抗敌同志会（简称"青抗会"）。当时国民党也在全国组织青年和妇女成立抗日后援会，我们青抗会的合法外衣就是抗日后援会。当时潮汕地区抗日后援会

---

① 后来随着抗战形势的发展，潮汕地区成立了青年抗敌同志会（简称"青抗会"），青抗会主要是以参加文艺座谈会的一些进步青年为基础的。

成分很复杂，妇女组织主要由国民党领导，青年组织主要由共产党领导，所以我们青抗会是地下党的外围组织。

这时还是国共合作期间，政治环境比较宽松，我们青抗会还可以放开手脚、踏踏实实地做一些事情。最初，青抗会组织宣传队，搞各种形式的宣传活动，我们还负责组织了一场比较大型的话剧，当地叫"活报话剧"，这个话剧后来还到县里参加了演出活动。我当时分在第三宣传队，队长是位女同志，我后来才知道她是地下党员。我当时不是党员，但工作很努力，表现也比较好，整个夏天差不多都在全力以赴地参加抗日活动。宣传队后来改选的时候，我被选为第三宣传队副队长，队长是陈诗辉。后来我又被选为县理事会宣传干事。

1938年9月，正值中秋节期间，青抗会介绍我去普宁县泥沟乡一所小学教书，这所小学叫锲金小学，取意为"锲而不舍，金石可镂"。这里的村民大多姓许，锲金小学就是由许姓宗族出资兴办的，但它却是普宁县青抗会的一个重要据点。锲金小学在我一生中比较重要，因为我在这里第一次正式成为了小学教师，再也不是过去的兼职教师。作为正式教师，心里的感受大不一样了。后来我还当上了学校训育主任①，训育主任要负责主管学生的操行品德。当时工资不多，一个学期大概80块钱，是国民党的钞票，兑换成银圆也就五六十块钱。在锲金小学，我第一次自己置办了自己的衣服和被子。

当时学校教师不多，只有几名教师，吃饭是教师之间轮流做，我们最高兴的是轮到校长做饭。校长叫王液，是地下党员，也是青抗会的成员，他组织了不少抗日活动。当时校长已经有夫人，做饭就由夫人代劳。校长夫人是童养媳，同时也是锲金小学的学生（那时候很多小学生年龄在14岁以上），她的饭做得最好。饭做得最差的就是我，老是做成夹生饭，不知为什么，炒的青菜特别难吃。偶尔我们也到学生家里去吃派饭。当地村民对老师很尊敬，老师来吃派饭时，往往把家里最好的东西给老师吃。但我们一般不愿意到学生家里去吃派饭，因为多数学生家里很穷。

到了普宁以后，我自然就成为普宁县青抗会的成员，经常参加青抗会的

---

① 过去的学校主要有三个处：教务处、训育处和总务处。

活动。上课时，我们一般不用固定的教材，而是结合形势需要，自编教材，材料是从报纸和杂志上剪下来的文章，宣讲抗日救国的道理。另外，我们还办成人夜校，晚上给农民上课，组织民众讲座，对他们讲时事，讲抗日道理，讲游击战。大家决定如果日本鬼子打进来，就参加游击战争，于是我们又组织青年成立抗日自卫队。当时的小学生，有的年龄比较大，高年级小学生的年龄大多在14岁以上，我当时18岁，有的学生比我还大，所以这些学生能够接受形势教育。当地进步青年也支持我们的活动，很多人愿意加入抗日自卫队，誓死不当亡国奴。所以我当时的工作还是蛮有成就感的，跟学生的关系、跟当地老百姓的关系，相处得都不错。

我们还推广新文字运动。当时很多人呼吁文字改革，希望改成拼音文字，尽快扫盲。当时有拉丁化的潮州话、拉丁化的广州话，这对民众认字非常容易，我除了教学生读书外，还教学生学新文字。他们学会新文字后很高兴，一个星期就可以学会写信，想讲什么就写什么。当我离开锡金小学以后，还有学生经常用新文字给我写信。

教了半年书之后，放寒假时我回到揭阳，其间又跟一些老同学联系上了。他们中很多人是追求进步的，大家都看了不少进步书籍，而且互相交换看书心得。当时议论最多而且震动最大的是毛泽东的《论持久战》。读了这本书，极大地增强了我们战胜日本鬼子的信心。

春节过后，我的一个老同学廖少冬邀请我去他的学校教书。廖少冬是我在海滨师范学校的同学，他是我们班年纪最大的同学，当时我们才十几岁，他已经二十五六岁了。他家在普宁县，在当地有一点势力，地方上请他当小学校长。廖少冬就邀请我到他的学校教书，同时任训育主任。这个学校离我教书的锡金小学不远，大约5公里。这时锡金小学的王液校长正要调到别的地方去当校长，我就跟青抗会提出要求，希望调离锡金小学。

1939年2月，新学期开始，我转到廖少冬的学校教书。这所学校叫高埕公学，是一所小学，在普宁县高埕乡墩圩。南方的"圩"就是集市的意思。在高埕公学，我除了教书之外，还兼任训育主任。但是这里的环境跟锡金小学大不相同，锡金小学是地下党组织的青抗会的一个重要据点，抗日活动比较好开展，而高埕公学就不那么容易开展抗日活动。

到了1939年五六月，我到高埕公学教书还不到半年，大约是在端午节前，日本鬼子打进了汕头。他们烧杀抢掳，无恶不作。不久，汕头沦陷，我的父母留在汕头没能逃出来，其中一段时间我还与父母中断了联系。从此，心里多了一份不安的牵挂，也多了一份抗战奋斗的力量。

大敌当前，国难当头，民族危亡，家乡沦陷，不奋起反抗就有当亡国奴的危险，许多热血青年纷纷站到抗日救国的最前线。我也加入了时代的洪流，投身于抗战行列。

投身抗战

汕头沦陷后，广东省保安二团开到潮汕地区，一来是为了抗日卫国，二来是为了维护地方治安。保安团的团长是黄光炎，营长是蓝举初。保安团的士兵大多是外地人，不会讲潮州话。地下党跟他们取得了联系，他们向青抗会提出要求，帮助派出随军工作队，做些宣传、翻译和联系群众的工作。

当时我有一个很好的朋友，叫许虹。许虹比我大3岁，是一个热情奔放、敢爱敢恨、爱憎分明的人。他1917年出生在泰国，11岁时跟随父亲回到原籍广东普宁。1939年初，我刚离开锲金小学到高埕公学教书之后，许虹就到锲金小学当校长，他当时已经上过两年大学，因抗战失学。由于高埕和锲金两校相距不远，我们都是青抗会的成员，经常一起参加青抗会的活动，而且又都是文学爱好者，所以就经常来往。以后的生涯中，我们共同经历了许多事情，成为兄弟般的好朋友。

我本来是一心想当个好老师，可是国难、家难当头，哪有安宁的教室？这时我和许虹就做出决定："不等学期结束，立即辞去教学工作，加入随军工作队去。"我们当时那种在国难当头、家乡沦陷时刻的悲愤心情，那种准备随时为国为家牺牲的心情，也许今天的年轻人难以理解。但当时我们毅然决定辞掉工作，参加随军工作队。我和许虹先后赶回揭阳，去青抗会报名，要求参加随军工作队。

揭阳青抗会当时组织了一个30多人的随军工作队，跟随保安团的部队做工作。主要的工作有以下几个方面：一是宣传工作，二是帮助部队联系群众，三是传递消息。当然，遇到特殊情况也投入战争。随军工作队的队长叫杨世瑞，是暨南大学的毕业生。工作队下面分设三个组：谍报组、宣传组、通讯组。我和许虹都分在宣传组，编战地小报《阵地报》。《阵地报》主要是报道前线动态，编写有关抗日、锄奸和军民合作的消息以及一些短小精悍的文艺作品，然后分发到团、营、连三级，同时也在附近乡村张贴，以便激发军民的抗战热情。另外，我还经常写墙报以及兼任普宁县《青报》的随军记者。许虹还同时负责编辑《民国日报》副刊《烽火》，我也经常在《烽火》上发表文章。

我们活动的地点主要围绕着汕头一带。汕头后面有一座山，叫桑浦山，据说是因山上曾长有很多桑树而得名，但实际上有很多花岗岩石头，怪石嶙峋。桑浦山绵延几十里，横跨潮安、揭阳两县。保安二团就据守在桑浦山一带，在山上还设有炮台。那一带也是抗日前线，经常炮声隆隆，日本鬼子的飞机还在头顶上轰炸。

在随军工作队，我们除了搞宣传以外，有时也直接参与打仗。有几次我印象非常深刻。

一次，我们得知日本鬼子打进一个叫蕉山村的地方，我们就在夜里急行军，赶到蕉山村，希望趁黑从山头包围和消灭日本鬼子。但是当我们赶到山头时，日本鬼子已经撤退，并且放火烧毁了村子。当时整个村子浓烟滚滚，火光冲天，村里死了很多人，男的女的、大人小孩，哭成一片，撕心裂肺。我们亲眼看到这一幕，非常难过。为此，我写了一篇战地通讯《劫后的蕉山村》，发表在《青报》上。

另一次，夜里行军赶到了一个叫狮子山的地方。这个山上有一块巨大的花岗岩石头，状似狮子，因而得名狮子山。整个晚上，我们部队隐藏在山腰，伺机消灭敌人。我们一直隐藏到天亮，后来看到实在无机可乘，就放弃了那次军事行动。为此，我写了一篇通讯《夜袭狮子峰》，报道整个行军的过程。

由于我们懂地方话，所以部队行军时，有时我们还要事先去协助侦察地形。侦察时，我们一般先找到村里的政权，如保长叫他带路，去侦察日本鬼子占领地方的地形。有时也找农民带队，我们当翻译。侦察的时候，为了防止衣服颜色暴露目标，我们一般打着赤膊。我有两次被派去协助侦察地形。

还有一次，我深入到已经沦陷的汕头市区，发展敌后情报人员。当时上级希望能派一个人深入汕头市区，找到可靠的人发展为情报员。我就主动说："我可以去试试看。"得到上级同意后，我就一个人上路了。我从营地下到桑浦山脚的鮀浦乡（也就是现在的汕头大学所在地一带）。这里是敌我的中间地带，人烟稀少，树林森森，野草蔓没，荆棘纵横。当时我们在部队的着装是统一的灰色制服，还有标志章，每个人还发了两颗手榴弹（为遭遇敌人时准备的）。到了这里，我把能证明自己身份的制服换下来，连同随身带的手榴弹和一些证明材料一起包好，在一棵树底下挖了一个洞埋在里面，并在树底下做了一个标志。然后我就换上中国传统的对襟服和大腰裤，打扮成一个"走单帮"的商人模样，居然大摇大摆地通过了日本人设立的关卡，进入汕头市区。

到了汕头市区之后，我先回到家里。我父母见到我回家，既高兴又害怕。高兴的是，他们的儿子回来了；害怕的是，如果被日本鬼子或者汉奸发现就不得了。我的父母很紧张地告诉我："你回来了，就不能出去，现在汉奸多的是，如果被发现就不得了！"我告诉他们："不要紧的，我只是出去看看朋友。"当然当时很多同学是不敢去看的，我要去找我的一个同学。当时我有个同学家里很穷，他的母亲专给人家洗衣服。当年在汕头，给人洗衣服要坐船过海，到对面的礐（què）石去洗，因为礐石有很多大石板好搓衣服，而且那里水质很好，有山泉，衣服洗得比较干净。汕头与礐石，就像厦门和鼓浪屿一样，隔海相望。他母亲每天都要挑着衣服到对面的礐石去洗，衣服洗完后就在那边的石头上晒干，等到晚上才收回来。这样在礐石那边，一待就是一整天，我的同学就跟着母亲每天去礐石。于是我就去找他，跟他一起去礐石洗衣服，晒衣服，聊天。交谈了两三天之后，我慢慢了解到，我这位同学对日本鬼子很痛恨，愿意为抗日做些力所能及的工作。我问他："你能不能帮助做些事情，把你了解到的日本鬼子的情况传给我们，主要是日本鬼子每天运了多少兵、多少粮食，有多少条船等。"我的同学想了想，觉得这个工作很简单，他能够完成任务，就诚恳地答应下来了。

我来汕头联络之前，上级领导曾告诉我："只要求你找到合适的人选以及怎么联络就行了，其他事情你都不要管了。"并嘱咐我，一找到合适的人选并对他暴露了身份，就得马上离开，以防万一。于是我就跟我的同学讲："如果你能做这项工作的话，就把你的地址告诉我，自然有人来跟你联系。"实际上，当时青抗会已有其他的情报员在那边。我的同学把他的联络方式告诉我的第二天凌晨，我就离开沦陷区返回部队。

离开家时，父母亲都是依依不舍的，特别是我母亲。母亲虽然还不到50岁，但头发都花白了，身体明显地消瘦了。当我要离开的时候，母亲不停地帮着我收拾东西，满是担忧和眷念。但我万万没想到，这是我最后一次见到母亲。我总也忘不了母亲那担忧和眷念的目光。

我回到部队后，随军工作队的同志，包括我们的队长，见到我平安归来，高兴得跟我拥抱在一起。他们这些天也是提心吊胆的，生怕我出什么问题或一去不复返。我将在沦陷区的所见、所闻迅速写成通讯，发表在《青报》上。大约过了两个星期，队长告诉我："上面传来消息，接上头了。"也就等于告诉我，上级交办的任务，我完成了。我当时的心情真是特别高兴。当然那以后的事情，就不能再过问了。中华人民共和国成立后，通过阅读一些文史资料，我才了解到，我们当年随军工作队的情报工作，是地下党前委军事部直接指导的，形成了一个情报网。一般收集到情报之后，不仅要向保安团汇报，也要提供给地下党前委。

时至今日，我对桑浦山一带印象特别深刻。今日的汕头大学就在桑浦山脚下，所以我对汕头大学也特别有感情。前些年汕头大学请我去做兼职教授，帮助带研究生，我欣然受命，每年去几个月。他们发给我的工资，我一分钱也没有装入个人腰包，而是设立了"懋元奖学金"，奖励教师和研究生们。在汕头大学带研究生期间，我爬上桑浦山，俯瞰潮州、揭阳、汕头三市。不过情形已经发生了很大的变化，山上修了路，还修建了烈士纪念碑，纪念那些在抗日战争和解放战争中牺牲的烈士们。

在随军工作队的时候，我们的生活虽然非常艰苦，同志之间的关系却非常亲切，像一个革命的大家庭。我们的着装是统一的灰色制服，还佩戴徽章，每个人都有一两双布草鞋。①但是我们经常不穿鞋子，打着赤脚。我曾经连续三个月没穿鞋子，脚板变得特别厚实有力，每天行军，翻山越岭，行走自如。但是行军时要打绑腿，这样可以保护小腿肚子，走路就不容易累。每个星期都要开会，开展批评与自我批评，这大概是从解放区学来的。那时的批评与自我批评都是真诚的，都是为了工作且不计个人得失。批评与自我批评的内容，大体是反省上一星期所做的事情，哪些做得好，哪些做得不好，根本不像后来的有些批评是损人和害人的。男女之间，亲密而正常，真诚而平等，我参加的宣传组里有三位女同志，一个姓章、一个姓许、一个姓郑，都很能干。我们到哪里去，生活上都是打成一片，你用我的东西，我用你的东西，无所谓的。平时每个人口袋里都带有一两本书，看完之后，互相交换着看。

睡觉的时候，摊开来一排。每个人都发了一条薄薄的军毯，随身盖。睡的地方，有时是破庙，有时是晒谷场，有时是农家，睡得最好的是在祠堂。南方的祠堂，很多建得很漂亮，雕梁画栋的。可惜后来大多被毁坏，先是毁于战火，后是毁于"破四旧"。

每天天一亮，我们就起床集合。集合中，大家齐声呼喊抗日口号，"打倒日本帝国主义""把日本鬼子赶出去""不当亡国奴"等，有些像电影中所喊的口号。在清晨的寂静中，声音震天，山鸣谷应。听到我们喊口号，当地小孩们也跟着我们一起喊。

我当时还不是共产党员，党员们开会，我也知道，但从来不过问，而且随军工作队和保安团的关系也很融洽。随军工作队刚组建时，我们就制定了一些基本原则："要搞好统战工作"，"坚持抗战，不搞分裂"，"要把别人统过来，不能被别人统过去"。在实际工作和生活中，随军工作队和保安团朝夕相处，又有着共同的抗日目的，所以相处得很好。保安团的团长黄光炎和营长蓝举初都是满腔热血和一心想抗日救国的。

团长黄光炎是云南讲武堂的毕业生，曾在国民党十九路军服役，是十九路军作战工程中校大队长。他亲身经历了上海"一·二八"事变，骨子里对

---

① 布草鞋，一种用布做的鞋，草鞋式样，鞋底有的是布底，有的是胶皮底。我们当年穿的是胶皮底的布草鞋。

日本鬼子充满了深仇大恨。后来十九路军由于不满蒋介石的消极抵抗政策，希望脱离蒋介石的领导，开赴福建发动了"闽变"。十九路军开赴福建时，黄光炎不愿意去福建，就回到原籍广东，后来就在保安团做团长。由于他仇恨日本鬼子，所以真心抗日，也很支持随军工作队的工作，与队员们的关系也相处得很好，还向队员们借书看。有一次他以加强武装的名义，发给工作队一箱手榴弹和几百发子弹（这些弹药大都转到地下党的武装手里），所以国民党内部有些人对他不满。后来保安团调到后方休整，驻防广东北部山区连县。在一次从连县到韶关开会途中，黄光炎乘坐的车发生车祸，车翻人亡。为什么会翻车，人们有种种猜疑，有人说这是个"谜"。

营长蓝举初是马来西亚归侨，燕塘军校的毕业生。他怀着满腔抗日救国的热情，万里迢迢奔回祖国，投考燕塘军校。他同工作队队长杨世瑞的关系很好，与工作队队员的交往比较多，经常向队员们借书看。有一次，他向我们借毛泽东的《论持久战》，大家开玩笑说："这是禁书。"他回答说："禁书就是好书，好书就会被禁。"随军工作队出版的《阵地报》还是他题写的报头。他还写过一篇报告文学，报道随军工作队的情况，题目叫《二十六个和三个》（因为随军队有男队员26个，女队员3个），发表在第四战区政治部在武汉出版的《阵中日报》上。另外，他也得民心。潮汕抽纱业一向有名，出口抽纱是潮汕人一项重要经济来源。战时关卡林立，运销渠道不畅，抽纱生产陷于停顿，蓝营长就通令前方哨卡，让抽纱物品通行。商人们非常高兴，通过工作队向蓝营长表示感谢，给部队送来了猪肉、酒、香烟、万金油、八封丹等慰问物资和一面锦旗。我们工作队也给蓝营长送了一条抽纱手巾，上面绣着"送给蓝营长留念"，署名是"揭阳青抗会随军工作队"，全体队员都在上面签了名。

总之，在青抗会特别是在随军工作队工作的那段时间，真是让人怀念。那也是战斗中的青春。

可惜，那年快到冬天的时候，我得了恶性疟疾。当时是病倒在桑浦山脚的南陇村，整天发高烧，夜里也睡不着。我们工作队还有一位姓郑的同志也病倒了。工作队就将我们两人留在村子里，由当地农民照顾。农民们对我们非常好，细心照料，悉心调养。村里还有一位医生，他用土办法给我们调中草药吃。差不多过了半个多月,我们才慢慢好转起来。但是,这时部队已经转移到别的地方去了,工作队就让我们回家休养。我又回到揭阳,住在亲戚家,直到病情完全康复。康复之后,我又去找随军工作队。但是,不久随军工作队也解散了。①

随军工作队解散时,我提出:"我还是想回到部队去。"保安团当时正好需要一个文书,于是我就留下来当文书。部队对我还算照顾,给了我一个上士的待遇,还给我发了一套军队制服。但是没了随军工作队之后,整个部队的情况大不相同了,很多工作不好开展,我没有办法同这些人沟通,心里很苦闷,就有些想离开。不久保安团要调到后方,到广东北部地区去休整。我们从揭阳出发,经过龙川,向河源进发。沿途所见,荒凉破败,触目惊心。时值冬天,老百姓穿的棉袄破旧不堪,里面的棉絮都露出来了。这时我才第一次真正看到中国农村的贫穷落后,震动很大。大概因为汕头市在广东省还算比较好的地区,附近的农村还没有穷到那种程度。后来,当部队走到一个叫老隆的地方,我就不想再跟着往前走了,我对他们说:"反正是去休整,我还是回到前线吧。"由于我不是他们内部的编制,更不是他们抓去的壮丁,他们也没有办法留我。

回来的时候,冬尽春来,天气渐渐转暖。我是只身一人走路回来的。离开了自己不喜欢的环境,心里有一种逃离和轻松的感觉,但是这一路的辛苦,也是终生难忘的。每天天刚亮,我就起床赶路,一直走到天黑。一路都是山路,人烟稀少,一片荒凉,往往要走很长一段时间,才找到有人家的地方。遇到有人家的地方,就赶紧停下来吃饭,否则又不知道下一家在哪里。吃饭倒很便宜,几分钱一顿,想吃多少饭,就煮多少米,以吃饱为原则。菜就没什么好吃的,主要是些咸菜,有时还有一点咸鱼或者豆腐之类。我每天一到下半晌,就开始找住店的地方,再晚就不好找了。晚上住店,一毛钱一晚,睡通铺②。铺子底下铺的是稻草,上面再垫一点破棉絮,几个人一排。我就这

---

① 当时整个国家的形势是国共两党之间出现了摩擦,国民党的势力排挤共产党的地方力量。

② 通铺:一种很多人挤在一起睡的大铺子,往往一间屋子只有一个或两个大铺,沿着一面墙铺开。

样每天机械地在荒凉的山间跋涉，日出而行，日落而止。几天下来，脚上起了水泡，痛得不行。晚上一找到住的地方首先用热水泡脚，用针将水泡挑破。第二天早上，脚还是痛的，但是还得上路，走了差不多半个钟头之后，大概走了五六里路的样子，就感觉不到脚痛了。

一路上还得沿途问路。兵荒马乱的年代，既要问清楚前面的路况，又要防备野兽和注意安全，更要弄清楚前面多远才可以找到吃饭或住宿的地方。因为是抗战时期，怕日本鬼子打进来，公路都破坏了，有时看到前面没路了，又得重新往回走。再者，当时人烟稀少，荒山野岭，时常有野兽出没，特别是天黑以后，常常能听到周围野兽的嗥叫声，不能在天黑以后还没找到住宿的地方。由于路上行人不多，有时走很长时间才遇到一个人，所以要问路也不容易。有一天，走着走着，天就黑了，前不着村，后不着店，我只身一人，不禁有些紧张，只得硬着头皮往前走。好在没过多久，发现前面有微弱的灯光，就赶紧往有灯光的方向走。走近一看，果然是一家住店，这才大大地松了一口气，算是有惊无险。

我平均一天走四五十公里，走了差不多一个星期，才回到揭阳。这速度比部队行军要快得多。部队行军，一般是一天走30公里。在部队行军的时候，我也算是比较能走的。刚开始，我也许走不过别人，但是后来越走越有精神，很多人都走不过我。这大概与我小时候上学放学跑步锻炼有关。但是有一种人我走不过，那就是邮差。所以走路的时候我很羡慕邮差，很想跟在邮差后面走，开始也许能跟上一阵子，但是后来怎么也跟不上，走着走着，邮差在前面一拐弯就不见了。

回到揭阳以后，我又继续参加青抗会的工作。这时国共合作形势紧张起来了，青抗会的工作就更难开展了。1940年春天，有人介绍我到潮阳县一所小学教书。这所学校叫仰高公学，在潮阳县桥柱新寮乡，学校共有7名教师，规模比较大，经济情况也比较好。校长名叫顾文光，是中山大学的学生，抗战时期中山大学内迁，他没有跟着去念书，就在这所小学当校长。知道我曾经当过训育主任后，顾文光就让我兼任学校的训育主任。这个地方没有青抗会组织，所以我除了与青抗会的一些朋友有来往以外，同青抗会组织没有多少联系。

1940年，整个国共合作形势恶化起来，其实"皖南事变"以前，国共摩擦已经很厉害了，只是到了1940年，形势变得相当紧张。由于国民党反动势力掀起第一次反共高潮，1940年潮汕地区国民党反动势力下令解散潮汕各县的青抗会。在解散的过程中，双方还发生了一些冲突，但不得不解散。后来，地下党组织以青抗会为基础，成立了韩江纵队，在粤东山区打游击，同日本鬼子做斗争，参加解放战争，直到最后胜利。

今天回过头来看，青抗会所代表的抗战爱国精神是不朽的。1980年，揭阳县召开庆祝青抗会成立五十周年纪念会，我也回去参加了。回顾当年的激情岁月和抗战胜利之得来不易，会上新青年们出了一副上联，"青春热血，昔岁晨呼称义勇"，以歌颂当年抗日的老青年，我对了一副下联，"抗志深情，今宵晚会期英豪"，以鼓励改革开放的新青年。

纪念会上，我做了一个发言，讲到我们当年为之奋斗的理想和"青抗会"的历史意义。我认为，很多时候我们对历史反思和总结不够。下面是我当时的一段讲话，既是对这一段生活的总结，也体现了对历史的反思。

青抗会的历史意义是什么？当年我们为之斗争的理想是否实现了？我的看法是既实现了又尚未实现。如果说，青年抗敌同志会，就是青年同志们同仇敌忾、团结起来抗敌救亡的组织，那么，抗战胜利时就可以说实现了。但是，青抗会是共产党所领导的进步青年的革命组织。在这个组织里，接受了党的教育，学习了马列主义理论，同志们是以建设社会主义、实现共产主义作为最终目标的。抗战胜利了，人民解放了，也只是为建设社会主义创造了必要的历史条件。革命是为了解放人类生产力，不断提高生产力水平；为了人民过着幸福的生活，最大限度地满足人民不断增长的物质和文化的需要。有些同志正是把抗战胜利当作最后的目的，中华人民共和国成立后的三十年，历尽坎坷，国家总算朝向正确方向继续前进。难道这不值得我们反思吗？我说这些话，丝毫没有贬低革命的功绩、老同志的形象，相反，老同志当年的革命理想、牺牲精神，是年轻的同志所应学习的。尤其是在当前改革开放的环境中，年轻的同志有必要想一想，老同志当时所追求的不是自我价值，而是人民的价值、社会的价值，这是有好处的。但是，更重要的是要想一想，老同志未能实现的理想，年轻的同志如何更好地来实现它。而我们老同志，既要谨记当年的战斗功绩，更要期望年轻的同志朝着正确的方向健康成长、继续前进。这样，我们就能想到一处，这个纪念大会也就能开得更有意义。

第二部

负笈求学

在家中

山间跋涉

1940年，国共合作破裂，国民党反动势力不断制造事端杀害共产党员，一些平时经常出头露面的同志，人身安全得不到保障，一不小心就被国民党反动势力找个借口除掉了。为了保存实力，中共中央当时做出了一个英明决策："隐蔽精干，保存实力。"潮汕地下党组织接到上级指示，也尽力采取一些保护措施，让平时经常出头露面的同志暂时隐蔽起来，或者离开潮汕地区到比较安全的地方去，这就叫作"留得青山在，不怕没柴烧"。我当时虽不是共产党员，但也是地下党的外围组织青抗会的成员、揭阳青抗会理事会的宣传干事，而且交往的对象中有共产党员。例如，跟我经常来往的许虹就是共产党员。许虹在普宁县一所学校教书，距我教书的学校不远，我们平时都好舞文弄墨，也经常出头露面，再在潮汕待下去都有一定的危险性。

1940年端午节，学校放农忙假，许虹约我一起回揭阳榕城。回家路上，我们谈论时局，许虹郑重地告诉我："形势很不好，朋友们劝我们不要再抛头露面了，能够离开潮汕或者到比较偏僻的地方去更好。"我长期在地下党领导下活动，对这话心照不宣，明白他所说的"朋友们"指的就是共产党地下组织。至于许虹是否受党组织委派跟我谈这一点，我就不得而知，也不好细问。反正"三十六计，走为上计"，我们必须早做打算，离开潮汕地区。能到哪里去呢？我和许虹商量的结果是：到外地去读书，去念大学。

去哪里上大学呢？首先要选择国立大学。因为国立大学免交学费，生活费也好解决。当时有政策，对来自战区和沦陷区的大学生设有"战区学生贷金"，也就是吃饭不用交现金，先记上账，等毕业以后再还。如果能考上国立大学，就可以维持最起码的生活，其他的日常生活费用总会有办法解决的。其次离家乡不能太远。太远了，我们路费不够。重庆和昆明的大学虽说比较多，但是路途遥远，对我们来说不现实。中山大学虽设在本省，也因为战争已由广州迁到粤北山区了，山高路远，也不方便。倒是已迁至闽、粤、赣三省交界的长汀的厦门大学离潮汕最近，并且已经由私立大学改为国立大学。根据就近原则，到厦门大学念书是最理想的。

说到这里，顺便插一句，这要感谢当年厦门大学的校长萨本栋。萨本栋极力主张将厦门大学迁往长汀，而不是迁往内地。他认为我们东南一角不能一所大学都没有，不能因为日本入侵使得地处东南的青年没求学的机会。不仅如此，他还聘请了许多著名学者和大师来校执教，使厦门大学成为东南半壁"小后方"的著名学府。战争年代，厦门大学确实为祖国东南部的青年提供了一个良好的求学环境。反之，如果厦门大学不设在东南，包括我在内的许多东南青年就会失去求学的机会，情形则又另当别论。许虹当时已经在其他学校读了两年大学，根据教育部的规定，因战争失学的青年可以重新申请入学，既可以重新回到自己的母校念书，也可以到其他学校借读。借读手续不难，只要提出申请，报教育部备案就行了，所以许虹不用参加考试，可以转学到厦门大学借读。我就准备前去投考。

筹措路费方面，由于自己积蓄不多，我还是想办法联系到父亲，向父亲要了一些钱。当时汕头已经沦陷，我无法回到汕头，但想办法辗转托人联系到父亲，请他帮助筹集一些路费。父亲就托人给我带了一百块钱。当时"国币"已经开始贬值，但一百块钱也不是个小数目，用作路费是够的。加上我自己还有一点积蓄，加起来就有一百多块，还可以剩些生活费。这时还有一位女共产党员，叫丘金爱，也希望跟我们结伴，同去投考厦门大学。丘金爱已经高中毕业了，她的家境好一些，就跟我说："路上的费用，我可以帮忙解决一些，你那一百块钱先留着吧，作将来的生活费。"

这期间，我花了大量精力复习备考。当时国立大学的招生考试考九门：国文、英文、历史、地理、数学、物理、化学、生物和三民主义。国文、生物、历史、地理是我的强项，问题不大；物理、化学、数学和英文，是我的弱项。我就将主要精力花在弱项上。化学和物理，啃原来高中的课本。英文，我曾经在汕头市一所补习夜校补读了几个月，基本上能够开口读，也能够查字典。有人告诉我一个窍门："英文只要死记硬背几篇文章，什么考试都能够应付过去。"于是我就找了一些英文短文，死记硬背了几篇。只有数学毫无办法，但为了考试，还是硬着头皮啃，在平面几何方面小有收获。这样脑袋里面总算是储备了一些应考知识。

出发赶考那天，是一个雨后初晴的日子，时间是1940年6月中旬。连续几天大雨之后，天终于放晴了，许虹、丘金爱和我一行三人从揭阳出发，向长汀进发。我们三人合伙雇了一个挑夫，帮着挑些简单行李，走了一天之后，找个地方住下来，第二天再换一个挑夫。南方的6月已经很热了，太阳很毒辣，下雨之后的山路潮湿泥泞，山岚间还有些湿热的雾气。我们这个"三人行"的小小队伍，就在这6月的骄阳下，穿行在南国的崇山峻岭之间，怀着一份希望、一份向往，向着那不可知的命运奔去。

头两三天还比较顺利，虽然山路崎岖，人烟稀少，房屋破旧，但还是山清水秀。我们也比较精神，一路有说有笑的，谈谈复习准备的情况，谈谈自己的理想，兴之所至，还扯起嗓子在山间大喊几声或唱唱歌，山鸣谷应，倒有一种情致。第一天到了汤坑（丰顺），第二天到了留隍，然后溯韩江而上，第三天就到了三河坝。三河坝是一个交通要道，发源于福建的汀江与广东境内的梅江在这里汇合，成为韩江，奔流出海，"两溪合处水南流，直到潮阳海尽头"，入海口也在汕头。正是涨水季节，河水滔滔，江中时而有小船往返。

过了三河坝，山路就越来越难走了。最艰巨的是第四天，穿越广东、福建两省交界的无人区。两省交界处，崇山峻岭，中间六七十里是荒无人烟的无人区。我们所经之处，房屋焚毁，田畴荒芜，荆棘丛生，荒凉破败，真是"国破山河在，城春草木深"。一些断垣破壁上，弹痕累累，红军的宣传标语、国民党的"剿匪"标语交替出现，清晰可见。一看就知道，这里曾经是人烟稠密的地方，也曾经是残酷的战场，现在却灰飞烟灭，人去房破。好在当时没有战争，相对平静，行人才可以穿行。但是一路上几乎只有我们三个人和一个挑夫，走一整天偶尔才碰到几个跑买卖的商人。空气中静得可怕，偶尔惊起几声老鸦的叫声，更增加了空气的寂静。这一路我们几个人多少都有些紧张，没有头几天的说说笑笑了。快到天黑的时候，终于到达了福建永定。这就是有些提心吊胆、惊心动魄的第四天。

永定是一座古城，也是交通要道，历史上曾经有过很长一段相对的安定与繁荣，当时却充满劫后的衰败与贫穷。我们找了一家旅店住下来，算是休整了一天。从永定到龙岩有货车往返，由于当时车辆少，货车也可载人，司机还可以顺便借此捞一点外快，我们就决定在永定等过路的货车，搭乘顺路车。第五天差不多到了傍晚，终于等来了一辆开往龙岩的货车，司机很爽快地同意带我们上路。山路颠簸，那种破旧的敞篷货车坐起来并不舒服，但总比慢慢腾腾地走路强，当晚就到了龙岩。到了龙岩之后，又没有了货车可坐。第六天我们又走了一天，从龙岩到朋口。第七天，在朋口等待从永安开往长汀的过路车，等到下午四五点钟，太阳快下山了，终于等到一辆过路的客车。我们又搭上了开往长汀的客车，经过四五个钟头的颠簸，终于到达长汀。这时已经是夜晚八九点钟，古城长汀已在夜幕笼罩中，悠悠汀江穿城而过，更增加了它的静谧和神秘。

我们走了七天，终于到达目的地。这七天的历程，我终生难忘。它记载了我们追寻理想的足迹，见证了我们青春的梦想，似乎也证明了一条朴素而简单的哲理：命运虽不可知，但路就在自己脚下。

两考厦大

我投考厦门大学，并不是一帆风顺的，而是经过了两次考试。

当时各大学自主招生，包括自己单独命题、单独举行入学考试和自主录取新生。只要有可能，学生考完这所大学之后，还可再投考另外一所大学，甚至有些学生在一所大学念了一年之后不满意，重新投考另外一所大学。总之，学生有很大的自主灵活性。

厦门大学当年招考的时间是在7月，我们到达长汀的时间是6月，不到考试时间，我们就利用这段时间做些准备。我们三个人在当地老百姓家里租了两间小房子，自己做饭吃。当时人们出门常常是找同乡，相互照应。许虹的活动能力比较强，他整天上上下下找人，准备办借读手续。我和丘金爱也出去找到了几个同乡，了解了一些情况，但多数时间待在房子里复习备考。

过了一个月左右，我们正式参加入学考试。考完后心里没底，还是抱着一线希望等待放榜，又等了一个多月。结果我和丘金爱都名落孙山，许虹的借读申请一时也没办下来，说是要呈报给远在重庆的教育部，等教育部核实批准。根据当时的规定，战区的大学生可以贷款，我们既然上不了学，也就不能贷款，而我们带的钱已经花得差不多了，连生活都成了问题。一时间，三个人都没有着落，生活陷入了进退维谷的境地。

穷则思变，大家只好各想各的门路。我们男同志比较好办一些，丘金爱虽然人比较泼辣能干，但毕竟比我们更为不便。我们估计她回去到乡间教书，只要不抛头露面参加活动，不会有多大危险，只好让她先回家。当时汀江上有船只往返，从长汀到广东大埔可以乘船沿汀江顺流而下，然后至韩江。路途虽然远些，倒也比较安全。当时刚好有个商人要去汕头，人还比较可靠，只好让丘金爱与商人结伴，坐船回家。许虹本来是记者，社交能力也比较强，他很快在设在永安的中央日报社找了份工作，不久也离开了长汀。这样就只剩下我一个人没有着落。那段日子，我一个人寄住在长汀的民房里，生活毫无着落，穷愁相伴。

当年福建省在永安办了一所福建省中等师资养成所，设有国文组、史地组、理化组、数学组等科目，专门为农村培养初中师资。学习期间不仅学杂费全免，食宿全免，还提供服装。师资养成所当时刚刚办了一年，第二年又开始招收新生。情急之中，我就前往投考，结果很顺利地考上了，进了国文组。这样总算有了一个落脚之地。9月，我也从长汀到了永安。

师资养成所设在永安城外的上吉山，距永安县城五六公里。学校规模不大，两个年级，每个年级的每个组十几个学生，每个组两三位教师，全校师生员工加起来不过一百多人。由于我从小就喜欢文学，功课念起来还算轻松。战争年代，很多文人都往内地小后方跑，作家施蛰存当时也在这个师资养成所。他虽被鲁迅骂为"第三种人"，但是位有名的作家，有自己的思想。当时施蛰存任国文组组长，教我们中国文学史和现代文选课；还有一位从南京来的管雄讲师，给我们开文字学、诗选等课程；还有一位从温州来的老教师陈逸人。他们都很有学问，并且对学生都很亲切，给我留下了很深的印象。

对我来说，学习是很轻松的，生活却很艰苦。主要是吃不饱，每顿饭每人一铁罐大约三两半干半稀的米饭，缺油少荤，还得出操（半军事化管理）。当时学生们普遍营养不良。好在这时许虹在永安县城，他在中央日报社主要负责编国内通讯。我就经常星期天走十几里山路到永安县城，一方面帮许虹整理通讯报道或写一些东西，另一方面还可以拿一点稿费，同时在许虹那里吃饭，改善一下伙食。有时天太晚了，就挤在许虹那里睡一晚，第二天清早再起床返校。许虹这个人比较热情，有正义感，我们在一起总是有很多话说。

例如，他编选稿件反映国民党统治下的社会阴暗面，我就和他开玩笑："你拿国民党的薪水，却不替国民党说话！"他就说："国民党是剥削人民的，我吃人民的饭，得替人民说话。"

在师资养成所念书期间，我还想了一些办法在课外赚些零用钱。当时教师教书经常向学生发讲义。讲义印刷之前，要先刻好蜡版。我就经常帮着刻蜡版，赚一些零用钱。我还写一些杂文，这样也可以拿一些稿费。

师资养成所的学生还搞了一次升格活动，要求政府将师资养成所改成本科师范学院。当时由我起草申请报告，送到福建省教育厅和重庆教育部。半年之后，重庆教育部批示下来，不同意改为本科，但同意改成师范专科，学制两年（这个师范专科后来成为福建师范大学的前身）。与此同时，教育部还另外指派了新校长，叫唐守谦。原来的所长是沈炼之。沈炼之有些书生气，后来到浙江大学历史系教书，长于法国史研究。这样师资养成所虽未如学生所愿改为本科，但是改成了专科，也是有收获的。

但我还是不甘心在此久留，一门心思想着要去念厦门大学教育系。课外时间，我基本上用来复习备考，我将考试科目逐一进行了认真复习。收获最大的是化学，总算将化学念懂了，英文和物理也有很大进步。

1941 年夏天，我第二次报考厦门大学。当年厦门大学为了方便学生投考，在福建省设了好几个考点，永安虽然没有设立考点，但长汀和南平都设有考点。我当时有个熟人在南平，于是我就偷偷跑到南平去报考。这事没有让学校和同学们知道。

从永安到南平，最便捷的取道是从沙溪乘船顺流而下，一天可到。但逆流而上，靠拉纤，要花上一个星期，回程只能改乘汽车。因此，我就决定搭乘运货的小木船，顺流而下。但是这一路却是够惊险的，特别是从永安到沙溪一段，曲折迂回，水急滩多。遇到急流险滩时，全体船夫齐上阵，不光有后舵，而且有前舵，还得左右用竹竿点撑。那时险滩经常出事，稍不小心，就会撞滩翻船，所以船家出门之前，往往要先拜菩萨、放鞭炮，遇到急流险滩时，还要拿一把米撒向水中，口中喃喃，以祈求平安。那天我所乘的小木船还算顺利，冲冲撞撞地，不到一天就冲到了南平。我是第一次遇到这种险滩，亲历"两岸猿声啼不住，轻舟已过万重山"的诗境。我觉得，这诗句读起来豪迈，令人神往，但身临其境时，惊骇盖过了豪情。

但后来还是出了点问题，人给折腾病了。我去的时候身体还好好的，到了南平，找个小旅店住下来。晚上，坐在旅店昏暗的豆油灯下复习，就开始不舒服，昏昏沉沉地，有点发低烧。第二天考试，开始发高烧。当时一共考九门，连考三天，我也连续烧了三天。三天里，除了头两天中午吃一个小包子，第三天中午喝了点稀饭外，就只不停地喝凉茶。但我还是硬着头皮，坚持考了三天。本来到第三天上午就可以考完，但是报考教育系还要加口试。口试是在第三天下午进行的，主要考综合表达能力，我也硬着头皮考了下来。

有了上次考试的经验教训，这次考试我就采取了一个策略：发挥优势，弥补劣势。我希望争取文科几门课程考高分，英文、物理、化学、生物过得去，数学不交白卷，就行了。按照当时规定，只要没有一科是零分，就可以计入总评成绩，按总评成绩决定录取与否。这次我最担心的英文和数学都没有得零分。英文，我猜到了一点东西，文章七拼八凑地写了一些，得零分是不可能的。数学中有几何题，我还是给它证明了一下，不至于得零分。

考完试后，我就乘车到了沙县，因为是暑假期间，不用急忙返回学校。我有个同学在沙县医学院念书，他赶紧给我弄了些药吃。我就在他那里吃了些药，大睡了两天，慢慢地恢复了，然后才回到师资养成所。这次考试和生病的事情，学校的老师和同学没一个人知道。

但这次居然考上了！据说那一年厦门大学的录取比例是7：1。我终于如愿以偿地考上了厦门大学，成为厦门大学1941级教育系的学生。从此，生活又翻开了新的一页。

如愿以偿

由于我报考厦门大学是私底下偷偷进行的，为了避免麻烦，报考时我没有填自己的通信地址，而是请一个老同学收转的。拿到录取通知书之后，我把师资养成所发给我的衣服被褥等物品收拾好，写了一封信，撒谎请假回家，却从永安到长汀报到。

到厦门大学之后，刚开始一天到晚还战战兢兢的，生怕师资养成所来找我麻烦或者厦门大学逼我回师资养成所。可是我的担心是多余的，一直都没有人来找过我，慢慢地就放心了。我后来才知道，这事并不是那么简单。师资养成所知道实情后，曾经给厦门大学发过函，要求他们将我退回去。可是厦门大学校长萨本栋认为，既然为厦门大学录取了，注册了，就是厦门大学的学生；既然是厦门大学的学生，也就不存在退不退的问题。所以厦门大学接到师资养成所的来函之后，根本不予理会，当然也就不会来找我。

厦门大学当年延迟到10月20日才正式开学，因为战争年代，烽火连天，而且福州当时已经沦陷，新生很难准时到校。我到厦门大学报到那天，正好是中秋节。那天我到长汀时，已是傍晚时分，落日和明月同时挂在天边，晚霞将山川大地装扮得分外绚丽。这与第一次来长汀时的感觉大不一样，上次是陌生而神秘，这次有一种归属感和亲切感。长汀古城亲切而安详，像慈祥的母亲欢迎游子归家一样，厦门大学也已成为我的母校（那时我们一入学就将学校称为自己的母校）。许虹于1941年春天就办好了借读手续，这时已经在厦门大学教育系念三年级。报到那天，许虹到车站来接我，他已提前为我安排好了住宿。安顿好后，我们一起到学校附近找了个小饭馆吃饭，破天荒点了几个好菜，要了点酒，以示庆贺。

注册那天，我第一次见到校长萨本栋。萨本栋校长当时还不到40岁，已有些弯腰驼背，不过两只眼睛大而有神，给人很亲切的感觉。当时萨本栋校长正在给学生的注册证加盖校长名章，顺便同前来注册的学生交谈，表示问候，因此每个学生都有同他单独谈话的机会。当时全校学生有600多人（算得上是中等规模的大学），每学期初注册时，萨本栋校长都要亲自前来盖章，审定每个学生的选课计划，有时也同个别学生简短交谈，每学期开始要用整整两天时间。

开学之后就是参加开学典礼，地点是学校大礼堂。2005年10月，我重回长汀参观母校当年校址时，发现当年的教室、宿舍已经不存在，而这座大礼堂作为历史文物修葺一新。环睹旧物，别有一番感慨，因为当时在这座大礼堂里，我们每周都要参加纪念周活动，高唱厦门大学校歌：

自强！自强！学海何洋洋！谁与操钥发其藏？鹭江深且长，致吾知于无央，吁嗟乎！南方之强！吁嗟呼！南方之强！南方之强！

自强！自强！人生何茫茫！谁与普渡驾慈航？鹭江深且长，充吾爱于无疆。吁嗟乎！南方之强！吁嗟呼！南方之强！南方之强！

这首校歌创作于厦门大学创校初期，歌词作者是创校初期的教务长郑贞文，曲作者是著名语言学家和音乐家赵元任。歌中蕴含着积极向上、开拓进取的精神，激励着一代代学生奋发图强。

开学典礼上，萨本栋校长的开学报告给我们留下了深刻的印象。萨校长的讲话很有感染力，很有爱国热情和远见卓识，开学报告大致有三个方面内容。

第一，为什么在国难如此严重的时刻，更需要坚持办学和办大学？因为敌人的奴化教育不许我们研究与国防和民生有关的学术技能，我们更要自强。

第二，为什么不像其他大学那样迁移到西南大后方而选择接近战区的长汀？有三个原因：①要坚持东南半壁江山有大学，一方面彰显对敌人坚强不屈的精神，另一方面要让东南数省的青年有大学可上；②地点既要设在敌人较难进犯的山区，又要选在闽、浙、粤、赣的学生较容易通达的地方；③办学要粮食给养充足，环境优良，以便学生安心读书。

第三，为什么不只是维持现状，还要增设会计、银行、机电等系，并比往年增收学生？① 因为抗战必胜是毫无问题的，许多国家战时大学停办去参战，我们却要准备建国人才。厦门大学史料中记载了萨校长那天讲话的原文，其中有这样一段：

> 抗战必胜，这是无疑义的。但若青年对自己应负的责任，没有一个极清楚的认识，则建国的障碍，还是无法消除。我很希望在座各位同学，深切了解这个建国的责任。……今天血气方殷的诸君，还能在此求学，就是国家要诸君几年后负起比抗战更难的建国工作。在现阶段，物资与资源，还未到十二分困难的地步，我们对于物资，要特别爱惜，以免在物资更缺乏的时候，因无准备而感到意外的苦痛。平日习于刻苦俭朴的生活，即使经济来源中断，也不至觉得太苦，这是退几百步由各人个别利害着想而言。至若眼光稍放大一点，则我们在各方面的节约，直接间接都有助于抗战与建国，这尤其是我们大家所应时刻牢记的。

这些话不仅充分表现了对抗战必胜的信心，而且从整个国家建设的高度来看待学习的问题。

此时，厦门大学虽只有一二十年的历史，但自陈嘉庚"毁家兴学"创立时起就形成了一种"自强不息，止于至善"的优良传统。在艰苦的抗战时期，更形成了一种"萨本栋精神"。这种精神不仅体现了校长萨本栋的办学理念和"舍身治校"的精神，更体现了一个民族的坚强意志。几十年来，厦门大学

---

① 校史记载，1939年全校学生总数318人，1940年共招收新生242名，1941年共招新生369名。

"自强不息，止于至善"的精神，一直潜移默化地影响着我，使我终身受益。我很庆幸能成为厦门大学的学生，也可以说，没有厦门大学，就没有我的今天。

下面讲讲我上大学时的厦门大学，以便更好地了解我上大学时的背景。

南方之强与长汀精神

厦门大学因地点设在厦门而得名，厦门之得名是在明朝初年。此前它是一个小岛，隶属泉州府同安县，明朝洪武年间，在岛上筑城寨，置卫所，取城名为"厦门"，寓意"祖国大厦之门"。

厦门大学创立于1921年，创立时是一所私立大学，创办人是爱国华侨陈嘉庚先生。陈嘉庚是福建同安集美人，1874年出生，17岁时到东南亚经商，创业成功后，心怀祖国和家乡，希图报效。他认为，"民无教育，安能立国"，"不牺牲财钱，无教育可言"，所以倾心办教育。1921年，他独资创办了厦门大学，并且倾其家资，维持厦门大学和集美中学的运转，可谓"毁家兴学"，毛泽东主席更是高度赞扬陈嘉庚是"华侨旗帜，民族光辉"。

创校开学典礼仪式在1921年4月6日举行，陈嘉庚在开学典礼仪式上发表了长篇演讲，他还邀请当时正在中国讲学的美国著名教育家杜威及夫人出席开学典礼仪式。杜威连续做了两天的学术演讲。

厦门大学首任校长是邓萃英，任职时间很短。第二任校长是林文庆，任职时间比较长，从1921年7月到1937年6月，基本上是厦门大学私立时期的校长，为厦门大学的发展做出了重要贡献。林文庆也是华侨，留学英伦的医科硕士，本在新加坡有优越的行医和商业生涯，曾在民国初年出任孙中山民国政府民政部的医药顾问，受陈嘉庚邀请执掌厦门大学之后，竭尽全力为学校工作。开学头几年，创业艰难，筚路蓝缕，身为校长的林文庆一直不拿学校薪水，义务为学校服务。不仅如此，他有时还将自己给人看病的报酬捐给学校。一直到世界经济不景气，他在新加坡的产业受损，他才接受学校发给的薪水。1937年厦门大学改为国立大学之后，林文庆重新回到南洋行医，但仍不忘时刻关心厦门大学的发展。临终前，他将遗产的3/5捐给厦门大学。

厦门大学的校训是"自强不息，止于至善"。"自强不息"出自《易经》："天行健，君子以自强不息。""止于至善"出自《大学》："大学之道，在明明德，在亲民，在止于至善。"确定的基本过程是这样的，1921年4月6日，首任校长邓萃英在开学典礼仪式上提出：

大学之要务有三：一是研究学术，二是培养人才，三是教育与社会须联为一气。此三种要务之外，尚有一种要务，就是自强不息。

从此"自强不息"由陈嘉庚定为校训。

第二任校长林文庆明确指出："'止于至善'为本大学进行之目标，亦即本校之校训。"《厦门大学校旨》也开宗明义提出：

本大学之主要目的，在博集东西各国之学术及其精神，以研究现象之底蕴与功用，同时阐发中国固有之美质，使之融会贯通，成为一种最新最完善之文化。

厦门大学的校训，既是对大学目的与功用的一种诠释，也体现了中国传统文化的特色，也是一种对理想目标永不满足的精神追求。

厦门大学校徽

厦门大学校徽的图案寓意深刻，为陈嘉庚创校初期亲自确定的，有特别的内涵：

首先，外圆圈内上方为繁体字的厦门大学，下方为拉丁文的厦门大学；其次，内圆圈内的三个五角星图案代表中国古代哲学中的三才，即所称天然中之精神的、宇宙的、人类的三大元素；再次，内圆圈内的城及城门图案为厦门（祖国大厦之门）之表记，并指学府门户大开；最后，内圆圈内的"止于至善"四字为厦门大学校训。

厦门大学从一开始就注重办学质量，聘请一流教师来上课。当时学校有不少一流大师，如诗人陈石遗，文学家鲁迅、林语堂、孙伏园，语言学家周辨明、罗常培，历史学家张星烺、顾颉刚，教育学家孙贵定、朱君毅，化学家刘树杞、丘崇彦，生物学家秉志、何博礼（德国人）、钟心煊、钱崇澍，数学家姜立夫，天文学家余青松等。真是名师荟萃，星光灿烂。教师队伍的国际化程度也很高，教授大多是从国外回来的；还有不少外籍教授，分别来自英国、美国、法国、德国、日本、俄国、瑞士等国。

1929年世界经济危机之后，陈嘉庚的商业损失惨重，仍艰难支撑厦门大学多年，直到最后实在无力独撑，便将厦门大学无条件奉献给国家。但陈嘉庚仍时刻不忘关心厦门大学的发展，抗战时期厦门大学迁到长汀期间，他还亲自来长汀慰问。20世纪50年代，陈嘉庚又捐资为厦门大学建了不少校舍。1937年7月1日，厦门大学正式由私立大学改为国立大学。这时厦门大学已经具有一定的实力，成为国内科系最多的五所大学之一，是全国闻名的私立大学，当时社会上有"北有南开，南有厦大"之说，厦门大学被誉为"南方之强"。

改为国立大学之后的第一任校长是萨本栋博士。如果说陈嘉庚是"毁家兴学"的话，萨本栋则是"舍身治校"。萨本栋是福建闽侯人，1902年出生于福州，他的父亲曾任职于福建省教育厅，在福建创办过最早的华侨学校。他的叔父萨镇冰是清末民初的著名将领，哥哥萨本铁是有名的化学家。萨本栋早年就读清华大学，后留学美国斯坦福大学和麻省理工学院，获理学博士学位，在物理学和电机工程方面造诣很深，有不少发明创造，在国内外电机工程界负有盛名。担任厦门大学校长之前，萨本栋是清华大学的物理学教授，他主编的《普通物理学》是当时全国通用的大学物理教材。接任厦门大学校长后，萨本栋励精图治，很想把厦门大学办成南方的清华大学，学校的很多事情他都同清华大学校长梅贻琦商量。

萨本栋接到厦门大学校长任命的时间是1937年7月6日，第二天，爆发了七七事变，中国进入了全面抗战时期。厦门临海，首当其冲受到战争的破坏。萨本栋在战火硝烟中抵达厦门，到任不久，短暂地迁校于厦门对岸的鼓浪屿之后，萨本栋决定将厦门大学内迁到福建、广东、江西三省交界的山城长汀。这三省交界的地方，多是崇山峻岭、深山老林，历史上兵荒马乱的年月，这些高山成为天然的屏障，将外面的兵祸隔开。长汀是这一带的重镇和著名的古城，红军时期是中华苏维埃根据地的苏区市。萨本栋决定将厦门大学迁到长汀时，很多人不理解，认为那里太荒凉偏僻。可是萨本栋坚持认为，祖国的东南半壁不能没有高等教育，不能让东南部的青年因战争而失学。

2005年，厦门大学教育研究院师生参观厦门大学长汀旧址

当年一所大学只有一位校长，没有副校长。战乱中的搬迁和建校举步艰难，全校师生员工的吃穿住行，学校教室、图书馆、实验室的建设，战时防空洞的修挖，招募教授，想办法让政府投入更多资金，等等，事务繁多。萨本栋说过一句有名的话："现在不是一个推诿责任的时代。"事无大小，他都

要亲自处理或过问。他每做一事都全力以赴，整个学校的工作效率也特别高，凡事议则速决，决则立行，不拖不延。学校的发展生机勃勃，长汀很快成为一个战时的学府乐园，可是萨本栋因为过度劳累而迅速衰老。据说在清华大学时，萨本栋同他的哥哥萨本铁是清华有名的网球健将，其网球水平之高可以参加网球比赛。1929年著名作家冰心同社会学家吴文藻结婚时，萨本栋还是英俊潇洒的伴郎。1937年到厦门大学赴任时，萨本栋仍然精力充沛，但仅仅过了几年，就积劳成疾。1943年后，萨本栋赴美国和英国讲学，同时在外就医，不幸于1949年因病在美国逝世，享年仅47岁。可以说，萨本栋是舍身治校，鞠躬尽瘁，死而后已。

关于萨本栋，有几个方面特别值得一提。

一是他舍私为公。萨本栋为教师、学生建筑了许多新宿舍，把最好的"长汀饭店"让给教授们居住，自己则始终住在破旧的"仓颉庙"中。当时长汀没有电灯，人们点的是豆油灯，豆油灯光线微弱。萨本栋是机电专家，他就把专门为他配备的小汽车的发动机拆下来，改装成照明用的发电机，为学校图书馆和教室供电，方便师生看书学习。据说这是厦门大学特有的，当时很多内迁的大学都没有这个条件。所以我们晚上很愿意到图书馆去看书。图书馆在山麓，有很大的阅览室，叫作"嘉庚堂"。长汀时期的厦门大学学生在回顾自己的读书生涯时，总忘不了嘉庚堂内寒窗苦读的岁月。

二是他高瞻远瞩。萨本栋坚信抗日最后的胜利一定属于中国，主张在战争时期就关心战后建设人才的培养。他认为，中国之所以受日本侵略，主要是因为科学技术落后，因此要从国家建设的高度来办学。国家十分需要土木建筑、机械、电机、航空等方面的人才，他希望扎扎实实地培养出一批科学技术人才来建设自己的祖国。虽然办工科是最吃力的，但他还是尽力创造条件，增设这些系科，培养了大批工业建设的骨干。正是这些学科，成为厦门大学的优势学科。1953年院系调整时，这些学科分别被调整到浙江大学、南京工学院、华东水利学院、清华大学等校，成为这些重点工科大学的基本力量。

三是他特别注重教学质量。萨本栋认为，大学要打好宽厚扎实的基础。他要求有经验的教授和副教授开设基础课，并认为国文和英文是最基础的两门课。当时学校规定,一年级学生必须修这两门课,不及格者要重修,重修不及格则予以退学。萨本栋还设法活跃校园文化氛围。当时厦门大学有很多著名教授,他们经常给学生开设学术讲座,叫"嘉庚讲座",地点多在嘉庚堂。嘉庚堂比一般的简易教室要考究一些,建筑风格带有南洋风味,除了当作学术演讲的中心,也是阅览中西文杂志的地方。当时校务蒸蒸日上,厦门大学不仅成为祖国东南半壁唯一最高学府,而且是国内最完备的大学之一,入学人数不断上升,迁校初期学生才二百多人,到1945年已经达到千人。学生的学业成绩显著提高,从1939年开始举办的全国大学生学业竞赛中,厦门大学学生连续两次获得国立大学组第一名,以后几次也是名列前茅。由于学校办学声誉不断提高,外地前来参观访问的学者也不断增多。曾经有一个英国学者在重庆时听说长汀有个厦门大学办得不错,就专程赶来参观并讲学。他在学校待了十几天,做了几场演讲,我们教育系教育学会还邀请他讲了一场有关儿童心理的讲座。一位美国地理学家也来这里讲学,对这里的教学质量和学风大为赞叹,认为这是"加尔各答以东最好的大学"。英国著名科学史家李约瑟博士也曾来长汀做讲座。

四是他特别爱护学生。萨本栋认为大学是学术机构,是超越政治的,他要保证校内师生的学术自由和人身安全。萨本栋一直顶住国民党反动派的压力,坚决不让特务在校内抓人,好几次特务要到学校抓有共产党嫌疑的学生,萨本栋都给顶住了。他说:"只要我在校一天,绝不许任何人在校内逮捕学生,即便辞掉校长职务也在所不惜。"但办完毕业离校手续的学生,他就没办法管了,因此许多进步学生毕业前不办离校手续,就悄悄离开。

萨校长治学处世、待人接物实实在在,他勉励即将毕业离校的学生:

> 应先用客观的态度,观察并分析民众的痛苦,以作课余及假中下乡训练民众的南针。……
>
> 对于正在试做中,而成绩尚未表现的事业,千万不要大吹大擂。
>
> 到了一个新地方,要先了解当地的风土人情,再谋改革方法,不要自视太高,目空一切。
>
> 移入乡村,不应该经常说"这地真糟,什么东西都没有";应时时想

"此处尚好,还有不少人物"。①

这些观念和作风朴实无华,却如春风化雨,潜移默化地影响着我,令我终身受益。所以我一直信奉:凡事从我做起,踏踏实实,从现实着手谋求改进。可惜中华人民共和国成立后很长一段时间,由于"左"的干扰很少宣传萨本栋,以至于弘扬厦门大学的光荣校史时,只提"长汀精神"而无代表人物。2002年厦门大学举行萨本栋诞辰一百周年纪念会,我在会上做了一个发言,旗帜鲜明地指出:

> 我作为萨本栋校长主持校政时期的学生,又是高等教育理论工作者,有责任说一句实事求是的话:长汀精神就是本栋精神;或者说,厦门大学的长汀精神就是萨校长所树立、所形成的。本栋精神不但为厦门大学树立了自强不息的校风、南方之强的形象,为这所全国重点大学打下了坚实的基础,而且在抗战时期,坚持办学,立下了爱国主义的历史丰碑。
>
> 本栋精神是什么?就是"舍身治校"。
>
> 本栋精神虽体现于办好厦门大学一所大学上,而其深刻的意义还在于在敌人的包围中,坚持办学,发展高教,为科学救国、人才建国做出历史的贡献。

不仅我这么看,很多校友也与我有同感。现在,厦门大学党委已采纳校友们的意见,于2006年4月厦门大学八十五周年校庆时正式宣布"长汀精神"改为"萨本栋精神"。这是一种实事求是的态度,也是对历史的尊重。

大学生涯(一)

回忆是甜蜜的,希望是绚丽的。回忆之所以是甜蜜的,多半是时间的距离,冲淡了悲苦的情感,留下了青春年华金色的图画;希望之所以是绚丽的,

---

① 《萨校长勖勉同学词》,《厦大校史资料》第2辑,厦门:厦门大学出版社,1988年,第46-47页。

就因为有理想，有未来。回忆我的大学生涯是甜蜜的，描述我的大学生涯是绚丽的。长汀四年，书生意气，每一个日日夜夜都叫人难以忘怀。

先简单介绍一下长汀。厦门大学的长汀校址位于长汀西北角卧龙山，也称北山脚下。长汀是座有着一千多年历史的古城，历史上是汀州州府所在地，是福建西部政治、经济、文化的中心，也是客家文化的一个重要中心。汀州府所辖县基本上是客家群落，当地居民也基本上是客家人，他们有着独特的客家文化，并体现在语言、建筑和饮食等方面，穿城而过的汀江被称为"天下客家第一江"。长汀城北部一山蜿蜒，山形如巨龙盘曲而卧，故称为卧龙山，又因它在城的北部，又称北山。山上树木葱翠，白云绿渺，山顶有著名的金沙寺，寺内有建于宋代的北极阁。卧龙山西麓有罗汉寺，东麓有斗姆阁。当年我们在长汀时，那里还有不少文物古迹，如古城楼、古城墙、古城门、汀州府文庙、汀州试院、汀州天后宫、唐宋古井双阴塔、南山古庙、救驾坪、娘娘墓，以及成片保留下来的唐宋以来形成的传统古街区和民居。这些地方都留下了我们的足迹。据说有一个外国人曾与长汀结下不解之缘，他说过这样一句话："中国有两个最美的小城，第一是湖南凤凰，第二是福建长汀。"（可惜现在的长汀在走向现代化的过程中没有保持它固有的特色，这是一大遗憾。）在那动荡的年月，这座美丽而有生活气息的小城为我的求学生涯提供了相对安静的学习环境。

我大学念的是教育学系。当年教育学系设在文学院里面，同在文学院里面的还有中国文学系、历史文学系和外国语文系。当时文学院院长是著名语言学家周辨明，他在厦门大学的时间很长，从1921年创校时就来校任教，并曾担任教务长，但在我入学时他出国了，由闽西专员刘天予继任，1943年周辨明又回任。系主任中，中国文学系主任是余謇、李笠，历史文学系主任是吴士栋，外国语文系主任是李庆云，教育学系主任是李培囿。

从永安师资养成所转到长汀厦门大学来的，除了我是来上学的之外，还有三位教师。一位是国文组组长施蛰存，一位是中文讲师管雄，一位是数学讲师方德植。由于一起从永安过来的缘故，这三位教师都对我很亲切，特别是管雄。管雄应聘到厦门大学中国文学系当讲师，他比较年轻，跟我也比较谈得来，还送了我一本《白香山词谱》，教我学填词。可惜我没有学会照谱填词，辜负了管老师的好意。施蛰存在厦门大学给我们开设大一国文和文选课，因为以前就是师生的缘故，第一学期院里安排我给他当助手，帮助做些抄抄写写的工作。在四年的大学生活中，虽然不同系，后来也没再修他的课，但我同一帮爱好文学的青年一样，经常向他请教。一直到20世纪80年代，我还同施蛰存保持师生联系，到上海时多次登门拜访。

大学一年级，主要是念基础课。基础课大多是面向全校的，如英文、国文、体育、三民主义等。上面说到，当时学校非常强调语言文字能力，包括国文和英文。学生一入学就必须修这两门课，不及格者重修，重修不及格者退学。国文我是不怕的，我最怕的是英文。当时全校大多数学生最怕的也是英文。入学不久，学校进行了全校英文统一考试，并按考试成绩分为六个组，我分在倒数第二组。刚开始听课都很吃力，偏偏有些英文教师不会讲中国话，如系主任李庆云就是个"不会讲中国话的中国人"，上课全部用英语。语法用的也是全英文课本，好在精读课可以用中文解释，能够听得懂。

第一年，我花了很多时间在英文上面，几乎是全力以赴。每天天一亮就起床，在山坡上读大约半个小时英文才去吃早饭，学习方法就是死记硬背。第一个学期期末，等待英文考试结果期间，心里一直七上八下，非常紧张，担心考试不及格。放榜那天，当看到自己英文考试得了60分时，比其他科目考90分还高兴。很多同学也和我一样，及格的高高兴兴，不及格的垂头丧气。据说本来有很多同学不及格，老师大概觉得考试题目出得太难了，就给不及格的同学每个人加了5分，这样就让较多同学及格了。

第二个学期，压力最大的还是英文，期末考试仍是60分，算是及格了。这次是不是有照顾，我就不知道了。但是学习的压力还没有到此为止，根据学校当时的规定，后面还有一次综合考试。综合考试主要是语文特殊考试，包括国文和英文两科，每个学生都要通过语文特殊考试，在规定的期间，自由参加，不及格下次再考，再考后仍不及格就不能毕业。这是自1939年以来就施行的《语文特殊试验办法》规定的，已经施行了好几年。好在等我念到三年级的时候，学校宣布取消综合考试，我们也就幸免了。

第二年开始进入专业学习，主要学习了一些教育学和心理学方面的课程，从知识体系来看是比较完备的。我们教育系的专业课程主要有五大部分：一是教育学，包括教育哲学、教育视导、教育统计、比较教育、职业教育、教育社会学等课程；二是心理学，包括普通心理学、教育心理学、学科心理学、现代心理学派别等课程；三是教学法，包括普通教学法、测验概要、课程编制、教学实习等课程；四是教育管理，包括教育行政、学校行政、中等教育、社会教育、中学教务、中学训导等课程；五是教育史，包括中国教育史和西洋教育史。

教育系教师不多，但大多都很敬业，每位教师要开好几门课。有几位教授我印象比较深，第一位就是系主任李培囿教授。李培囿是从美国哥伦比亚大学留学回来的教育学博士，还是杜威的学生，他当时翻译和介绍了不少杜威的著作，给我们上课，主要是讲杜威的理论。第二位是陈景磐教授。他当时很年轻，刚从加拿大留学回来，是多伦多大学的博士，他为我们开设教育行政、教育视导等课程。中华人民共和国成立后，陈景磐在北京师范大学当教授，是著名的中国教育史专家。因为他是我大学期间的导师，所以他全家我都很熟悉，并且经常来往。如今①师母潘欢怀尚健在，是北京师范大学外文系的退休教授，还保持联系。还有一位是阮康成教授。阮康成也是从美国哥伦比亚大学留学回来的教育学博士。他后来离开厦门大学到广东当教育局局长，中华人民共和国成立后去了美国。2003年，他的女儿女婿回到厦门大学时还来找过我。我当时不巧在外出差，他们就给我留了一封信。之后，我就同阮康成取得了通信联系。2004年，阮康成去世前给我写了最后一封信，也是他一生中的最后一封信。这封信后来由他的女儿女婿转寄给我。他的女儿还说，他有一点遗产，想在厦门大学设立阮康成教育奖学金。我把这封信交给了学校。经过多方联络，现在终于在我们教育研究院设立了"阮康成教育奖学金"。

从专业来讲，我们所学的教育理论知识还是比较系统的，虽然主要是一些美国的东西，但为我打下了比较扎实的理论基础。同时我也更清楚地认识到，这些理论与中国的教育实际没有很好地结合。所以在写毕业论文时，我

---

① "如今"指口述史整理的时间2006年，后文中追述人物所讲的"现在"也是指2006年。

就结合中国的实际,写了《劳工教育的理论与实施》。之所以选择这个题目,一方面与我的出身有关,我对劳工比较有感情;另一方面也与我在文学上一向关注大众化的问题有关。我觉得要实行大众化,就必须让劳动者受教育。

除了主修教育系之外,我还修了一个副系——经济系。当时教育系学生在主修系之外还必须修副系。按规定:教育系最低学分总数为134个学分,其中副系最低32个学分。我们教育系同学选的副系各不相同,有的以中文作副系,有的以历史作副系,有的以数、理、化作副系。我因为过去念过一些马克思主义政治经济学,就选经济系作副系,希望进一步探讨中国的社会经济问题;但是当时在大学课堂上占据主导地位的是古典经济学,使我大失所望。考试倒很容易,例如,开设经济思想史的黄开禄教授很想了解中国古代经济思想,考试是让每个同学写一篇文章,介绍一位古人的经济思想,我就七拼八凑地写了一篇《张居正的经济思想》,当成考试作业交上去,居然得到高分。

经济学课程里面最有心得的,是毕业前一年听了王亚南教授的课。王亚南教的是高级经济学,他主要是讲中国的官僚主义、中国经济的特殊问题。这门课才是与我过去的东西衔接起来了,我觉得很有收获,也因此认识了王亚南教授。很多同学也觉得王亚南的课讲得很好。大家都知道王亚南是与郭大力一起翻译《资本论》的进步经济学家,当时全校有文、法、商、理、工五个学院,学生还不到千人,全校每个学院都有学生选修他的课,差不多有1/4的学生选修或旁听这门课。他上课的教室比较大,可以容纳百人左右,但教室几乎总是满的,有时窗子外面也有人搬着椅子来听,一些助教也来听课。听王亚南的课,最大的收获是方法论上的。王亚南要求我们用研究的态度来学习,他喜欢引用物理学家海森堡的名言:"提出正确的问题,往往等于解决了问题的一半。"期末考试是开卷考试,有一道题是请学生们对他所讲的内容提问,然后又上最后一堂课,回答大家所提出的问题。

除了主修系和副系之外,我还选修了一些其他科系的课程。当时学校要求学生所修课程要跨越专业,同时为了丰富学生的知识结构,推行文理渗透,引文入理,引理入文。我当时念了一些社会科学和自然科学的课程,也接触了不少名师。如选修了著名哲学家、诗人和书法家虞愚教授开的因明学课程,也就是逻辑学①课程。由于我中学念几何时就对逻辑感兴趣，所以就选修了虞愚教授开设的因明学，也因此跟虞教授认识了。当时听得似懂非懂的，但无形之中对逻辑思维训练有好处。20世纪50年代初、70年代末80年代初，我也给学生开设过逻辑学课。此外，还修了叶国庆教授开的中国史、吴士栋教授开的西洋史、邹文海教授开的政治学等。

按规定，文科学生至少还要修一门自然科学方面的课程。我选修了顾瑞岩教授开的生物学，不仅要做生物实验，如解剖青蛙、观察草履虫等，还要写实验报告（我现在还保留有生物学课程的笔记）。顾瑞岩教授是位有名的生物学家，他严谨治学、讲课风趣，给我留下了深刻的印象。除了一些大牌的文科教授外，我还认识了一些理工科方面的教授，如做过教务长和理工学院院长的谢玉铭教授。谢玉铭教授是留学美国的物理学博士，他的女儿谢希德后来成为著名物理学家和复旦大学校长。谢希德当时念的是物理系，但到教育系来和我们一起修心理学课程。

最令人怀念的是当时良好的学风。学校山坡上、树林间到处都是用功读书的学生。教室是简易的木板房，教室里似乎总有学生在学习，学生们夹着笔记本匆匆进出。夜晚，图书馆有电灯照明，一直开到晚上十点钟。吃完晚饭以后，我们就三三两两先沿着树林在山麓散一会儿步，然后去图书馆看书，直到图书馆关门为止。由于图书馆资料不是很充裕，所以有一个特殊的借书制度：一本书只能借一个小时，如果没有人来借，可以续借；晚上十点钟图书馆闭馆，如果所借的书没有看完，可以将书带回宿舍继续看，但必须在第二天早晨开馆后一个小时之内奉还，否则取消借书资格。我在辅修经济学时，会计系、经济系的人很多，书老是不够，经常在闭馆之后将书借出来，晚上回到宿舍在豆油灯下接着看，第二天早上开馆后将书迅速送还。

住宿方面，刚进大学的一年级新生住二十多人的大间宿舍，到二年级以上是四至六人一间，由学生自行组合。刚开始时，宿舍没有电，用的是豆油灯，灯光昏暗。晚上，大家经常先去有电的教室或图书馆自修，回宿舍以后，

---

① 逻辑学是从英文 Logic 音译过来的，我国古代叫"名学""名辩学""名理学"，古代印度叫"因明学"。"因"是指推理的依据。

继续看一阵子书。睡觉之前，还有一阵子海阔天空的聊天。

当时整个校风勤奋而朴实，我老老实实连续念了四年书，而不再像以前时断时续。此外，我还参加了不少课外活动和社会活动，锻炼了多方面的工作能力，积累了宝贵的人生经验。

大学生涯（二）

大学生活给人的影响，不仅在专业教育和课堂学习上，还在课堂之外。有形的教育和无形的影响相结合，能更全面地锻炼人、造就人。虽然在艰苦的年代、相对安静的小城，我的大学生活也是丰富多彩的，多方面的实践给了我充分锻炼的机会。这里面既有主动选择，也有生计所迫，但都是一笔无形的财富，使我终身受益。

大学期间，我首先要解决的仍是生计问题。这期间我没有向家里要过钱，主要是靠课外做工和兼课。当时上大学，住宿不用花钱，看病不用花钱，战区来的学生还有膳食贷金。所谓膳食贷金，就是每月盖个印、记笔账，就可以吃饭，说是等毕业后再还贷（后来因通货膨胀，按币面还贷已无意义，因此上面通知说，贷金不用还了），所以基本生活不成问题。从伙食来说，厦门大学比师资养成所好得多，白米饭和水煮青菜任由吃饱，早餐经常有煮熟的黄豆，一人一勺，学校还经常制作豆腐改善伙食。来自战区的学生还可以申请闽西救济金，作为补贴购买衣服和文具的零用钱，但要承担一定的课外服务工作。

第一学期，安排我在施蛰存教授名下做些抄写工作。第二学期，捐助救济金的教会所办的乐育小学要补充师资，知道我曾当过小学教师，就安排我到乐育小学教书。当时厦门大学许多教师的孩子都在乐育小学念书，包括校长萨本栋的两位公子。我一般一个星期去两三次，当兼职教师。

第二年，也就是大学二年级，我就到长汀中山小学兼课教书。一个月的工资大约是一担米的标准，可以维持基本的生活，所以从大学二年级起，我就不再领取贷金救济，将救济金让给了别人。大学三年级时，我就到县立初级中学去当教师。中学教师的待遇好一些，日子就更好过一些。校长是历史系的学长陈诗启，他后来做了厦门大学历史系教授，在海关史研究上很有成就，现在已经90多岁了。在中学，我算半个教师，主要是教一个班的语文和两个班的公民课，每周10个小时。大学四年级时，就在县立中学当教务主任，还兼两个班的动物学，是全职的中学教师了。教务主任是要坐班的，我待在中学的时间就更多了一些。另一名训育主任也是厦门大学学生，叫吴厚沂，1946级的，但年龄比我大一些，他现在在美国，也已经90多岁了。当时县立中学的教师差不多都是厦门大学的学生，学校也办得比较有生气。

大学期间，我还做了一些社会工作。当时学生的组织设有级会，相当于现在的学生会。级会不是以院系为单位，而是以年级为单位，全校各个院系打通，组成级会，级会设有一个由9人组成的级会理事会。二年级时，我以最高的票数被推选为级会理事，自然也就被推选为二年级（1945级）的级会主席。为什么会选择我呢？不是我有什么能力或背景，而是当时学生中福建的居多，福州籍和闽南籍的学生之间互相不买账，历届主席往往就出自非福建籍的广东、江西、浙江籍的学生中。也就因为这一点，萨本栋校长特别反对搞同乡会和小集团。级会主席并不好当，经常要协调各方面的关系，碰到学潮的时候，还得处理一些棘手的问题。

当时每个系的学生还组织了学会，如教育学会、历史学会、数理学会、土木学会等，学会主要是组织全系学生的课外学习和社会活动。大学二年级时，我担任教育学会的干事，从大三起，我就当选为教育学会的会长。我们教育学会分为四个小组：仲尼组（孔子，字仲尼）、行知组、杜威组、卢梭组。小组不分年级，混合编在一起，即小组里面有各个年级的学生，大家经常在一起讨论教育问题，交流学习心得。我分在卢梭组，组长是比我高一年级的沈瑶珍，她后来被评为福建省的模范语文教师。我们这一组在沈瑶珍的领导下，特别活跃，活动最多，经常组织阅读和讨论卢梭的《爱弥儿》以及卢梭的一些自然主义教育主张，人家就开玩笑，叫我们组为"啰嗦组"。这个"啰嗦组"和卢梭的自然主义教育主张对我影响比较大，以后的教学生涯中我始终相信，要尊重学生的个性和学生的主动发展。在研究教学理论时，关于教学原则体系我提出了十条原则，其中一条就是"在教师主导下发挥学生自觉性、创造性与独立性原则"。

大三开始，我担任大学对外开放的社会教育服务处的主任。当时服务处归教育系管理，活动不多，主要是暑期组织平民学校，还办了一个阅报室，对民众开放。我的工作就是订几份报纸和刊物，组织几名低年级学生轮流管理。白天开放，晚上就成为我们自学的小天地（因为有电灯）。

大学期间我还同一帮爱好文学的青年一起搞文学活动。我们这帮文学青年差不多隔两三个星期就聚在一起，将各人近期所写的诗歌、小说、散文等拿出来朗诵，分享经验，交流心得。活动中我也经常朗诵自己的"杰作"。记得有一年端午节，我们搞了一个诗人节，大家将自己写好的诗拿出来朗诵。我是主持人，我们还把虞愚教授请来了。虞愚当时才30来岁，虽不像后来那样著名，但在国内尤其是福建一带已很有影响。他除了在佛学和因明学上造诣很深外，诗词和书法更是声名远扬，还在学校办了书法展。据说他13岁就在关帝庙门口卖春联，17岁就为一些大商店写巨幅招牌。长汀北极楼藏经阁的横额就是他写的。那次诗人节，虞愚用条幅写了一首《汀江吊屈原》的诗，在会上引吭朗诵：

  生死荣枯际，昂藏磊落身。
  谗窜伤日月，气已慑齐秦。
  授楚天难问，招魂迹未陈。
  一樽汀柳外，肠断白苹生。

诗人节朗诵会后，虞教授把这副字送给了我。后来他又重新写了一副，写上我的名字送给我。我觉得他的字怎么看都是好的，而且原来的条幅更有意义，就都裱起来，珍藏着。

虞教授的书法后来日益精进，自成一"虞体"。关于书法，虞愚有一个很形象的比喻，"骏马秋风冀北，杏花春雨江南"，他认为这两者一则以刚健胜，一则以婀娜胜，糅合到书法中，自成一种刚柔相济的风格。现在厦门南普陀寺大门外石柱上刻的就是虞愚书写的对联"喜瞻佛刹连黉舍，饱听天风拍海涛"。虞教授最让我佩服的，是他能把逻辑思维的因明学和形象思维的诗词、书法和谐地结合起来，达成一种学问上的和谐圆满。今天，当我们思考科学教育和人文教育时，这一点应该对我们有所启发。

大学期间文学爱好者合影
前排从左至右：邵循道、王茂毓、郑道传、朱伯石、欧述周、朱一雄、陈启典
后排从左至右：张万弓、余锦中、陈兆璋、范筱兰、
姚一苇、潘懋元、薛蕃康、勒公丁

我们这帮文学青年中，有些人后来在文学上很有名气，如姚一苇、朱伯石等。特别是姚一苇，他是我的同级同学，本来学电机工程，后来又转学银行业，但一直热爱文学和戏剧，上大学时还写了不少小说和剧本。他长得瘦瘦的，可以说是其貌不扬，但他的女朋友范筱兰却是有名的"校花"，不仅长得漂亮，而且在戏剧表演上很活跃，是舞台上的红人。当时很多人追求范筱兰，范筱兰却选择了姚一苇，大概是喜欢姚一苇的才气，他们后来结为夫妻，一起去了台湾，这也是一段风流佳话。姚一苇是1946年毕业的，一毕业就去了台湾，在台湾银行界任职达30多年，但一直在大学讲授戏剧和艺术评论，后来还创办了台湾国立艺术学院戏剧系，目前许多活跃于台湾戏剧界的编导人员都是他的门生。1945年我大学毕业离开长汀赴江西时，姚一苇赠了我一首诗：

明朝有客去，惜别正依依。
莫怨江湖阔，宁伤道路违。
时艰知己少，秋老故人稀。
一笛铃霖雨，惊乌故故飞。

这首诗我现在还保留着。十几年前，我去台湾访问时，姚一苇还赶来参加厦门大学台湾校友会的欢迎宴会。

　　大学期间我还谈了恋爱,对象是同班同学龚延娇。当时我们这一级教育系七八个人,到最后毕业的时候只有四个人。龚延娇是江西南昌人,性格温和。我们真正开始谈恋爱是从大学二年级开始的,刚开始并没有刻意谈恋爱,后来就很自然地在一起。上课时我们基本上坐在一起,是"同桌的你"。自修的时候,图书馆人多,我们就经常互相帮着占位子,谁先去了,就给对方占一个位子。下自习后,我经常护送她回到宿舍门口(当时规定,女生宿舍只有三八妇女节那天对男生开放)。周末,我们有时一起到野外郊游。回想起来,那段日子很美好。青春岁月,同志爱人,苦读中的相伴,贫困中的支撑,忙碌中的偷闲,平淡中的浪漫,恋爱中的甜蜜,我们都是享受过的。

1945 年,学士学位照

　　总体来说,这四年的大学生活忙碌而充实。这四年,既读书,又教书——先是到小学兼课,后来到中学兼课,还做了中学的教务主任;社会活动也参加了不少——当过级会主席、教育学会主席、学生服务处主任等。所以我的大学生活一直都有机会将所学知识联系实际,培养了自己多方面的能力,更重要的是,学会了"多面作战"的工作方法,我把它叫作"弹钢琴"的工作方法。因为"弹钢琴"讲究的是和谐,"弹钢琴"的工作方法是讲求合理安排时间、和谐处理各种事务。例如,大学四年级,白天我除了到大学上课之外,就在中学里办公、开会、教书、备课,不误中学的事;从中学放学回来，到服务处转一下，处理当天事务；晚上，到图书馆或服务处自习和写毕业论文。更重要的是，控制住自己的脑袋，读书时不想办公的事，办公时不想功课内容；自学时不想着备课，复习这门功课不想着那门功课。实行起来，我的办法很简单：用一张小纸片，把该处理而未处理的事一件一件记下来，到时间再处理。虽是麻烦了笔头和纸片，但解放了脑袋。这样，基本上做到了统筹兼顾，适当安排，有条不紊。这个习惯养成之后，我终身受益，后来在教学、科研、行政、社会活动中，我多面作战，靠的就是这种"弹钢琴"的方法。

总的来说，我的大学四年是在一个动乱的年代，但又是在一个偏僻安静的小城度过的，消息也不是很灵通，大家都在认真地读书。课业虽然十分紧张，生活却简朴而安宁。在那个特殊年代，在那种朴素向上的校风中，我们能平静地读书，真是很幸运、幸福。当然这期间也有紧张的时候。有一阵子，日本鬼子大规模往中部进军，先是打到长沙，后又打到赣州，长汀也常有敌机来轰炸。那阵子，我们上课时经常拉警报，教室设在山边，旁边就是防空洞，警报一来，师生们就赶紧往防空洞里跑。但也只有那么一阵子，总体来说，这里不是前线或敌占区，还是比较平静的。

1945年暑期，我们大学毕业了，也正是日本帝国主义投降的日子。消息传来，整个山城都沸腾了。我们拼命地放鞭炮，一直到晚上，我们还是不停地唱啊，跳啊，哭啊，笑啊，闹腾了整整一夜。第二天照样如此。想想看，整整八年啊，就期盼着这一天！压抑已久的期盼、长久以来对和平的渴望一旦爆发，就如山崩海啸般喷涌而出。那种欢欣鼓舞，那种喜极而狂，真是难以言表，"初闻涕泪满衣裳""漫卷诗书喜欲狂"！长汀还只是一个山城，是那么一个小地方，当时全国人民的欢欣鼓舞、扬眉吐气，更是可想而知！

抗战胜利后，厦门大学也准备迁回厦门了。大家纷纷往外面跑，不再安于这个小小的山城，我的生活也面临着新选择。这时我本来已在长汀县立中学教书，但心里很不安分，想着迟早要走。我的女朋友龚延娇已经确定了毕业后的去向，她要回到她的江西母校教书。不久，我就同我的女朋友龚延娇前后离开了长汀，到了她的家乡江西。从此，开始了大学毕业后的教师生涯。

江西岁月

大学毕业时，我的女朋友龚延娇对于毕业后的去向已经很明确，她要回到她的故乡、她的中学母校教书。她的中学母校是江西南昌葆灵女中，母校希望她大学毕业后回去做女中附属小学的主任。抗战时期葆灵女中从南昌内迁到雩都（在瑞金与赣州之间，现在写为于都），龚延娇毕业后就要到雩都的葆灵女中工作，她希望我能陪她一起到江西工作。虽然我父亲希望我能回潮汕，但当时还没有在潮汕找好工作，而雩都县立中学正好缺教师，请我到那里去任教，于是我就选择到江西工作。

1945年10月，我从长汀县立中学辞职，到江西雩都县立中学任教，教中学的国文和历史。雩都县立中学离葆灵女中比较近，走路十来分钟。11月，我和龚延娇女士就在雩都结婚了，从此开始有了自己的小家庭。婚后的生活幸福而安定，次年我们的大女儿就在南昌出生了。出于对瑞典妇女活动家和新教育运动倡导者爱伦·凯的热爱，我们为这个可爱的小女儿取名为凯伦。潘凯伦后来虽然没有从事教育工作，但她于1964年考上中国科技大学，后来成为一名出色的高级工程师，也是我们做父母的骄傲。

1947年，同妻子龚延娇、女儿潘凯伦在一起

抗战胜利后，很多学校陆续迁回旧址。1945年快放寒假的时候，葆灵女中决定迁回南昌，我妻子要随学校一起迁回南昌，这样我肯定就要跟着一起往南昌走。她们寒假前就迁到了南昌，我决定等到学期结束放寒假的时候再过去。雩都在赣江的上游，那时从雩都到南昌要走水路，有运货的木船往返。从雩都到南昌，现在走高速公路不过两三个小时，我们当时却整整走了半个月。这一路既可以说是千辛万苦，也可以说是悠闲自得，游山玩水。这一路的经历也是终生难忘的，现在很难再有那种悠闲的生活了。

当时我们一行三四个人，结伴搭乘小货船，顺赣江去南昌。我们几个人很快就混熟了，跟船老大和船工也混得很熟，大家经常在一起聊天，天南地北，什么都聊。小船行得很慢，多的时候一天走三四十里，少的时候也就二三十里。赣中山水之美是有名的。这时已是冬天，树叶落了，庄稼收割了，冬天的原野，更见一种空旷和静美，真是"船在水中走，人在画中游"。我们白天行走，夜晚停泊码头，或是停靠在树下。经过一些集市或小城镇，我们就弃舟登岸，在集市上逛街，顺便买些菜、切些肉、沽些酒，回船之后，炒两个菜，饮几杯酒，然后躺在船板上，赏风景、看月亮。"江清月近人"，真是一种享受。我们还在赣州、万安、泰和、樟树各停留了一两天。

这样走走停停，走了将近半个月，真正经历了非常悠闲也是非常无可奈何的生活。那真是一种慢节奏的生活，过去哪怕在最紧张的时候，包括我们在抗战时期、在随军工作队的时候、在行军的时候，也都有这种忙里偷闲的时候，有时也闲得非常无聊。但闲有闲的好处。现在很难再有那种慢节奏的生活了，也很难再有那种优哉游哉的心情了。现在，如果是去哪里开会，交通发达，飞机、火车、汽车都很方便，人也都是匆匆忙忙的，像上了发条的陀螺转个不停。所以说，人的享受是相对的，越是进步，越是失掉最根本的享受。现在想要再回到那种时候，似乎也回不去了。

到达南昌之后，葆灵女中聘请我当高中部的国文和历史教师。一个学期之后，就是1946年暑期，南昌市女子职业学校希望聘请我去那里做教务主任。我正在考虑要不要去，葆灵女中的校长听消息后就找到我，劝我留下来，并聘请我在葆灵女中当教务主任。葆灵女中原来的教务主任是搞音乐的，不太愿意继续做教务主任。这样，我就继续留在葆灵女中，除担任高中部的国文和历史教师外，还担任教务主任。所以说，我曾经在教会的女子中学教过书，还当过教务主任。

1946年10月，一封来自母校厦门大学的电报又改写了我的生命轨迹。

第 三 部

厦大岁月

在汕头大学住所（1995 年）

复建厦大附小

厦门大学建校时在郊区,为了方便教职工子女上学,建校之初就办了一所附属小学,叫"模范小学"(杨振宁还在这个模范小学念过书,当时他父亲杨武之是厦门大学教授)。抗战时期厦门大学内迁长汀,附属小学也随之撤销。抗战胜利后厦门大学迁回厦门,决定恢复建立附属小学。当时是汪德耀校长到重庆教育部述职,顺便申请复建附属小学,得到了教育部的批准。得到批准后,厦门大学就多方物色附属小学校长人选,我的老师、教育系主任李培囡教授向学校推荐了我,并给我发了一个电报,请我去厦门复建附属小学,任小学校长。

收到李培囡教授发来的电报后,我就有些心动,虽然觉得还不是十分理想。我心想:我是厦门大学的毕业生,厦门这个城市我还没有去过,有机会去厦门也是不错的。可是又多少有些不甘心,心想:在南昌我已是完全中学的教务主任,在厦门只是当个小学校长。于是我就给李培囡提出了一个要求:我希望在教育系当助教,同时负责筹建小学。李培囡不久给我回了一封电报,答复说可以同时在教育系做助教。这样我就将事情应承下来,辞去了南昌的工作。

这时正好南昌有位教师要前往厦门大学生物系任教,我便将妻子和尚在襁褓中的女儿凯伦暂时留在南昌,与他结伴同行。当时从南昌到厦门没有直达车,一路要换乘好几次交通工具,我们也是一路走走停停。路上也不安全,时常有土匪出没,而且由于多年战争,老百姓生活非常困苦。我们亲眼所见,走在我们前面的车子过桥时翻车了,车上很多人受伤,很多人围上来,但不是去救人,而是一哄而上争抢东西。当时的情景乱哄哄的,很可怕。一路上,我们也是小心谨慎、担惊受怕的,生怕我们坐的车子翻了,更害怕遇到雨天。若遇到雨天,山路崎岖,道路泥泞,车溅泥水,雨打车窗,危险性更大。好在我们坐的车子没有出事,但是路况不好,行路艰难,"一去二三里,抛锚四五回,下车六七次,八九十人推"是常有的事。

到了龙岩以后,才稍稍松了一口气。我们在龙岩换乘小船至漳州,再从漳州换乘小船到厦门。这样，差不多走了一个星期，终于到达厦门，时间已经是1946年11月初了。11月的厦门，气候温暖，阳光明媚，海面上白鹭翱翔，一片"落霞与白鹭齐飞，秋水共长天一色"的景象。

我一到厦门就喜欢上它，更喜欢厦门大学。厦门大学是"风景这边独好"，它背靠五老峰，面朝厦门湾，群山环抱，地势开阔。据说陈嘉庚当年选择校址时，就是考虑到厦门港有良好的发展前途，才将校址定在厦门，而不是他的出生地集美①。陈嘉庚在勘察校址时发现，距厦门市区五六里的五老峰脚下郑成功当年练兵的演武场平坦开阔，作为校址十分合适。这演武场背靠秀丽绵延的五老峰，旁边是著名古刹南普陀寺，南面是碧波万顷的大海，山风海景，交相辉映。厦门大学的选址之胜美，历来为人羡慕。厦门大学刚成立不久的1921年10月，全国教育会十四省区的代表，包括黄炎培、徐汝梅、许倬云、谷振东、武桓等人参观厦门大学之后，高度赞誉："背山临海绝胜处，气魄雄伟，不可一世。"鲁迅在厦门大学执教时给许广平的信中，赞誉这里"背山面海，风景佳绝"。1933年教育学家吴家镇在厦门大学执教时，更是惊赞："厦门大学的校址是理想的，至善至美的。"

厦门大学的校舍建筑之美，更体现了天地人和。厦门大学建筑很有特色，囊萤、映雪、群贤、集美、同安几座楼群粗中带雅，庄重厚朴，一字排开，廊柱相连，交相辉映，使人一见就产生一种对学问的崇敬（现已被评为国家级文物保护建筑群）。创校之初，绿树和农田之间预留有发展空间。每栋房子，不管是教学楼还是宿舍楼，都有巨石廊柱撑起的宽大阳台，为中国古典风格与南洋风格的结晶。据说陈嘉庚在南洋的房子有宽大的阳台，他很喜欢，认为是很方便的活动空间。他认为建筑校舍更要方便学生学习，有阳台，学生可以在阳台上看书，房间也显得敞亮，既方便，又卫生。当然这得花更多的钱，但是办学一定要有长远的眼光。正是这些早期建筑，奠定了厦门大学建筑群的基本风格，时至今日，厦门大学之美，在中国大学中仍是名列前茅。而且从教育的角度看，大学校园本身就应该是文化校园，彰显文化氛围，潜

---

① 集美当年只是一个小镇，到厦门要乘船过海，走一个多小时的水路，现在也是厦门市的一部分。

移默化，环境育人，所谓"随风潜入夜，润物细无声"。

当年我一看见厦门大学，心里就有一种喜不自禁的亲切感和归属感。由于经历了战火的毁坏，当时主要剩下囊萤、映雪、群贤、集美、同安等石头房子，周围都是树林和农田，穿过一片树林，后面还有"大南新村"华侨留下的老房子。百废待举，很多房子在修复，一些扩建工程正在进行，但仍然是海环山抱、气势巍然的学府气象。

报到后，我就去见汪德耀校长。谈到复建小学时，汪德耀校长告诉我："任务很紧，现在大学已经开学了，这学期就得将小学办起来。"当时学校很多地方要用钱，汪德耀校长批给我筹办附小的经费只有一百块钱。当年教育部的批文虽说是可以复建附小，但没有专门拨款，希望学校从原来的预算中挤出经费。批文是这样说的："该校设立附属小学，名称应为'国立厦门大学附属小学'，唯班级应逐年增加，本年至多先办六班，所需员工名额及经常费、开办费，先就该校本年度原预算内统筹支配，不另增拨。"学校挤出这一百块钱很不容易。我就用这一百块钱买设备、做课桌椅、修复教室，在一个月之内，就让小学开学了。

第一件事情就是聘教师。我对汪德耀校长说明："教师，要由我来聘；聘书，由你来发，我副署。"汪校长同意了。这样我就有了选择教师的自主权，给教师发的聘书，是由厦门大学校长汪德耀和我同时签的。厦门大学在萨本栋任校长时就规定：家属不得同在学校里面教书。为什么萨本栋有此规定呢？今天看起来似乎有些不近人情，可当时的情况不同。当时萨本栋有两个规定是连在一起的：一是夫妻不得同在本校工作，二是不得搞同乡会。因为学校刚搬到长汀时，只有学生240多人，离开长汀时也不过一千来人；教师就更少了，刚开始只有几十人，后来百人左右。在教师和学生都不多的情况下，如果结成同乡会或夫妻店，结成小帮派，影响团结，很让人伤脑筋。萨本栋做出这样的规定，是为了不让家庭观念、地域观念妨碍学校的事业。他本人以身作则，没让自己的夫人在厦门大学任教。他的夫人受过体育方面的高等教育，但只是在附近一所中学教书。当时教务长傅鹰教授的夫人、林庚教授的夫人、陈景磐教授的夫人、阮康成教授的夫人、顾瑞岩教授的夫人等，都具有讲师以上的级别，但都不能在厦门大学任教。我以萨本栋时期的规定为由，向汪校长提出要求，得到他的同意。其实我的担心是：我只是一个小助教，如果来一批大教授的太太，如何招架得住？那样学校肯定办不好！

11月已是学期中间，临时要聘到好教师，的确很困难。好在有"厦门大学"这块牌子，很多人还是向往的。我先找到许虹，请他设法帮我介绍教师。许虹比我早一年到了厦门，他先是在集美中学教书，一年后又到厦门《星光日报》当编辑，在文化教育界有不少熟人。我还找了当时厦门市教育局局长叶书德，请他帮我介绍教师。叶书德是厦门大学校友，长汀时期是厦门大学注册组主任。另外我还给陈鹤琴写信，请他介绍一名学生来我这里任教务主任。陈鹤琴当时以"活教育"的理念办的上海幼儿师专（即上海市立幼稚师范学校）很有名，我希望他的学生把他的思想带到这里来。陈鹤琴给我写了复信，说他的毕业生都找好了工作，以后再推荐。

与此同时，我对教职工的子女状况进行了调查。根据实际情况，决定小学六个年级共办五个班，三、四年级合办一个复式班，其他年级各一个班。每个班一名教师，再加一位四科教师，教体操、音乐、美术、劳作课（当时称教体操、音乐、美术、劳作课的教师为四科教师），教师总体质量还不错。还有一位秘书、一位做饭的工人。这样就凑成了一个班子。

第二件事就是添置设备。我当时设计了一种单独的课桌椅：每个学生一张桌子，一张靠背椅，单独分开来，而不是两人共一张桌子或椅子。当时学生不多，不到120个学生，我就设置了120套课桌椅，分为不同梯度的三个高度。桌椅设置成单独的，是考虑到小学生上课形式是自由活泼的，便于搬动，可以围成圈子谈话和游戏，适合小学生好动的特点；设置成不同的高度，是因为从一年级学生到六年级学生，身高是不一样的。这种设计在当时是很先进的，现在幼儿园一般都用这种课桌椅。

与此同时，就是修复教室和安排教师的住宿问题。当时在现在的西校门，有一溜子的西膳厅和一座两层楼房。西膳厅隔成五间教室；小楼的底层做办公室，楼上分成三小间，做教师宿舍，我就住在楼上。西膳厅的前面有一道清澈的西大沟，左侧有一块小空地，在这里架设秋千，铺一个沙坑，就成为孩子们的小运动场。

忙碌了一个月后，学校就于12月正式开始上课了。

学生大多是学校教职工的子女。当年王亚南的孩子、卢嘉锡的孩子、虞愚的孩子等都在这所小学念书。一年之后，附小搬到"模范小学"的原址，也就是现在医学院所在的地方。这里是一片开阔的海滩，除了两排教室外，还有一座可容两三百人的小礼堂，还增盖了一座两层楼，气派得多。但小学离教工宿舍区还有一段距离，一个在海边，一个在山脚，中间要穿过一片树林和农田。每天早晚，学校就用唯一的一部校车接送孩子们上学、放学；每天早上，还能给学生喝一杯牛奶，改善营养，体现了"一切为了孩子"的思想。

学校搬到海滩以后，学生的活动空间扩大了，可以在海滩上尽情玩耍。现在，我闭起眼睛来，还可以依稀地看到一群小学生，在蓝天白云飘浮的沙滩上荡秋千、砌沙盘、放风筝，清脆的童音唱着我作词的《厦门大学附属小学校歌》（音乐家、厦门大学教授王政声作曲）。

我当时还制定了工作制度和管理制度，大致有以下几条：

第一，所有的教师，上班要比学生先到校，放学时教师必须把学生送上汽车。

第二，每个班设一个班主任，班主任要跟堂听课，即在别的教师上课时，自己没有课也要在教室后面听课（当时每个班的教室后面有一张桌子是班主任的）。

第三，送走学生以后，教师集中围在一起谈当天的情况（当时是围在平时吃饭的一个大桌子旁，议论当天的教学情况，解决当天的问题）。

对学生的德育，每个星期围绕一个中心，进行专题德性训练和课外活动，如设有爱国周、秩序周、礼节周、服务周、孝顺周、仁爱周、勤俭周、整洁周等，有计划、有目的地开展活动，将德育理念生活化。小学生们还排演话剧，像模像样，活灵活现的，也很生活化。另外，每学期还有一次远足活动和一次运动会。运动会不全是田径比赛，有爬山比赛、放风筝比赛等。

总的来说，当时的教育实践搞得生动活泼，有声有色，初步体现了我的一些教育思想，实际上我也是实践陶行知和陈鹤琴的教育思想——生活教育和活教育。这些在当时还是比较新鲜的，当时厦门还有一所侨民师范学校附设的实验小学（即现在厦门实验小学的前身），校长黄冠文也是厦门大学教育系的毕业生，他还是我的学长。这两所小学，经常要接待别的小学的参观者，记得泉州等地还专门组织教师前来参观学习。

孩子们在沙滩玩耍，我是要担风险的。夏天，一不小心，有的孩子就会脱掉衣裤，跳进大海戏水，教师要轮流在海滩上"放哨"。孩子们嬉戏玩耍，玩得开心了，就会打打闹闹，打架是免不了的。但是打了之后，过不了多久又和好了，照样在一起玩耍。这是孩子的天性。可是有些太太们就不高兴了，说自己的孩子受欺负了，到我这个校长这里告状，我就对她们说："小孩子们在一起打打闹闹，是天性，不会打架的小孩子还有出息吗？"这句话可让太太们抓住了把柄，她们就到汪德耀校长那里告我。后来，学校就另请了当时福建师范学院的汪养仁副教授来当附小校长。我于1948年秋季不再兼任校长，回到教育系专任助教。中华人民共和国成立后，厦门大学附属小学撤并了，厦门市以此为基础，在厦门大学旁边办了一所小学，现在叫作演武小学，是市里的重点小学，厦门大学教职工子女大多在这里念小学。

回想起来，从1946年11月至1948年秋，我当了近两年的厦门大学附属小学校长，实践了自己的一些教育思想。一份经历，一种收获，而且在非常困难的环境下，这种经历更有特别的意义。

反饥饿与争民主

抗战胜利后厦门大学从长汀迁回厦门，当时称为复员。战后满目疮痍，复员建校，百废待举，校长汪德耀也是励精图治，在特殊时期为厦门大学的存续做出了重要贡献。汪德耀，1903年出生于江苏，9岁时随家人迁入北京，于1919年读中学时参加了五四运动，后来留学法国，在巴黎大学获得理学博士学位。回国后，在设于湖南的国立师范学院当教务长，1943年来厦门大学之前，任福建省研究院院长。来厦门大学后，汪德耀先后担任生物系主任和理工学院院长。1944年萨本栋校长赴美国讲学后，汪德耀代理校长职务，1945年9月正式接任校长。汪德耀接任校长之际，也是多事之秋。萨本栋在抗战时期将厦门大学从厦门迁至长汀，汪德耀在抗战胜利之后将厦门大学从长汀迁回厦门。

办学理念上，汪德耀校长继承蔡元培的兼容并包思想，多方网罗人才，使得复员后的厦门大学迅速恢复生机。1946年校庆，汪德耀校长在《二十五周年校庆致校友书》中，很鲜明地表明他的态度：

> 抱蔡子民先生办理北京大学之态度，取兼容并包主义，聚各方人才，谋各系充实；凡学有所长，课有所需，咸加礼聘。至于学术思想，则依自由原则，无论何种学派，悉听其自然发展，务希我民族精神能发扬，固有文化能持续，戮力研究高深学术，理论与实用相系并重，期能完成本大学教育之使命焉。

汪德耀校长就任期间，聘请了许多著名教授来厦门大学任教。留学美、英、日、法各国的学者，政治上"左"、中、右各派的人士，纷纷云集厦门大学，群星灿烂。例如，留学美国回来的厦门大学校友卢嘉锡，后来成为著名的科学家和中国科学院院长；"左"派人士林砺儒，中华人民共和国成立后任北京师范大学校长和教育部副部长；马君武，中华人民共和国成立后任广西大学校长；还有马克思主义经济学家王亚南、郭大力，心理学家郭一岑，历史学家罗志甫、杨东莼，戏剧家洪深，留学苏联的学者安明波；等等。一时间，厦门大学人才济济，学术氛围异常活跃。我也因此接触到许多著名学者和进步人士，特别是跟王亚南和林砺儒关系比较密切，来往比较多。他们对我的影响也比较大。

当时之所以有这么些进步人士到南方来，还有一个原因，就是中华人民共和国成立前夕很多进步人士在北方待不住，纷纷南下。时值抗战胜利不久，人们还来不及喘口气，全面内战又爆发。经济凋敝，货币恶性贬值，物价直线飞涨，人民的生活极度困苦。当时从北京和上海开始，爆发了"反饥饿，反内战，反迫害"的工人运动和学生运动，相应的就是"争生存，争和平，争民主"的斗争。随着战局的发展，1948年以后，整个形势发生了根本性的变化，共产党领导的解放军不断胜利，国民党节节败退。此时，进步人士的活动更加频繁，国民党的白色恐怖更加严重，进步人士活动多的地方，也是特务活动多的地方。随着进步人士的纷纷南下，厦门也变得更加复杂起来。

我个人的生活与这个时代背景息息相关。这期间我做的事情大致有四个方面：一是在厦门大学教育系做助教兼附小校长；二是写一些文章，开始搞教育研究；三是参加了一些民主进步活动；四是为了求生存，在外兼课。

上面已经谈了筹建附属小学的经过，这里讲讲其他几个方面。

首先来谈写文章的事。从初中开始，我就养成了喜欢写东西的习惯，参加工作之后，我仍尽量抽出时间写点东西。当时写的东西主要有几类：一是文学类的散文和小说，二是评论性的杂文，三是教育方面的研究。文章写好之后，主要在《星光日报》的专栏和副刊上发表，还帮助学生办了一个教育双周刊《萤光》。当时《星光日报》的主编是郭荫棠，中华人民共和国成立后曾任大同中学、厦门师范学校校长，副刊编辑就是许虹，《萤光》的编辑就是曾六雍和邹永贤，后者在中华人民共和国成立后做过厦门大学的宣传部部长和哲学系主任。

《萤光》发表厦门大学师生所撰写的教育论文，王亚南、林砺儒都曾在《萤光》上发表论文。我自己也在上面发表一些文章，抨击国民党的教育，同情学生运动，如《一年来学潮的回顾》《困难重重的国民教育经费问题》《教育！教育！——一年来中国教育的回顾》等。当时许多青年，包括厦门大学学生因为贫困失学和退学，厦门大学还有很多学生无法前来注册，写信给学校，要求保留学籍，等有钱时再来读。我当时写了好几篇文章，揭露学生的失学现象，分析国民政府将财政用于军费而挤占教育经费，致使大学濒于关门。

我还写了几篇宣传文学大众化、提倡新文字的文章，主张把文学送还大众。但是从根本上看，这并不是方法问题，而是社会问题。社会还未准许工农享有受教育的权利，也未准许从事大众化运动的工作者走上可以走得通的路。所以尽管要求喊得很响，许多工作者也的的确确抱着满腔热忱去努力，然而他们的呼声却不出几个同好之间，他们努力的成就也只是摆在书架上，让中学生以上的知识分子去欣赏。也就是说，在资产阶级的社会中，工农不识字，看不懂最通俗的作品；社会组织把作家和工农分开，也无法写适合工农意识的作品。这就是五四以来文学的"解放"只在知识分子当中翻筋斗的原因,而最根本的出路,就是让工农大众受教育。

我当时认为,改革文字有利于迅速普及工农大众的教育。现在,我还是坚持这一点,中国高等教育大众化要搞好,高等教育必须通向农村。十几年前我就提出这一点,可惜未引起足够的重视。现在提出建设社会主义新农村,我更加认为高等教育必须通向农村。

在教育系做助教时,我开始有意识地进行教育研究,当时主要是开始研究中国教育史,还写了一篇比较有分量的论文——《中国历代学生公费考》。文章认为,养士是中国的优良传统,历代学生都是公费的、由国家养起来的,如童生、秀才、太学生等,目的也是为了培养服务国家的人才。这篇文章与上面所举的文章主旨差不多,都是针对当时知识分子生活困顿、学生贫困失学的时弊。

我自认为这篇文章写得还不错,就往大刊物上投稿。当时投了两个地方,《大公报》和《中华教育界》。《大公报》影响很大,就不用说了,《中华教育界》也是比较有影响的。当时全国性的教育刊物主要有两份,一份是教育部办的《教育通讯》,另一份就是中华书局办的《中华教育界》。《大公报》周期比较快,很快将这篇文章发表了。于是我赶紧写信给《中华教育界》,告诉他们我的文章已在《大公报》上发表了,请他们不用再发了。

我还参加了一些进步活动。1948年,我妻子龚延娇已带着一岁多的女儿凯伦从南昌来到厦门,并经许虹介绍在距厦门大学不远的侨民师范学校教书。侨民师范学校在厦门大学附近的曾厝垵(现在曾厝垵建有厦门大学学生公寓)。许虹当时在厦门编报纸,同时在侨民师范学校兼课。厦门大学和侨师当时都属于市郊,附近有很多农民的房子,我们和许虹两家就在侨民师范学校附近租了两间民房,在一起生活。这一时期学生运动如火如荼,厦门大学和侨民师范学校是学生运动的两个主要据点。我们居住的地方,表面上是平静的村居,实际上是暴风雨的一个角落。我和许虹就经常同进步青年学生接触,我们住的地方经常有进步学生来访。我们还秘密掩护一些地下党员。例如,潮汕地下党员陈君霸、韩江纵队地下党员谢晖被通缉,先后逃到厦门,我和许虹就介绍他们到中学教书作为掩护。后来陈君霸身份暴露,我们又安排他秘密逃离（陈君霸在中华人民共和国成立后做过揭阳县长）。

我和许虹的活动渐渐引来了敌人的注意，在我和许虹租住的那两间民房的后边，搬进了侨民师范学校的训育干事，他是国民党特务的眼梢，时常窥伺我们的活动。许虹就经常提醒我，"要注意"，"要小心"，其实他比我更危险。许虹好发表激烈言论，早就成为特务的怀疑对象。许虹在厦门大学读书时，特务就想抓他，但在萨本栋校长的保护下，特务未能动手。1942年夏天，许虹毕业离校时差点在长途汽车站出事。当时长途汽车开车时间预定是上午11点，快开车时，来了三四个警察，说是"例行公事"，检查每个人的证件，检查到许虹时，把他的证件扣留了，要带他到警察局谈话。好在同时毕业的学生很多，送行的学生也很多。同学们同警察吵起来，坚决不让带人。僵持了两个多小时，才得以离开，从而避免了一场麻烦。但是1949年春天，许虹的人身安全又一次得不到保障。

越是快到解放的时候，国民党特务的活动也越猖獗。当时国民党厦门警备司令部的司令是杀人魔王毛森。毛森原来是上海警察局局长，到厦门后，大肆逮捕共产党员和进步人士。有一次，毛森派特务包围厦门大学，手持黑名单，要求校长汪德耀交人。汪德耀校长力所能及地保护进步人士，但是时局不同，不能像萨本栋校长那样顶得住，他保护不了。所以在国民党的白色恐怖之下，厦门大学不少进步教师和学生惨死在国民党的屠刀之下，也有很多人不得不秘密离开厦门大学。当时王亚南就是因为同情学生运动，导致处境危险，被迫离开厦门大学赴香港的。

1949年4月，许虹也被迫离开了厦门赴香港。许虹是在地下党的安排下悄悄离开厦门前往香港的，临走时还留下一些稿件，让夫人丘莹心代为编发，借以迷惑敌人。中华人民共和国成立前夕，许虹从香港回到内地，在粤东游击区从事地下党的工作。由于读书期间同共产党组织失去联系，到了游击区后，许虹又重新加入共产党。中华人民共和国成立后，许虹在潮汕编报纸和教书，做中学校长。1957年，许虹被错划为右派，1959年底去世。他去世时我不知道，还一直给他写信。大概有两年多时间，只有我给他写信，没有他的回信。直到1960年，丘莹心来信告诉我，我才知道他已去世。当时心里特别难过。后来我曾想将他的爱人调回厦门工作，可惜因当地当权派阻挠，未能如愿，也是心中一大憾事。这本是后话，在这里算是给我的好友、跟我一同成长的战友的结局做个交代。

许虹离开厦门后，我就搬家了，搬到与厦门隔海相望的鼓浪屿。鼓浪屿有许多外国领事馆，相对要安全一些。我本来也打算要离开厦门，但一家老小都在这里，离开不太方便。当时我们刚刚添了第二个小孩，他是1948年出生的，由于我非常崇尚墨子"兼爱非攻"的思想，便给他取名"世墨"。大思想家孔子强调"仁者爱人"，墨子主张"兼爱非攻"。这不仅将孔子的仁爱思想表达得更明确，而且比孔子更进一步，强调"非攻"，反对战争，体现了一种和平主义、人道主义和理想主义的思想。我给孩子取名"世墨"，不仅寄望自己的教育理想，也表达了战争年代对和平的渴望。此外，我岳母也在我们这里，加起来一家大小五口人。当然，我虽然没有离开厦门，但还是想了一些应对办法，设想如果特务来抓的话，要如何逃走。

这一时期也是最黑暗的时期。物价飞涨，人民的生活越来越困苦，许多学生因贫困失学，教师们的日子也是苦不堪言，学生们发动了"救饥运动"，汪德耀校长亲自参与和支持学生的"救饥运动"。迫于生计，当时厦门大学的很多助教和讲师都走了，回到内地中学教书。因为内地中学可以发米，侨乡的中学还可以发港币。而厦门大学呢，工资是经常拖欠的，上面的拨款不到，就发不了工资，好不容易发一次工资，也是恶性贬值的。大家都是一样，钱一发到手就去买米，虽然买了米也维持不了多久。这时有的老师真的穷疯了。例如，厦门大学有个年轻讲师就穷疯了，这位讲师本是清华大学毕业的高才生，当时妻子即将临产，生活极度困苦，穷愁无奈，日夜忧愁，结果真的疯了。1949年春天，厦门的《江声报》有一期就以《厦大教授在饥饿中》为题，报道教授们的困苦生活，报道中还打了一个比喻，说厦门大学教授"就像母牛，吃的是草，挤的是奶"。教授们的生活尚且如此艰难，一般的教职员工就更不用说了。

这一时期我家的生活也非常困难。一家老小五口人，我们那点不能按期发放又不断恶性贬值的工资，远远不够家里日常用度，一日三餐，有稀饭和咸菜就不错了。我每天坐着摇橹的小船来厦门大学。按当时的规定，助教不能开课，我就帮助系主任李培囿教授做些搜集资料和抄抄写写的工作。同时我也和许多教师一样，为了生计跑到中学去兼课。那段时间，一直到20世纪50年代初，我先后在侨民师范学校、鼓浪屿的怀仁女中、厦门一中兼课。中华人民共和国刚成立时，我还当了厦门一中首任临时校务委员会委员。

新教育生涯

新中国的成立，开启了我的新生活和新教育生涯。

厦门的解放是在1949年10月17日，解放厦门的是人民解放军三野的部队。解放军在1949年暑期就解放了福州和泉州，接着又解放了厦门附近的同安和集美。10月上旬进攻到与厦门隔海相望的前沿阵地。厦门是国民党部队退却的最后一块跳板，海边沙滩上到处都是国民党的碉堡。解放军经过精心准备，调集了大批船只和竹筏，从南北两面向厦门和鼓浪屿包围过来。双方激战了好几天，死伤都不少，沙滩上到处都是尸体。10月16日，解放军从集美登陆厦门岛。10月17日，厦门市区和鼓浪屿都获解放。解放军进城时，老百姓都是欢欣鼓舞的，对解放军热烈欢迎。

厦门解放后，厦门大学被军事接管。10月20日，福建军区厦门军事管制委员会主任叶飞、副主任黄火星发布命令，宣布接管厦门大学，并派出两名军事代表具体负责接管事宜。正代表是吴强，他后来写了有名的长篇小说《红日》，后来被改编为电影。副代表是肖枫，他后来担任厦门市宣传部部长。接管之时，校长汪德耀正在法国，学校日常事务由教务长陈朝璧代理。10月21日，陈朝璧函呈厦门市军管会，表示服从军事接管。

厦门大学被军事接管后，军事代表吴强主持组建了中共厦门大学支部委员会，学校也进行了复校与复课工作，因战事离校的教师和学生陆续返校。1950年3月，汪德耀校长从国外返校，军管会决定成立临时校务委员会，汪德耀任主任委员。1950年5月，中央任命王亚南（当时已由香港北上，在清华大学任教）为厦门大学校长。7月王亚南抵达厦门，在军事代表肖枫主持下举行了新旧校长交接仪式。从此，王亚南担任厦门大学校长，汪德耀回到生物系当教授和系主任，军事代表也退出学校。当时中央任命了一批知名学者为高校校长或院长，如李达任湖南大学校长，邓初民任山西大学校长，马寅初任浙江大学校长，侯外庐任西北大学校长，茅以升任北方交通大学校长，欧阳予倩任中央戏剧学院院长，马思聪任中央音乐学院院长，徐悲鸿任中央美术学院院长，林砺儒任北京师范大学校长等。这体现了党中央对知识分子的重视和信任，这些校长们也都为各自学校做出了杰出的贡献。

王亚南为厦门大学做出了杰出贡献，对我的影响也很大。这里稍用笔墨，插叙一下王亚南校长。

王亚南生于1901年，是湖北黄冈人，1924年就学于武汉中华大学教育系，毕业后参加北伐军，任政治教员。后来与郭大力相识，合作研究马克思主义政治经济学，共同翻译马克思的《资本论》，研究英国资产阶级古典政治经济学名著，成为有名的马克思主义经济学家。1944年王亚南应邀到厦门大学讲学，那时我以经济系作为副系，选修了王亚南开设的高级政治经济学课，这是当时最受学生欢迎的课程之一，也是我在经济学方面最有收获的课。1946年他受聘担任厦门大学法学院院长兼经济系主任，成为进步青年所景仰的教授。因同情和支持学生运动，在国民党白色恐怖下，1949年春天王亚南被迫离开厦门，经香港北上。中华人民共和国成立后，受中央人民政府任命，王亚南成为厦门大学第一任校长。

王亚南办学有方，密切与师生的关系，狠抓学术水平的提高。王亚南认为，大学科学研究是引导大学的根本，要将一所大学办出高水平，必须搞好科学研究。因而，他非常注重学术活动。为了促进科研，学校创办了《厦门大学学报》，这是全国最早创办的三家大学学报之一；还创办了《学术论坛》，为青年教师和研究生发表"尚不成熟"的研究成果。当时学校的学术气氛非常浓厚，每年都要举行一次全校性的学术讨论会，一般为期三天。各个院系也都组织起各种形式的学术活动。文科就不用说了，连理科也组织学术活动。例如，数学系每个月搞一两次学术讨论会。当时数学系主任是数学家苏步青的学生、当年跟我一起从永安师资养成所来厦门大学做数学讲师的方德植教授。通过学术活动的交流，数学系形成了很好的学风，还培养出全国著名的数学家陈景润。

王亚南与陈景润的故事也是一段有名的佳话，从中可以明白为什么王亚南被誉为"懂得人的价值"的教育家。陈景润是厦门大学数学系的毕业生，不善言谈，被视为"怪人"，但对数学很痴迷。1953年，他从厦门大学数学系毕业后，分配到北京一所中学当数学教师，但是不能胜任。一次王亚南到福州开会，正在福州老家的陈景润便鼓起勇气找到王亚南，请他帮助在厦门大学找个事做。王亚南返校后便同数学系主任方德植商量，安排陈景润到数学系资料室工作。这是非常适合进行数学研究的工作环境，短短三年，陈景润迅速脱颖而出，他发表的数学论文被数学家华罗庚赏识。1957年，华罗庚将陈景润调到中国科学院数学研究所工作。陈景润后来在数学上的成就举世皆知，他几乎摘取了数学皇冠上的明珠"哥德巴赫猜想"。应该说，王亚南安排陈景润到数学系资料室工作时，并没有想到陈景润能在数学上做出如此巨大的贡献，也不可能预知陈景润后来的成就。王亚南安排陈景润到数学系资料室工作，只是为了帮助他找到一份更适合的工作，也是出于关心人的本能，或者说，是出于对人的普遍关心。所以，只有尊重人，才能尊重人才；只有懂得人的价值的人，才会去关心人；只有关心人的人，才懂得人的价值。

王亚南非常鼓励学生参与学术研究，他经常邀请学生到家里讨论学术问题。我一直喜欢这种既有家庭温馨又有学术氛围的活动形式，所以现在坚持要每星期在单位开一次学术报告会，在家里搞一次周末学术沙龙，就是为了形成良好的学术氛围。说实话，这些都是从王亚南那里学来的。

王亚南时期，厦门大学的学术水平和学术声誉快速提升。在20世纪50年代的院系大调整中，全国只保留13所综合性大学，厦门大学成为13所综合性大学之一，其他大多数高校被调整为单科性或多科性的专业院校。当时大学曾一度出现忽视基础理论科学研究的现象，有人还提出"工科取消数学课"的主张，但王亚南坚决反对工科取消数学。王亚南认为，数学是现代科学技术的基础，工科不仅要学数学，而且还要将数学学好。

如果说萨本栋校长重视的是对学生的严格要求和教学质量提高的话，王亚南校长则是在此基础上进一步强调科学研究。简单地说就是，萨本栋重视教学，王亚南重视科研。两位校长都在不同的历史时期对厦门大学做出了巨大贡献。

1950年学校复课以后，上课的教师不够了。因为很多进步教师在中华人民共和国成立前夕离开了厦门，留下的教师有的不能适应新形势，学生们不信任，开不了课。按以前的规定，助教是不能上课的，但是在这种情况下，因我早就接触了进步的思想，只好顶起来上课。1950年初，我一下子开了"教育概论""中国教育史""教育政策法令"三门课。另外当时还有政治大课，全校学生都要修。王亚南亲自主讲"政治经济学"，还有人讲"联共党史"，我讲授《新民主主义论》的"新民主主义文化"这一部分。当时上大课是在礼堂上的，组织教学很不容易，好在只是上几次课。

上了一段时间课之后，教学效果还好。1950年10月，王亚南就提升我为讲师。当时晋升职称没有现在这么复杂，只是由校长提名，由教授组成的"升等委员会"讨论一下就可以了。后来改为要经校务会议投票通过。当时学衔（职称）有升有降，也有从副教授降下来成为讲师的。例如，有的教师在中华人民共和国成立前是副教授，或在一般高校是副教授，王亚南校长根据他的水平和教学效果，却只能聘为讲师，愿意就留下来，不愿意可以走人。

1950年，我一方面从事学校工作，另一方面参加了一些社会活动。接管厦门大学的军事代表肖枫后担任厦门市委宣传部部长，主持筹备文联的工作。文联筹备工作当时分为四个组：文学组、美术组、音乐组、戏剧组，我因为当时在文艺界比较活跃，参加过许虹主持的"明日文艺社"，发表过一些小说和散文，如《死前日记》《重圆》等，还参加过地下党主持召开的文艺座谈会，就在文联筹备工作中被选为文学组的副组长，组长是著名诗人童晴岚。当年厦门市第一届各界人民代表大会召开时，我就以文艺界代表的身份参加了这个大会。①

为什么我参加过地下党主持召开的文艺座谈会呢？那是1949年春天，由地下党员杨梦周和叶绍书发起，在厦门召开了两次文艺座谈会，我和许虹当时都是文艺界的活跃分子，很自然地参加了这两次文艺座谈会。开会之前，地下党还散发了毛泽东主席的《新民主主义论》和《在延安文艺座谈会上的讲话》。座谈会上，我们以毛泽东著作的精神，讨论了民主问题和文艺的民族形式问题，会议记录还在当时许虹主编的《星星》上发表了，这在当时是个

---

① 在人民代表大会制度设立之前，有一个各界人民代表大会，分别由工商界、教育界、文艺界等推出代表。

大胆的举动。编发之前,我和许虹还讨论了会议记录情况。我们两家住在一起,夜深人静之时,我备完课,许虹编完《星星》,我们经常在一起闲谈,既讨论学校的情况,也讨论即将编发的稿件。

1950年,我还加入了中国民主同盟。这一年,我的第三个孩子也出世了,和平的年代,我们给他取名叫"世平"。

1950年底,福建沿海又紧张了一阵子。当时蒋介石的空降部队曾一度占领了福建的东山半岛,"反攻大陆"的形势很紧张。厦门大学将一部分撤迁到龙岩,包括理工学院、仪器设备和家属等,但是文学院和商学院暂时没撤。我的家人也撤到了龙岩。我妻子当时在厦门大同中学当老师,她撤到龙岩后,我将她的中学课程也承担过来了。后来,解放军将蒋介石的空降部队赶出了东山半岛,厦门大学撤到龙岩的部分又迁回厦门,我们的教学工作又重新走上正轨。不久,全国的教学改革和学习苏联就开始了。

"学然后知不足,教然后知困",教学工作中,我更感到自己还需要继续学习,接下来我到北京进修研究生。

进修研究生

大学毕业后,我一直想考研究生。当时中山大学教育系招收研究生,每年有两三个名额。我本想去报考中山大学教育系的研究生,但因经济条件和家庭负担不能如愿。1951年暑期,我得知中国人民大学正在招收教育系研究生,只要学校推荐,不必考试。当时厦门大学教务长章振乾教授(民盟中央委员)得到王亚南校长的同意,推荐我去中国人民大学学习。

当时学习苏联已经开始了,中国人民大学是按照苏联模式建立起来的,是当时全国学习苏联的样板。中国人民大学成立之后有一个任务,就是为高校培养理论课教师,其中每年招收一二十名教育学研究生,还有一个干部培训班,培养高校和地方教育干部。学校知道我家里比较困难,还将我的工资保留照发,这样我和家人的生活就有了保障。这在当时是很了不得的事情,我是厦门大学第一个被保送上研究生而且保留工资待遇的。

我于1951年秋天进入中国人民大学,以讲师身份进修教育学研究生。这是我第一次到北京，现在我对老北京还很有印象。记得我刚到北京，住旅店，发现还有土坑，上饭店吃饭，发现饭店用白水煮面条，用蒜头拌着吃。生活习惯与南方大不相同，我就有些不习惯。好在北京有好几位厦门大学同学，我就在当时在中国科学院工作的曾融生（现在是中国科学院地球物理研究所的院士）的寓所住了一段时间，逐渐熟悉北京生活。

当初中国人民大学设在铁狮子胡同，这里曾经是清朝的王府和段祺瑞政府的总理衙门。学校在王府走廊房子外面的空地上搭了简易竹棚，就算是教室了。我们学生宿舍在海运仓。当时中原大学（华中师范大学前身）招收了大批革命干部送到中国人民大学来学习，他们盖了一些砖瓦房子作为宿舍，我就跟他们住在一起。学员大部分是干部培训班的，也有约20名研究生。学员们来自全国四面八方，各个年龄层次都有，有革命干部，有青年学生。年纪最大的叫汪达之，已经50多岁了，是从延安来的。汪达之是陶行知的学生，后来参加了革命工作，抗战时期，他在有名的新安儿童旅行团当团长，革命经验很丰富，中华人民共和国成立后也来到中国人民大学重新学习。当时我们都认为学习机会来之不易，都很刻苦。当时教育学教研室主任是王焕勋教授，他是延安的老干部。一起学习的还有黄济、王天一、章志光、王策三、陈信泰、王道俊、颜期康、邵达成、王逢贤、夏之莲等，他们后来在教育学界或心理学界都成为知名专家。

第一个学期，主要学习几门政治课。除"中国革命史"由著名的革命史专家胡华教授讲授之外，其他课程都是请苏联专家来上课的。如政治经济学是（我早年读过他的两本专著）的列昂捷夫来上的，教育学是一位苏联教育学家洛波夫来上的，逻辑学是尼契金上的，联共党史也是苏联专家上的。苏联专家上课需要翻译，学习效果不好。当时也要求我们学俄语，但是我的俄语只学了几个字母和几句简单的话，根本无法听课，现在也忘光了。

这期间我最大的收获是读了很多书。课余时间，我基本上都在看书。放寒假的时候，我没有回厦门而是泡在北京图书馆。我每天早上进去，中午在图书馆里面啃一块面包，下午接着在里面看书。天天如此，一个寒假下来，读书不少。

第二个学期，也就是1952年春，我们这个教育学教研室并入北京师范大学。北京师范大学当时在和平门，旁边就是有名的琉璃厂。这时苏联专家只有上教育学的，因此政治课程仍要回到中国人民大学去上。这样就要每天奔波。从和平门，经天安门、西单、西四直到十二条之北的铁狮子胡同口。刚开始，学校还弄了一辆吉普车，每天早上送我们上学，后来就让我们自己坐有轨电车。自己坐车才发现，来来回回要花一个多小时，倒是每天在电车的叮当声中两度经过全国人民仰望的天安门。

1952年5月，上一批学生要到哈尔滨去实习，为期一个月。我知道我不可能在这里长期学习，要抓紧时间去实习，于是就向教研室提出要求，希望能跟他们一块去实习，王焕勋主任同意了。五四过后，我就跟那班研究生们一起到了哈尔滨。这是我第一次到东北，这才知道5月的哈尔滨天气仍然很冷。哈尔滨是我在此之前所旅行过的城市中最漂亮的：宽阔而呈波形的大道，两旁有不少俄式建筑，中央矗立着一座大教堂。松花江穿过城东，对岸就是太阳岛。我们住在哈尔滨铁道中学里，在这里参观学习和调查研究。这是一所苏联模式的普通中学，实践的是凯洛夫的教育学思想。同时我们也参观了哈尔滨工业大学等一些知名学府。哈尔滨工业大学是当时学习苏联经验的另一所示范大学，主要是仿效苏联工业大学的办法，培养重工业部门的工程师和高校理工科师资。教师大多是俄罗斯教授，用俄语授课。在哈尔滨待了一个月之后，顺道游览了秦皇岛和北戴河。1952年6月，我们又回到北京继续学习。

1952年5月，在哈尔滨（后排左二）

我在北京进修研究生的时候，王亚南给了我一个任务，将中国人民大学的教学情况定期向厦门大学汇报，所以我在北京学习的时候经常给王亚南写信。当时全国都在搞教学改革，院系调整工作也快进行了。1952年9月，王亚南通知我回厦门大学，参加学校的教学改革工作。算起来我在北京只待了一年时间，比较系统地学习了苏联的教育理论。

回学校的时候，王亚南要我帮助带回前来应聘的三名俄语教师。当时大势所趋，全国都在学俄语，俄语教师很不好找。当时我带来三个人：一个男的，叫马利才夫；两个女的，一个是完全中学毕业生，一个是矿山女司机。除了马利才夫会说几句简单的中国话外，两位女性都语言不通。在带他们回厦门时，一路也很辛苦。先是乘火车到上海，再从上海换乘火车到江西上饶。到上饶之后，没有火车，须转乘汽车。但是我们的火车刚一到上饶，行李袋突然裂开来了，实际上是要检查行李。车站还不放我们走，说"住的地方都给你们安排好了"。后来才知道，内地当时很少见到外国人，对外国人很敏感。好在我们带有证明，也没从事其他活动，最后总算是放行了。倒是享受了一回小汽车接送，免费住了一宿比小旅馆好得多的招待所。

回顾我的学习历程，我曾开玩笑说："我整个的一个'封''资''修'。"前几年加拿大著名学者Ruth Hayhoe（中文名许美德）来采访我的时候，我也是这么跟她说的，她当时就笑。所谓"封""资""修"，是指我学习内容中的三个方面——中国的封建主义、美国的资本主义、苏联的修正主义。早年，学习的是中国传统文化，形成了一些基本伦理和道德观念，所以这一时期叫作"封"。青年时期上大学，主要是学习美国的东西，特别是美国实用主义的东西，所以这一时期叫作"资"。20世纪50年代初在北京进修研究生，主要是学习苏联教育理论，所以这一时期叫作"修"。这三种曾被猛烈批判的意识形态，我却从中受益匪浅。我觉得，中国的传统文化是我们这个民族的根，我们需要不断地从中汲取营养；美国的教育比较灵活而讲究实用，值得我们好好学习；苏联的教育模式注重教学质量，与中国传统文化有相似相通的地方，很容易借鉴。

当然我的知识结构还很有缺陷。第一，外语不行。在念海滨师范学校之前虽然也补习了一些外文，但未入门；上大学时虽然花了不少力气学外文，但只是为了应付考试；以后既不用，也没有继续学习，都忘光了。这是一大遗憾。第二，缺少数理化的知识。特别是数学上的缺陷，影响我日后在教育统计学上的能力，虽然我花很大力气去学教育统计学，但只是懂得一些基本的东西，更深入的就不知道了。我很相信加里宁说的一句话：缺少系统的知识，就要像影子一样伴随你的一生。这也是我的遗憾呀！我相信，一个人要有广博的知识，年轻时学习系统知识是很重要的；如果缺少系统知识的学习，做研究工作，要提高学术水平很困难。而人总要不断地学习，才能不断地进步。

学习苏联与教学改革

1952年9月从北京回到厦门之后，我就投入到学习苏联与教学改革的时代潮流之中。

回到厦门的第二天，我去见王亚南校长，他就对我说："我们事先没有征求你的意见，要请你当教务科的科长。"当时在全国学习苏联的大背景下，各高校纷纷围绕学习苏联进行教学改革。1952年，厦门大学成立了教学改革委员会，王亚南亲自任主任。学校的行政机构也发生了一些变化。例如，原来的教务处只有注册、出版、体育三个组以及图书馆，改革后，教务处新设置了教务科。学校将我从北京叫回来，就是让我担任教务科科长。当时的教务长是章振乾，副教务长是卢嘉锡和薛祀光。这样我从北京一回到厦门大学，就担任了教务科科长。副科长是民主党派、原福建大学的副教授林鸿祺。回校大约两个月后，学校又让我担任教学改革委员会的秘书科长。

当时教学改革的中心主题是"学习苏联，教学改革"，大家也是真心实意，希望学习苏联老大哥的先进经验。王亚南还给全校做了一个动员报告，发动和组织大家认真学习，还要我给全校教师做报告，介绍中国人民大学如何学习苏联的教学组织和教学方法。从1952年至1954年，大约有两年时间，我主要从事推广苏联教学经验工作。另外就是参与全校的教学改革工作，还到系里做报告介绍苏联教学经验。当时教学改革的内容很多，涉及如何组织课堂讨论、课堂实习、生产实习、毕业论文、口试和评分等。当时各系要设置教研室或教研组，将相近科目教学的教师集中在一起组织备课和教学法讨论，这对于提高教师的教学水平很有好处。当时教研室主任地位很高，得由教育部批准。在苏联，教研室主任比系主任，甚至比一些副校长的地位还高，因为他们所掌握的是学术权力而不是一般的行政权力。我当时是教育学教研室主任。

应该说，在当时的背景下学习苏联取得了比较好的效果，不仅培养出了社会主义建设急需的人才，而且使教育质量及专业水平得到了明显的提高。我认为，美国教育模式虽然生动活泼，但不大适合中华人民共和国成立之初的严肃且强调纪律的教育制度。与美国教育模式相比，苏联教育模式强调教学计划、统一全国标准、重视教学质量、重视课程和讲授的系统性等，这些都与中国传统文化有相似性。就拿教学计划来说，在当时很杂乱的情况下，强调计划和整齐性是有积极意义的。在新中国人才匮乏的情况下，在各系设置专业有助于培养专业人才，尤其是社会主义建设急需的工程和自然科学人才。教研室的设置也具有积极意义。以前的教学，教授们自发地研究和教学，教师之间教学水平相差悬殊。学习苏联设置教研室，将相关专业的教师组织在一起，集体备课和讨论教学，有利于教师水平的共同提高，特别有利于年轻教师的成长。

当然苏联教育存在着严重的缺陷：缺乏灵活性和人性化。这种不灵活后来又变得僵化，再加上后来的形势发生了变化，这种做法就变得越来越机械，不能满足不断变化的环境和个体发展的需要。

根据苏联模式的院系调整，综合性大学主要集中在人文与自然科学领域，其他专业性的教育，如师范、医学、工程、农业、财经、政法等由专业性院校进行。1954年厦门大学教育系要迁往福州，并入福建师范学院，我也准备随教育系去福州。但是王亚南不同意我去，他希望我继续留在厦门大学。因为综合性大学也有培养师资的任务，需要有教育学方面的人才继续留在厦门大学，开设一些教育学课程。更重要的原因是，王亚南希望我留下来继续搞教学行政工作。

我的志愿是当专职教师和搞科研，对教学行政工作不太感兴趣，有些不情愿留下来。一方面，当时我正在研究中国教育史，我希望用新的观点重写中国教育史。另一方面，我很喜欢我们这个教育系，对它很有感情。这是个实力雄厚、具有优良传统的教育系，自民国以来一直名家荟萃，一些大师如孙贵定、雷通群、庄泽宣、钟鲁斋、杜佐周、姜琦、邱椿、朱君毅、陈友松、李相勖、李培囿、陈景磐、林砺儒、郭一岑、吴江霖等，先后在这里任过教。我想，如果教育系迁走之后，就没有什么学术气氛，我留在这里孤军作战，孤掌难鸣也是很为难的事情。

知道我的想法后，王亚南跟我谈了一次话，诚恳地希望我留下来。他对我的想法表示理解，但是他又认为："如果因为搞行政，就不搞教学和科研，这不好。我自己不愿意这样，也不希望别人这样。"其实王亚南有一个信条："任何情况下，永远不放弃搞学术。"王亚南的学术和行政一直兼顾得很好。他还帮我分析了如何做到三者兼顾，并建议我结合行政工作，研究高等学校的教育。这样我只好留下来。跟我一同留下来的，还有一位副教授陈汝惠，两位助教潘协和、张曼因。我们一起组成了一个教育学教研组，为有师资培养任务的专业开设教育课程。这样，我就一方面从事教学行政，另一方面给有关的专业上课，如开过教育学、历史教学法、逻辑学等课程。逻辑学主要是向中文系和经济系的学生开设，这里面有很多作业，我找了两个助教帮我批改作业。此外，我还带学生实习。

禅宗文化中有"醍醐灌顶"之说，在我的学术生涯与生活道路上，每每有贤人让我深有此感。同王亚南的一番谈话，无形中还启发了我后来的努力方向——如何将行政、教学、科研三者统一，驾好"三套车"。几十年的工作实践使我认识到：搞行政工作，虽然某些方面会有损失，但如果比较对口的话是有利的，至少不会夸夸其谈。现在有些学者，要么专做学问不愿搞行政工作，要么做了行政之后就不做学问或教学，这些都不好。我自己虽然多年行政工作在身，但一直坚持从事教学和科研。多年的实践证明，三者相得益彰。搞行政，既可以利用理论，又可以丰富理论，也是一种理论与实际相结合的途径。实践经验的积累，有助于在研究教育理论时心中有个"实际"，写文章或做报告时心中有读者或听众；力求使抽象的理论成为简单明白、可接受、可操作的知识；更重要的是，有助于形成从教育实践中发现理论问题、以教育实践检验教育理论的习惯，而不满足于单纯引用别人的观点和理论。

第一个研究杨贤江

由于研究中国近代教育史,机缘巧合,我成为新中国第一个研究杨贤江教育思想的人。

1949年春天回到教育系做助教之后,我开始对中国教育史研究感兴趣。我当时设想:按照教育大家,一个个地写下去。当时主要研究了蔡元培、鲁迅、胡适、陶行知、杨贤江等人的教育思想和老解放区的教育历史。例如,关于蔡元培,我花了很多时间阅读了大量资料,研究蔡元培的教育思想,弄清楚蔡元培教育思想的哲学根源。又如,叶圣陶写过一篇小说《倪焕之》,我就写了一篇《从中国现代教育史的角度看〈倪焕之〉》的文章。在研究陶行知、鲁迅、胡适的教育思想中都有一些自己的见解。但是比较而言,我花在研究杨贤江教育思想上的精力最多。

我研究杨贤江缘于一个偶然的机会。有一次进学校图书馆,偶然在书库角落发现一本《新教育大纲》,作者是李浩吾,因很少人翻看,书上还积有灰尘。由于我从抗战时期就开始接触一些马克思主义的进步书籍,对历史唯物主义也有一些粗浅的认识,对进步的东西很容易接受。当我看到这书与众不同,关注中国教育的实际问题时,当即就着书库微弱的光线,一口气看完了第一节。但是这本书当时是"禁书",图书馆资料卡片上没有列出来,不可以外借。我就去找图书管理员托关系,最后总算将书借了出来。图书管理员还说:"要快借快还。"我拿到书后赶紧认真阅读,认真做笔记,书中的基本观点和对当时教育现状的批判令我耳目一新。

《新教育大纲》写于20世纪二三十年代,着眼于改变中国教育和中国社会,纠正对教育的误解、曲解。因为当时有一些思想蒙蔽人民,如国民党实行党化教育,帝国主义实行奴化教育,形形色色的资产阶级改良主义教育思想,如"教育救国论""教育万能论""先教育后革命"等,使人相信教育可以超越政治,从而不问政治,不关心社会。该书认为,教育受制于经济和政治,教育不可能超越现实。教育是以现实的社会经济生活为基础的,只要现实的经济关系变了,它是必然地跟着变的。仅靠教育事业的想法,在教育范围内活动，那么无论怎样巧妙的教育方法都是枉然的。

接下来，我继续寻找李浩吾的书，后来又在书库中找到一本李浩吾著《教育史 ABC》。当然又是"禁书"，又通过关系借回家看，又是快借快还。中华人民共和国成立初期，《光明日报》《人民日报》《解放日报》出版纪念杨贤江专刊，我才知道李浩吾就是杨贤江，杨贤江是中国第一个马克思主义教育理论家，于是我进一步留意杨贤江的生平和他的其他作品。最让我感动的是，1927 年中国共产党第一次大革命失败之后，革命运动转入低潮，很多共产党人遭到杀害，很多人脱党甚至叛变，但杨贤江仍然坚持自己的信仰，并且从此开始致力于教育研究。在白色恐怖下，他不能以真名发表，就以李浩吾为笔名，先后出版了《教育史 ABC》和《新教育大纲》。①

1950 年，我给学生开设中国教育史课程，将杨贤江作为近代教育思想家之一进行专题讲座。由于材料所限，我当时主要是介绍他的生平和他的这两本书。接着，我就有目的地系统搜集杨贤江的资料。从 1921 年至 1926 年，杨贤江做过六年的商务印书馆《学生杂志》的编辑，学校图书馆藏有这些《学生杂志》，我就去图书馆查阅杨贤江在上面发表的文章，同时还根据线索寻找杨贤江在其他杂志上发表的文章，从而对他有了进一步的了解。我在《厦门大学学报（文史版）》（1954 年第 1 期）发表了一篇《杨贤江（李浩吾）教育思想——中国近代教育史研究资料》。1954 年，我又在《光明日报》上发表了一篇《马克思主义教育思想传播者杨贤江》。1959 年，人民教育出版社约我编一部《杨贤江教育文选》，我开始有目的地整理杨贤江的专著、论文和书信。这期间，杨贤江的夫人姚韵漪同志给我提供了大量的资料，她当时在人民教育出版社工作。1961 年，杨贤江逝世三十周年之际，我写了一篇长达 4 万字的纪念文章《马克思主义教育思想的传播者杨贤江——杨贤江同志逝世三十周年纪念》讲述杨贤江的教育思想，其中部分内容刊载于《厦门大学学报（社会科学版）》（1961 年第 2 期）。

可惜后来由于一些"左"的原因，人民教育出版社关于杨贤江的约稿不

---

① 这两本书的出版，奠定了杨贤江作为中国第一个马克思主义教育理论家的历史地位。

能出版，只是重新出版了我所校对的《新教育大纲》，当然作者不再用笔名"李浩吾"，而是堂堂正正地用了杨贤江这个真名。20世纪80年代，人民教育出版社的一位编辑告诉我没能出版杨贤江教育文集的原因。他说，那时很"左"，只有毛泽东主席才可以出文集，其他人都没有出文集或文选的。

一直到1981年，教育部和团中央联合召开纪念杨贤江逝世五十周年大会，要我参加纪念会的筹备工作，并指定我主编《杨贤江教育文选》，我又继续做了一些杨贤江研究的工作，写了一些文章，还和宋恩荣、罗杞秀合写了《马克思主义教育理论家杨贤江》一书（人民教育出版社1983年出版）。但那时候我有许多工作要做，就没能抽出更多的时间来深入研究杨贤江，特别是没能对他的教育思想源流进行探讨，也是一大遗憾。1984年，在中国教育学会之下成立了杨贤江教育思想研究会和杨贤江教育基金会，这是叶圣陶、胡愈之、吴亮平、李一氓、夏衍五位革命老前辈给胡乔木写信要求的结果。当年他们五位同志都曾和杨贤江一起共过事。研究会成立时，我被推选为杨贤江教育思想研究会理事长和基金会主任，现在我还是该研究会的顾问。

专著《马克思主义教育理论家杨贤江》

第一本《高等学校教育学讲义》

20世纪50年代中期以后,我开始转向研究高等教育。当时我提倡研究高等教育理论,认为这是一个不同于普通教育学的研究领域,还写了几篇文章探讨高等教育的特点、规律、教学过程和教学原则,并主持和组织教研室的同志们合编了一本《高等学校教育学讲义》(以下简称《讲义》)。由于接踵而来的政治运动,大学无暇顾及教学、科研工作,所以这些文章和《讲义》在当时并没有产生大的反响。

《高等学校教育学讲义》

《讲义》的产生也是时代的产物。这里先谈谈当时的时代背景。

1956年至1957年上半年,学术空气开始活跃起来。1956年1月,中央召开知识分子工作会议,周恩来总理做了关于知识分子问题的报告,会上向全国人民吹响了"向科学进军"的号角。1956年5月,毛泽东主席提出"百花齐放,百家争鸣"的"双百"方针,鼓励学术争鸣。这一时期,全国都在积极响应"向科学进军"的号召,大学也在认真探讨如何贯彻"百花齐放,百家争鸣"的学术方针,开始审慎地进行一些学术争鸣,尤其在离现实政治较远的中国古代历史问题研究方面。同时,教育行政部门也号召大家进行教学改革。

1956 年，教育部主办的《高等教育通讯》改为《高等教育》，刊物的风格也发生了轻微的变化，领导人的讲话和工作经验总结少了，讨论教育的文章多了，讨论高校教学改革问题的文章成为重头文章。1957 年，我还写了一篇文章《全面发展的本质意义是什么？》，发表在《高等教育》（1957 年第 6 期）上。《高等教育》刊物对这篇文章比较重视，还专门刊发了编者按："我们希望大家对全面发展教育的本质意义以及在高等学校如何有计划地加以贯彻等问题开展讨论。"

当时毛主席还发出指示，提出干部要变外行为内行，大学干部也要学点教育学。学校就要我给全校干部和教师开设教育学讲座。但当时我讲的教育学是中小学的教育理论，脱离大学的实际，教学效果不好，教师和干部们很不满意。因为当时的教育学只有普通教育学，主要以中小学生为研究对象，不是针对高等学校的。而且学生们也对此提意见："综合大学不仅有培养中学教师的任务，也有培养大学教师的任务，留校当助教，就是未来的大学教师。我们学习教育学，不仅要知道如何当中学教师，还要知道如何当大学教师。"

我当时也发现大学教育确实有许多问题值得深入研究，如学习苏联以后，高校在各系设置了专业，那么"专业教育"的性质是什么呢？还有当时提倡理论联系实际，大学教学中如何联系呢？教学与生产劳动存在矛盾，如何解决呢？如此等等，越想问题越多。

一天，我偶然读到捷克教育家昂德列伊·帕符利克在一次教育科学会议上的发言稿。他在发言中指出，教育科学理论研究只停留在普通的中小学学校教育工作问题上，很少注意到专业学校教育工作问题，这与社会主义工农业生产发展的需要不相适应。这个发言稿给了我很大震动，也与我的一些想法不谋而合。于是我开始思考高等专业教育问题和高等学校教育问题，在深层次上思考高等教育的性质、特点与教育教学规律，还写了一些文章，如《高等专业教育问题在教育学上的重要地位》（《学术论坛》1957 年第 3 期）、《坚持理论联系实际的原则》（《福建教育》1959 年第 24 期）、《再论教学过程中的理论联系实际》（《厦门大学学报（社会科学版）》1962 年第 2 期）、《教学、生产劳动、科学研究的矛盾与统一》（《厦门大学学报（社会科学版）》1959 年第 1 期）、《略谈教师在教学中的主导作用》（《红与专》1959 年 1、2

期合刊)、《少而精教学原则初探》(与王增炳合作,《厦门大学学报(社会科学版)》1964年第2期)等。

经过研究,我开始意识到,高等教育与基础教育都是教育,当然有共同的规律,能够构成共同的基本原理。但是,高等教育既然是教育的一个特殊组成部分,就有其特殊问题,也就是说,具有矛盾的特殊性,有它的特殊规律。在一定意义上说,往往比基础教育更为复杂,不是基础教育的一般原理所能解决的。

如果说15岁那次"失败"的教学经历让我立志从教的话,35岁的失败经历则改变了我的研究视野,从此我改变了学术研究领域,开始转向高等教育研究。

接下来我就想写一本书来探讨高等学校教育学。在一次教研组的工作会议上,我把自己的想法提出来,同大家交流,得到大家的一致赞同。不久,我与同事们在学校试开"高等学校教育学"课程,同时边教边写。我首先根据自己对高等学校教育的一些认识写出了书稿的前言、全书的整体构思和提纲,然后组织教研室的教师和教务处的干部一起讨论,分工撰写。除我之外,陈汝惠、张曼因两位教师也是主要执笔者。

写作过程中,我们的内外条件都比较艰苦,多次遇到写不下去的境地。主要是资料缺乏,在没有前人资料参考的情况之下,写作难度很大,进展很慢。

经过差不多一年的努力,《讲义》初稿终于在1957年初完成。正好当时高教部组织推广教学改革成果,要求各高校推荐一些有新意的新教材,作为校际教学交流材料,厦门大学便推荐了我们这本《讲义》,分送给各所综合性大学和师范院校进行交流。据我所知,中央教育科学研究所(中国教育科学研究院前身)和有些学校的图书馆还藏有这本《讲义》。

从体系来看,《讲义》受苏联教育学的影响,主要参考苏联教育学著作的体系。当时中国各高校和中师大多是采用凯洛夫主编的《教育学》,叶希波夫冈查洛夫合著的《教育学》,以及申比廖夫、奥哥洛德尼柯夫合著的《教育学》等等,当然影响最大的是凯洛夫主编的《教育学》。除前言外,《讲义》分为十三章,包括:教育学的基本原理、共产主义教育的目的和任务、大学生的身心发展特征和教育、学校教育制度、教师、教学过程与教学原则、教学内容、教育组织与方法、共产主义道德教育、美育、体育、学生集体的组织与教育、学校组织和领导。其中第十三章因为意见分歧较大，没有编写。

从内容上来看，《讲义》有不少创新之处，初步体现了高等学校教育学的特色。一方面，一些章节是普通教育学所没有或不可能有的，如大学生的身心发展特征和教育、新中国的高等教育、教育实习、学年论文、课程设计、毕业论文和毕业设计等；另一方面，一些章节名称上虽然与普通教育学类似，但内容不同，讲的是高等学校的教育问题，如教学内容、教学组织与方法、课外活动等。这本书最重要的是前言部分，最大的创新也在前言部分，特别是对高等学校教育学的定义和高等教育的特点的论述：

（一）高等学校教育，就其性质言，是专业的，内容复杂，与国民经济各个部门直接联系（此点，中等或初等专业学校也同）；就其系统而言，是建立在普通教育基础上的高等教育。

（二）大学生是十八九岁以上的青年人，已经达到成人阶段，他们的身心发展特征与社会经验不同于中小学生。

需要专门研究的，又不仅是制度方法上的问题，很多涉及原理的问题。忽视高等学校教育与教学理论的专门特点，硬搬普通教育理论的一套，是不完全恰当的。

专门研究高等学校的教育与教学理论，是必要的。它的研究工作，是整个教育科学的一个重要组成部分，但却不是以普通学校教育为对象的普通教育学所能概括。必须像"学前教育学"那样，逐步地建立一门称为"高等专业教育学"或"高等学校教育学"的教育科学。

这是第一次旗帜鲜明地正式提出要建立一门"高等专业教育学"或"高等学校教育学"，明确地界定了一些基本概念，如高等教育的定义、高等教育的特点和高等教育学的研究对象等。

可以说，高等教育的定义，基本上抓住了高等学校教育学的本质特点：

第一，高等教育是建立在普通教育基础上的专门教育。大学跟中学不同，最主要的是在教学上面；学校之所以有小学、中学、大学之分，是按智育来分的；在知识教学上，高等学校学习的是专门知识，专业教育是一个重要方面。第二，抓住了研究对象的年龄特征。大学生不同于中小学生，他们是十八九岁以上的青年人，已经达到成人阶段，有其特殊的身心发展特征。因此，高等教育必须按照青年心理学来组织。这个定义是建立在普通教育学之上的。对于它的科学性，我一直比较自信，也可以毫不夸张地说，就是到现在，也很难有人能推翻它。补充丰富是可以的，要推翻这个定义，大概不可能，因为它抓住了高等教育的本质特点。

当然，"始生之物，其形必丑"。《讲义》还很不成熟、不完善，还不能概括出比较完整的理论体系来，仅仅做到普通教育学的一般原理与高等教育若干论点与实例的糅合。20世纪50年代后，国外高等教育研究才开始成为一个专门的研究领域，但没有提出要建立一个专门的高等教育学科。70年代，苏联才有学者编出了高等学校教育学教材，如1970年列英加尔德出版了《高等学校教育学讲义》，1974年尼康德罗夫出版了《高等学校教育学》，但比我们晚十多年。2005年挪威有位学者阿里·谢沃（Arild Tjeldvoll）出版了一本书，中文版《潘懋元———一位中国高等教育学科的创始人》2006年在高等教育出版社出版。书中提出，中国的普通教育学首先是从西方引进的，但高等教育学却不是。中国建立了自己的高等教育学，有关高等教育学科的最早出版物纯粹是中文。

这期间我所写的一篇倡议性的论文——《高等专业教育问题在教育学上的重要地位》（《学术论坛》1957年第3期），主要阐述了专业教育与普通教育，高等教育与中等、初等教育的区别，批评当时的"只要研究普通教育学，即能解决专业教育的问题"的错误观点，从另外一个角度呼吁要重视高等专业教育的研究，建立一门高等学校教育学。这篇文章算是与《讲义》相互呼应，倡导高等专业教育研究的。可惜后来由于一系列的运动，我的研究工作被迫中断，直到20年后才重新接上来，旧议重提。

另外需要补充几点：一是在知识分子政策开明的情况下，1956年全国各高校都提升了一批教授和副教授，我也在这一年被提升为副教授，所以我从讲师到副教授是比较顺利的。二是在 1956 年，我加入了中国共产党。三是从 1957 年起，我开始担任厦门大学教务处的副处长。

这一时期我的家庭仍然非常困难，家庭经济压力很大。我是副教授，工资是 180 元，在当时算是高薪，但我爱人是长期病号，我一个人要支撑全家。这个时候我家有四个小孩，第四个孩子是 1953 年出生的，在新中国的社会主义建设时期，我给他取名叫"世建"。我岳母也在我这里，我还要寄钱给家中的老父亲。孩子们都在成长之中，一个个都要上学。

1957 年，四个子女合影（后排潘凯伦，前排右起潘世墨、潘世平、潘世建）

值得欣慰的是，孩子们虽然在困难环境中成长，但成人之后都很有出息。他们后来都上了大学，"文化大革命"期间老二和老三还下过乡。现在子女们都有自己的事业，并处在一定的领导岗位上。2005 年中央电视台来采访我和我的家人，问及如何教育子女的问题。老实说，我没有什么"育儿经"或"养儿教女经"。不过我认为，人格的养成要比知识的教育重要得多，我主要是对他们进行人格的培养，不是婆婆妈妈、唠唠叨叨，而是以身作则，无言之教。而且，我花在学生身上的时间，要比花在子女身上的时间多得多，我的孩子说我是"对待学生像子女，对待子女像学生"。

借调中央教科所

20世纪50年代后期中苏关系恶化,当时认为苏联在赫鲁晓夫领导下正在走修正主义道路,于是整个国家形势又开始反思学习苏联教育经验带来的负面影响,批判苏联教育模式。这就需要组织人来写批判材料。

1963年底教育部来通知,说是要临时借调我到中央教育科学研究所(简称"中央教科所")参加工作。当时家里本来离不开我,我爱人是长期病号,孩子们都在成长中。大女儿已经念高三,暑期马上就要考大学了,最小的还在念小学,所以对于去北京我还是有顾虑的。好在当时说好是短期任务,只去几个月。我想,反正只是去几个月,请同事帮助照顾一下家里也成。

1964年春节前,我就去了北京。当时是坐飞机去的,这是我第一次坐飞机。我先是乘火车到上海,住在与厦门大学有联系的国际大厦,然后从上海龙华机场乘飞机到北京。飞机上的服务很周到,有点像现在头等舱的味道。当时飞机上只有6个人,还有不少货物。飞机飞得很慢,也不高,地面可以看得很清楚。上午起飞,中午在济南着陆吃午饭。午饭之后飞机接着飞,下午3点钟到北京。

到北京之后才知道,我们的任务是配合全党反修正主义政策,撰写批判苏联修正主义教育的文章。当时具体管这件事的是中央教科所所长戴伯韬,他是陶行知的学生,人民教育出版社的社长。当时从全国各地一共抽调了近20人组成写作班子,分为三个小组。一组、二组是教育学组,三组是心理学组。一组组长是华东师范大学刘佛年副校长(后来任校长),是著名的教育家,一组中还有来自沈阳师范学院的李放。二组组长是南京师范学院的张焕庭副院长,我当时分在第二组,二组中还有来自上海的吕型伟,他后来做过上海市教育局的副局长。三组组长是北京师范大学心理系主任彭飞,著名心理学家阮镜清也在这一组。

刚开始我们住在北京远东饭店,后来搬到教育部的前门招待所。集中后,主要是组织学习"反修""防修"的文件和了解苏联教育的情况。为配合我们的工作,人民教育出版社组织翻译人员翻译了《苏联教育资料汇编》(出版为《苏联教育资料汇编》五大卷)。半年很快就过去了,我们也没有写出什么有分量、有说服力的反修文章。到了暑期,批判文章还没有写出来,上面就说:"你们这些人,思想还没转变过来,还要继续组织学习。暑假大家先回家,然后再回来集中。"这样本来说好是几个月的事,又拖延下来了。我回厦门过了一个暑假之后,又去了北京。

正好这时赫鲁晓夫倒台了。当时中央已经写了"九评"赫鲁晓夫的修正主义,大家就开玩笑说:"我们的'九评'把赫鲁晓夫给评倒了!"赫鲁晓夫倒台不久,上面就宣布决定:"赫鲁晓夫已经倒了,现在不必写了,写作班子可以解散了。"但是有两个人被"扣留"下来:一个是吕型伟,一个是我,说是要将我们正式调到中央教科所,让吕型伟从事思想政治教育研究,让我从事中国教育史研究。

为什么会选择让我留下来呢?那时候中央教科所有位研究员陈元晖,他在中央教科所是研究中国教育史的,曾写过《中国现代教育史》《中国古代的书院制度》等多部中国教育史著作,但他的兴趣在哲学,特别是西方哲学思想。中国社会科学院哲学所要调他去研究康德的哲学思想,但中央教科所必须有人顶替他的工作,陈元晖知道我曾经研究过中国教育史,就推荐了我。这样我就继续留在北京,但必须搞教育史研究,而且中央教科所临时成立了一个马克思主义教育研究小组,任命我为组长。当时我们这个组一共有六七个人,除吕型伟之外,还有胡寅生,胡寅生后来当过人民教育出版社教育编辑室的主任,另外几位成员是中央教科所原来的研究人员。这个小组成立之后,没有明确的任务,我们也不知道如何组织研究,要弄出什么样的东西,所以有一阵子是各人看各人的书,各人写各人的东西。不久,我们就结合当时的形势做了一些教育调查。

当时正在搞学制改革和半工半读。1964年春节,毛泽东在人民大会堂召开教育工作座谈会,史称"春节座谈会"。毛泽东指出:

学制可以缩短。
课程多,压得太多是很摧残人的。学制、课程、教学方法、考试都要改。

我看课程可以砍掉一半，学生要有娱乐、游泳、打球、课外自由阅读的时间。

现在的考试办法是用对付敌人的办法，实行突然袭击。题目出得很怪，使学生难以捉摸，还是考八股文章的办法，这种做法是摧残人才、摧残青年，我很不赞成，要完全改变。

刘少奇也提出了"两种劳动制度"和"两种教育制度"的理论，倡导半工半读制度。所谓半工半读，包括半工半读的学校教育制度和半工半读的工厂劳动制度。1964年暑期过后，许多地方都在推行半工半读的试验工作，教育部还成立了半工半读教育办公室。

那时的中央教科所，实际上是教育部的机动写作班子，主要工作就是配合教育部的政策，结合当时的中心任务开展活动。比如说，教育部要开半工半读会议，中央教科所就要写调研报告；教育部要加强高中教育，中央教科所就要去高中做调查研究和收集资料。所以从1964年到1966年这两年间，我经常到下面去做调查研究，这样就跑了很多地方，了解到很多情况。

印象比较深刻的地方，一是到天津，考察天津制药厂半工半读情况；二是到河北遵化，考察那里的半农半读情况；三是到山西，考察那里的普通中学教学改革情况。

当时天津制药厂是半工半读的典型。这个制药厂的工人们基本上是初中程度的农村青年，厂里就结合生产给工人进行半工半读。在业余时间，结合抗生素的生产开展学习，让工人们了解一些生物和药理知识，同时也学习一些文化基础课，如语文和数学等。我们一行几人来到天津制药厂，跟工人们一起上班、一起听课、一起了解生产知识，也就是贯彻毛泽东主席的指示，同工人们（农民们）"同吃、同住、同劳动"。在那里我才了解到，抗生素的生产过程是相当复杂的流程，先是在大罐子里装上大量的米，然后引进抗生素进行化学反应。整个过程相当复杂，每一个环节都不能出一丁点差错，如果搞得不好，产品就完全报废，那就是非常大的浪费。我们在天津制药厂待了20多天，跟工人们生活在一起，最后我们几个人一起写了份调查报告。

另外，当时农村的半农半读也搞得有声有色。当时农村人口中，识字率很低，文盲率很高，通过半农半读和农村夜校，很多农民识了字，扫了盲，同时又了解了农业生产知识。当时报道，河北遵化县的半农半读搞得不错，我们就跑到那里去做调查，了解农村半农半读情况。遵化县在北京东面的长城边，是毛泽东所赞扬的"三条驴腿起家"的王国藩生产合作社所在地。人民公社化之后，当地生活很穷。我们到了遵化县之后，蹲点在一个叫纪各庄的村子里，吃住在农民家里，时值冬天，夜晚气温零下二十多度，我们就睡农家的土炕上。在此期间，我们主要调查农村的半农半读情况。应当说，用半农半读的制度普及农村的成人教育，将普及教育和生产教育结合起来，是有效的。

待的时间最长的是在山西。我们跑了很多地方，北到太原，南到运城，西到吕梁山深处和黄河边的龙门（河津），主要还是在古城平遥。我们在平遥待了一个多星期，蹲点在一所办得很出色的完全中学，调查中学的教学情况，同时也对保存完好的平遥古城大为惊叹。另外很有意思的一段经历在河津县。黄河经过山西河津县时有个地方很险峻，也是传说中鲤鱼跳龙门的地方，在对岸陕西那边叫壶口瀑布。那壮观的景象，真不愧是"黄河之水天上来，奔流到海不复回"。当时黄河上空悬有铁索桥，上面铺有木板。因风力太大，桥板被拆开，只能攀铁索，踩铁链；铁链上又结了一层薄冰，一不小心就会滑进咆哮的黄河里。我们几个人小心翼翼地，爬了一小段就都折了回来，实在太险！恰巧，这时有位年轻妇女走过来了，她怀里抱着一个小孩，身后牵着一个小孩，轻轻松松，若无其事地踩着铁链走过去了，让我们看得目瞪口呆，对其佩服得五体投地。

总的来说，这段时间生活比较丰富，视野比较开阔，结识了不少朋友，对当时整个中国的教育情况也有了大致了解，这是我以前在大学所无法经历的。但是也有一些不尽如人意的地方，比如说，家人始终没有办法调过来，我只能在每年寒假回一趟厦门。更为重要的是，名为研究所，但做研究还不如在大学里自由，不是我原来想象的样子。在厦门大学，我自己写点文章，只要没有什么政治问题，就可以在《厦门大学学报》上发表或者拿出去发表，但是在这里，要发表文章谈何容易。记得我曾经写过一篇文章，谈发展农村教育问题，总共三四千字，最后经过层层审查，多次修改，搞得没有一句是自己的，每句都是以文件为依据，让人哭笑不得。所以我后来写好了东西，干脆就只油印几份，留供参考。

干校劳动

从 1966—1968 年，我在厦门被劳动改造了两年。

1969 年 10 月，教育部绝大部分人员连同所属事业单位人员一共 1 200 多人，在军管小组和工宣队的带领下，统统下放到安徽省凤阳县"五·七"干校，进行劳动改造和接受贫下中农再教育。我接到的命令是从厦门去安徽凤阳干校报到。

这次去安徽，不像上次到北京那样最初只说是短期的，而是要做长期甚至一辈子的打算。我除了准备一些日用行李之外，还把一些重要的书籍挑出来，装了六个大木头箱子，准备随身带着，做一辈子在干校劳动的打算。这时我家里面，爱人仍旧是老病号，大女儿已经在念大学，21 岁的老二世墨与 19 岁的老三世平，也在 1969 年初被分配到福建省的贫困山区武平县农村，上山下乡接受贫下中农再教育了。家里就剩下 16 岁的老幺世建，根据当时的政策，他可以留城，不用上山下乡。这样世建虽说还未成年，留在家里还可以照顾他病中的母亲。

离开厦门时，军宣队还派人将我送到火车站。当时从厦门到凤阳没有直通车，我先坐火车到上海，再从上海坐火车到安徽蚌埠，然后从蚌埠转乘汽车至凤阳。我带了几个大木箱，路上差不多走了一个星期。到凤阳"五·七"干校之后，发现教育部的人大都已经到了，1 200 多人一共分为 9 个连队。一、二、三连是教育部直属的，四连是人民教育出版社的，五连是中央函授学院的，我和中央教科所的人一起被分在第九连。我们九连一共 40 多人。这时天气快转冷了，干校一下子来了那么多人，不可能有足够的房子住。刚开始，我们住在简易的竹棚子里面，夜晚很冷，竹棚子直透风。接下来，我们就自己动手和泥巴、打土坯、砌房子，很快就筑起了一溜子土房子。土房子比竹棚子暖和多了，我们几十个男人住在一大间。

当时我们几乎是一到干校就开始劳动。我们这个九连是全干校中人数最少的一个连，人少地多，在一片荒原上开荒，养猪种地。当时连下面设组，九连分设4个组，第一、二组是大田组，由青壮年组成，在田间劳动，20来人，100多亩田，光插秧就得插上半个多月，农忙时还得在其他组抽人支援；第三组是后勤组，管仓库、养猪、养牛、养鸭，还有一名兼当卫生员，一名兼任会计；第四组是伙房组。我分在第三组，后来还当了这个组的组长。

凤阳人原来的习惯，猪是放养的，整天成群在草地上吃草，傍晚赶回各家吃一顿粮食。这样养的猪长得很瘦，腿很长。我们就圈养，筑了一排猪舍，精心管理。饲料不够就用稻草发酵喂猪，猪长得又肥又壮。我们还将猪粪堆起来发酵积肥，从猪圈挖了一条很长的沟通向稻田，让猪尿流到田里去做肥料，这样田里的稻子也长得很好。当地农民就跑来参观，后来他们也向我们学习，将猪圈养。我的主要工作是养猪，天亮就得煮一大锅的猪食，然后打扫猪圈，堆猪粪。还学会用稻草切碎后和上糠发酵，一股清香酒味，猪很喜欢吃。我们这个组最麻烦的事是养鸭，当时是一位从事心理学研究的女研究员分工养鸭，养了200多只鸭子。她常常顾不过来，我有时也去养鸭，将一大群鸭子早上赶出去，晚上赶回来。鸭子经常不听唤，尤其是水稻抽穗时，鸭子最疯，一不小心就窜进水稻田吃青穗。

遇上农忙季节，所有组都要下田劳动。安徽是一年两熟，先种一茬麦子，再种一茬稻子。割麦子、插秧、割稻子等都是农忙的季节。最紧张的时节，是夏初的割麦和插秧时节，因为要赶季节，抢时间。我们每天天刚蒙蒙亮就要下田插秧，一直插到上午9点多钟，才回来吃早饭；吃完早饭后，又赶紧下田插秧。插了一天秧之后，腰疼得不行，都直不起腰来，晚上回到宿舍，躺倒便睡。第二天还要接着插秧。插秧时节又是雨季，经常遇着雨天，我们就穿着雨衣在田里插秧。我也在这个时候学会了很多农活，割麦、插秧、割稻子、挑稻子等，样样能干，大概除了犁田以外，几乎所有的农活我都会干了。例如，我原来很少挑东西，但当时能挑八九十斤重的担子在窄窄的田埂上风风火火、健步如飞地行走。

这段时间生活虽然很苦，但是我没有生病。从1969年冬天到1971年的冬天，差不多劳动了两年。到了1971年底，上面有政策说，准备让一部分人参加工作，当时主管教育的迟群说："教育部的这帮臭老九，让他们到边疆去。"边疆就是南边到云南、广西、贵州，西边到新疆、青海、宁夏等。当时谁去哪里事先不宣布，让去哪里就得去哪里。我被分派到云南。

从此，开始了彩云之南的另一段岁月。

云南岁月

1971年初冬的一天，我正在大田里劳动，突然有人来通知，说是将我分配到云南。当时规定"宣布之后，马上就走"。所以接到通知后，我赶快从田里回来，在半个钟头之内就将全部行李收拾好。因为我的行李很简单，日常用的东西不多，那六箱子书放在仓库里根本没有打开，拿出来就可以。收拾好行李之后，立即动身。我先是坐汽车到蚌埠，再从蚌埠乘火车到上海，限期奔赴云南。

1972年元旦前，我赶到昆明，报到后等待分配，在昆明过了一个无所事事的"独在异乡为异客"的春节。在昆明，我们住在一个空军招待所里，我那六箱书放在招待所一个仓库里堆着，一直没有动。

我们当时一起到云南的，一共有32人，这些人中有好几位司长，如计财司的司长、高教司的司长等。当时军管领导的科教组还算比较好，将我们这些人都留在昆明，大多分到各大学去工作，有的还分到大学任副校长，如司级干部分别到云南大学、云南师范学院和云南医学院任副校长。我被安排在科教组下面的大学组（相当于高教处），同我一起分在大学组的还有两位，一位是人民教育出版社的，一位是教育部外事司的。大学组的组长是部队团级干部，我被任命为"负责人"（相当于副组长）。

这期间，上面要"复课闹革命"了，要求那些当年离校搞"停课闹革命"的学生返校复课。还开了一次比较大的"复课闹革命"大会。说是"复课闹革命"，其实几乎无课可复，时断时续的。当时大部分学生已经毕业了，只有少量学生还没有毕业，"文化大革命"中又没有再招生，所以高校已经没有多少学生。从1972年起，工农兵学员就开始进入大学，大学又是另外一番景象。

我因为分在大学组，所以经常在昆明几所大学跑，记得当时云南有云南大学、云南师范学院、云南医学院、昆明工学院、云南林业学院、云南农学院、云南民族学院等7所高校，除农学院在曲靖外，其余都在昆明。这样我对云南高等教育的情况也有个大致了解。

1972年秋天，我突然生病了。刚开始还不知道是怎么回事，老是觉得头晕脑涨，浑身乏力。去医院一检查，是急性黄疸性肝炎，得住院治疗。这种病多半与营养不良有关，调养很重要。好在我们厦门大学有个俄语教授郑奇光家在云南，他女儿和我女儿是大学同学，知道我生病了，他的夫人和女儿每天给我炖一些汤、弄一些好吃的东西送过来。因此我调养得还不错，恢复得也不错。住了一个多月医院之后，到了11月，我就出院了。上面同意让我回厦门养病，我就回到家里休养了两三个月。1973年1月，病好之后，我又重新回到云南工作。

厦门大学当时也在搞"复课闹革命"，新调来的革委会主任（相当于校长）叫曾鸣，原是福建师范学院的书记兼校长。以前我们就熟悉，而且是当年青抗会的地下党员。我回厦门养病时，曾去看望曾鸣。曾鸣就对我说："我们这里正缺教育革命处处长（'文化大革命'中，教务处改成教育革命处），你是不是能回来？"这正是我求之不得的。后来曾鸣就通过福建省委宣传部发函到国务院科教组（教育部被撤销后，1970年7月根据周总理的指示成立了国务院科教组，主管原来的教育部和国家科委的工作），意思是说："我们曾经借一个人给你们，你们也没有返还给我们，还搞到昆明去，现在我们想要回来。"国务院科教组接到福建省委宣传部的来函后，就通知云南省将我放行。当时云南也没有什么事，就同意让我回厦门。

离开云南的时候，我不是直接回厦门，而是先把行李和那六箱书托运回来，然后一个人轻轻松松地进行了一番旅游。我先是去了一趟石林。我心想：昆明离石林这么近，我到昆明这么久，还没有去过石林，走了之后不知什么时候才能再来，最好是临走之前去一趟。于是我就找单位开了一封介绍信，一个人前往石林。昆明到石林现在有高速公路，大概一两个钟头的路程。当时没有高速公路，要坐汽车和小船，我走了两天才到石林。一路天碧云白，湖光山色，风景如画。我当时心情轻松，优哉游哉，一共在石林玩了两天。

石林美景名不虚传，方圆几公里，山石奇怪，如林木耸立。内中果然有一尊奇石，如少数民族美女屹立遥望，据说那就是传说中多情善良的阿诗玛。石林景区范围很大，当年几乎没有什么游人，只有我在那里闲逛。可是玩到天快黑的时候迷了路，我一个人在里面绕，怎么也转不出来。当时心里就有些着急，害怕留在里面过夜。怎么办呢？我就笃定一个方向，朝着一个方向走。攀石笋、穿石洞，终于在天黑之前见到田野了。最后总算走出来了，大大地松了一口气。

1973 年春节，在昆明翠湖（右）

离开云南时，我又坐火车走成昆铁路去了一趟四川，在四川玩了几天。我先到成都，参观了杜甫草堂和诸葛武侯祠。当时游人不多，树林茂盛，静悄悄的。杜甫草堂简陋寂静，有一种简朴宁静的美；诸葛武侯祠还真有些"锦官城外柏森森。映阶碧草自春色，隔叶黄鹂空好音"的感觉。我还参观了都江堰，真切感悟到水利与农业的关系。

当时沿路也看到一些莫名其妙的东西。坐车，没人买票；等车，要么不来，要么两三部车一起来；好不容易钻上去，车上也是人挤人，但没有人买票。记得有一次上车之后，我主动掏钱买票，人家就笑话我："你还买票？"本属正常的现象，在那个年代反而是不正常的。当时的社会秩序，由此略见一斑。

然后我又到了山城重庆，在重庆转了两天。随后就在重庆坐小船到巴县，在巴县玩了两天，最后坐上开往上海的轮船。船过三峡时，第一次见到壮丽奇伟的三峡，对大自然的鬼斧神工惊叹不已。江上旅行，一路逍逍遥遥，江水浩荡，奔腾不息，过去的时光，也随着大江东流，一去不复返了。

到达上海之后，我就从上海坐火车回到厦门。这条路我是多次走过的，因为我多年在外地，家一直在厦门，我每年要回家探亲，多数时候都是先到上海，再从上海转车回到厦门。每次回家也顺便给家人买点东西，给老婆孩子们买点吃的东西。

在昆明的时候，我回厦门探亲来往时还去过湖南、广西和贵州。我大女儿凯伦1964年考进了中国科技大学，当时中国科技大学已经从北京搬到合肥。动乱的年代，她的大学念了七年，1971年才拿到毕业证书，毕业后分配到韶山附近的兵工厂。这个兵工厂是原来有名的汉阳兵工厂迁过去的。因为这时我已经获得"解放"，是国家干部，不会对孩子产生不利影响，所以我就顺路去看望女儿。我先坐火车到株洲，再从株洲转乘汽车到湘潭，再到女儿那边去。同时也去参观了毛泽东故居韶山。然后再回到株洲，坐火车去昆明。

我还在广西和贵州下火车，看望一些分配在那里的中央教科所同事。先到柳州，然后到南宁，随身带了一些土特产给老同事们。所以我对"文化大革命"中的西南地区算是有一个初步的印象，印象最深刻的就是贵阳。

当年我们在中央教科所一起工作的同事有几个在贵州。我先在贵阳下了火车，找到贵州师范学院两个原来的同事，另外还有被分配在贵州大学的同事胡克英研究员。但贵州大学不在省城贵阳，而是在离贵阳十多公里之外的花溪。胡克英后来成为小学教学法的专家。20世纪80年代初，胡克英写了一篇震动很大的文章，叫《救救儿童》。

当时从花溪到贵阳有班车可通。老同事们知道我同胡克英比较要好，就通知胡克英，请他晚上一起来聚会。我们约好了时间和地点，结果左等不来，右等不来，也没电话打来，大家都很着急。正常年代用不着这么着急，但当时贵阳那个地方乱得可怕，大家都担心他出事。好在等到天快黑的时候，胡克英终于来了，大家悬着的心才算落地了。第二天，胡克英就陪我出去玩，一直玩到下午三四点钟。临走，他送我到火车站，还不放心，不停地嘱咐我："无论如何，千万不要离开火车站！"因为当时社会秩序太乱了，离开火车站，搞不好就会出事。

1973年4月，我正式调回厦门大学。这样，从1964年到1973年，前后十年，从厦门到北京、从北京到安徽、从安徽到云南，跑了很多地方，经历了很多事情，兜了一圈，最后又回到厦门。回想起来，那些年我虽没能"读万卷书",却是"行万里路"。这"行万里路"的另外一种收获,也是书斋生活所不能得到的。这一段经历让人领悟了很多的生活意味,也许那些年的生活是真正贴近人民的生活。

1976年10月,"四人帮"倒台。不久,原来的造反派变成了被清查的对象。接下来是拨乱反正,深入揭批"四人帮"破坏教育的活动,恢复教学秩序。经过拨乱反正,局势渐渐平稳下来,各项工作渐渐走上正轨。

现在回想起来,做学问的时间,我们这一代人耽误了很长时间,前前后后算起来,一共耽误了20年。但我总以为,当时的年轻人更值得同情,他们中的许多人,不是耽误10年、20年,而是耽误了一辈子。该读书时,没能好好读书;要工作时,又没有多少文化水平和专门技能。1968年之后,大批青年开始上山下乡;1977年恢复高考以后,能够上大学的毕竟是少数。而这些对于一个民族来说,是更大的不幸。

第四部 开创中国高等教育学

在厦门大学（2006年）

第四部 开创中国高等教育学

前面提到早在20世纪50年代，我就提倡过要研究高等专业教育理论，与教研室同事合编过一本《高等学校教育学讲义》，但当时并没有什么反响。改革开放后，我旧议重提，写了一些文章，如《必须开展高等教育的理论研究——建立高等教育学科刍议》(《厦门大学学报（哲学社会科学版）》1978年第4期）等，主编了《高等教育学》（人民教育出版社、福建教育出版社联合出版，1984—1985年）等，引起了社会的积极反响，和几位同志一起筹建"中国高等教育学会"，得到积极支持。从这一部分起，我主要讲讲新的历史条件下我的一些机遇以及一些思想、一些成绩，所以在叙事方式上，与前面几部分有所不同，主要不是以人的活动为主，而是以事件或思想陈述为主。

创立全国第一个高等教育研究机构

1977年夏天，邓小平复出。1978年中央十一届三中全会召开，带来了中国社会历史性的转折，中国迎来了科学的春天，高等教育也在春风中生机勃勃。

首先是恢复高考。1977年上半年，教育部曾召开过高校招生工作会议，开了一段时间，争来争去，没有结果，差一点还是准备用老办法——所谓"群众推荐"的办法招收工农兵学员，只增加少量试招高中毕业生。1977年8月8日，邓小平亲自主持召开科学和教育工作座谈会，提出当年就要恢复高考，不要再搞群众推荐。[①] 所以1977级的学生是1977年底考试，1978年春季入学的。我的体会是，邓小平坚决主张当年就恢复高考，体现了"效率优先"的思想，当时的背景下也只能是效率优先。恢复高考后，工农兵没有特别优待，知识青年也可以报考。恢复高考后头几年考上来的大学生，多数是当年的"老三届"、上山下乡的知识青年，小部分是应届高中毕业生。因为当时的高中毕业生在"文化大革命"中读书不多，文化水平大多不高。这批大学生年龄相差很大，有的已经30多岁，有的才十几岁，但他们学习都很刻苦，出了很多人才。

---

① 邓小平1977年8月8日的讲话后来被称为著名的"8·8讲话"。

恢复高考后，我家老二世墨于1977年参加了高考。他当时差不多30岁了，在闽西山区插队。老二世墨1969年高中还没有毕业就上山下乡，他先是插队劳动两年，后调到当地合作社当营业员。1977年，他以知青身份参加高考，考上了厦门大学哲学系，毕业后留校任教。1988年，他被选派到莫斯科国立师范大学（原名"莫斯科国立列宁师范大学"）学习，现任厦门大学党委副书记、副校长。老四世建没有经过上山下乡，由于他的两个哥哥已经上山下乡，根据当时的政策，他可以留城。世建是1976年最后一届推荐加考试入学的，当时还未恢复高考，但要通过高校自行组织的考试才能录取。他上的是武汉水运工程学院（即现在的武汉理工大学余家头校区），毕业后回厦门工作。他后来在厦门大桥和海沧大桥建设中做出了些成绩，现任厦门市副市长。

其次是邓小平提出要办好一批重点大学。当时确立重点大学经过了严格的审批，大致是：根据学校条件，中共中央组织部和教育部对一些教育部直属大学逐一审定，经中央批准。第一批重点大学名单中就有厦门大学，还有清华大学、北京大学、复旦大学、南京大学、山东大学、武汉大学、中山大学等。成为重点大学之后，厦门大学按邓小平的提法，提出要把学校办成"既是教学中心，又是科研中心的综合性大学"。同时，学校还恢复和新建了一批科研机构。

1978年11月至12月，第一批重点大学的领导班子经教育部党组和中共中央组织部审定后，逐一经政治局圈定批准，以示慎重，并提高规格。12月，接到任命后，厦门大学成立新的班子，曾鸣任书记兼校长，司守行任副书记兼第一副校长，副书记还有谢白秋，我担任副校长兼教务处处长，副校长还有蔡启瑞、赵源、未力工、唐仲璋、傅家麟等。新任校领导中有四位是搞学术的，是专家型领导。我主要是抓教学和科研，副校长职位我一直做到1984年，教务处处长一直兼职到1981年。

这段时间学校工作的重点是整顿教学秩序，进行教学改革。学分制、主副修制、选课制等，这个时候都已经提出来了。作为分管教学科研的副校长，我的大量精力用于抓教改的落实。当时的选修课，最突出的问题不在学生，而在师资。师资力量不够，选修课开不出来；不光选修课开不出来，就连一般的通识课也开不出来。例如，中国通史就没有教师能够开设，只好想办法，请已经退休的老先生来开课。此外,我还给本科生上课。当时没有恢复教育学课程,我就给哲学系本科生上逻辑学。我认为,不给学生上课,就不能当好教务处处长,更不用说分管教学的副校长。

20世纪70年代末,与国际关系史学家韩振华(中)合影

当时数学系主任蔡声玢教授向我建议,恢复"文化大革命"前的教育学教研室,为学生开教育学课程并研究学校的教改问题。我觉得这主意不错,但恢复教育学教研室,还不如成立一个高等学校教育研究室,专门从事高等学校教育问题研究。于是我就将这一建议向曾鸣书记提出来。在此之前,我就写过几篇批判"四人帮"破坏高等教育的拨乱反正的文章,并帮助曾鸣书记为《红旗》(《求是》的前身)写了一篇有关高等教育规律的文章。他也感到有此必要,欣然同意。接着我就向学校正式提出报告,建议设立高等学校教育研究组。经学校办公会议通过,1978年1月,学校公布设立九个文科研究机构,其中就包括高等学校教育研究组。这一批新设立的文科研究机构后来大多形成气候,在全国产生了一定的学术影响。

高等学校教育研究组成立后,具体由我负责,但最初的成员都不是专职,而是兼职;即使兼职人员,也只有四位。我就想,光靠兼职人员不行,必须组织一个专门班子。于是我又向学校提出,希望成立专门机构,一来有助于解决学校工作中的实际问题,二来有助于开展高等教育研究,引起人们对高等教育的重视。曾鸣也很赞同我的想法，他觉得学校面临的问题很多，需要有人专门从事研究，以便更好地为学校发展服务。

1978年5月27日，"厦门大学高等学校教育研究室"正式成立。研究室直属学校领导，我任研究室主任。因为当时还没有其他学校设立专门的高教研究机构，所以我们这个高等学校教育研究室在全国是第一所，也就成为中国第一个高等教育研究机构。不久，我又觉得"高等学校教育研究室"名称还不够准确，不能完全反映我们的工作性质。比如说，"高等学校教育"是20世纪50年代的概念，外延比较窄，不如"高等教育"外延宽泛；同时，教育学是科学，中央教育科学研究所就标明"科学"两个字。于是我又向学校提出，将研究室更名为"高等教育科学研究室"，学校同意了我的意见。1978年8月3日以后，这个机构就正式命名为"厦门大学高等教育科学研究室"。1984年2月，经教育部批准又更名为"高等教育科学研究所"（通常简称为"高教所"）。2004年，又在高教所的基础上成立"教育研究院"，高教所作为教育研究院的组成部分。实际上，这是一套人马，两块牌子，教育研究院的重点与特色仍然是高等教育研究。这也算是与时俱进，不断壮大。

高教研究室成立之时，连我在内，一共只有五个人：陈汝惠（研究室副主任）、张曼因、王增炳和罗杞秀（研究室秘书）。陈汝惠和张曼因在1966年前就是教育学教研组的教师，1957年参加过《高等学校教育学讲义》的编写工作，教育学教研组解散以后，他们被安排到中文系当教师。我把他们请回来时，陈汝惠已经60多岁了，身体较差，张曼因当时已经提前退休，是退休后返聘。当时有一个制度叫"补员"（或接班），就是一个人退休后，其子女可以顶替他（她）的班，安排一份工作。张曼因不到50岁就提前退休，由她的女儿补员。总之，我们这五个人当时都已不年轻了，平均年龄超过50岁，最年轻的罗杞秀也已经43岁了，他原来是我的助教，中间一度在教务处工作。1978年下半年，又从福建师范大学调进来一位吴丽卿，也不年轻了。

我们研究室当时定的目标是：研究高等教育问题，研究学校教改问题，为学校服务，推动学校发展。我想，既然成立了研究室，就要搞点像样的东西，如果不搞点像样的东西，不搞点对学校有用的东西，人家就会有话说，我们也不会得到承认或受到重视，也就不会在学校站住脚。有一次曾鸣校长跟我说，希望我们研究室能做出一些成绩，为厦门大学的发展做些贡献。

我们虽然只有几个人，工作条件也非常简陋，但我们却做了不少事情。最初一段时间，研究室的办公地点是厦门大学化工厂一间废弃的实验室，我们在里面摆几张办公桌，平时上班各人一张办公桌，开会时几张桌子一拼，成为一张大会议桌。但我们硬是克服困难，脚踏实地，从一开始就为学校做了不少事情，如编写校史、为教师开设教学法讲座、在校刊上介绍学分制知识等。经过"文化大革命"长时间的耽搁，这些事情都是急需专人去做的，工作量很大。1978年10月，我们又创办了《外国高等教育资料》，这是"文化大革命"后第一份专门研究外国高等教育的刊物，也是"文化大革命"后高等教育研究最早的专业性刊物之一。我们除了发给本校的教师和干部参考外，也向校外单位寄发了100多份，作为交流资料。当然最初几期主要摘抄别人译好的外国资料，慢慢地，自己翻译和编写的文章就多起来了。

与此同时，为了壮大研究队伍，我们还聘请了一些兼职研究人员，主要是校内热心高教研究的教师和干部。这样一来，既壮大了力量，又带动了学校各部门开展高教研究，从而活跃了气氛，形成了积极影响。慢慢地，我们高教研究室的名声在全国打响了。1979年4月，中国教育学会成立大会暨全国第一次教育科学规划会议在北京召开时，厦门大学高教研究室在会上被建议列为高等教育重点研究基地。我当时在会上做了一个发言，并被选为中国教育学会第一届理事会常务理事。

1979年，在访问泰国参观水产研究院（左一）

需要说明的是，1978年底我被提升为教授。我的讲师是1950年提的，副教授是1956年提的。1956年到1978年，整整22年，国家基本上没有提过教授，所以我从副教授到教授，前后隔了22年。我们那一批提教授，学校一共提了12名。当时提教授，没有现在这么复杂。同时我还搞行政，做副校长兼教务处处长。1984年底学校领导班子整个大换班，当时所有人都超龄，我已经64岁了，就不再担任副校长了。但还是当了一阵子学校顾问。当时邓小平提出：老同志退下来，还要为新的领导当好顾问和参谋，也就是"扶上马，送一程"。当时其他校领导都退下来了，只有我一人还当了一段时间的学校顾问；再以后又没有了这个政策，再也没有校领导退下来后当顾问的，所以我是厦门大学"前无古人，后无来者"的学校顾问。1991年，我71岁，不再担任行政职务了，但仍是名誉所长，暂未任命所长，所里的事情又管了两三年。

从1983年起我还做过一段时间的海外教育学院的院长，这个学院的学生是华侨华人学生。开始叫作华侨函授部，主要是培养教师。中文系的学生最多，数学系、物理系学生也有一些，但很少。"文化大革命"期间停办了，改革开放以后又恢复起来，并改为海外函授学院，设中文、中医两个系。当时要求院长必须是副校级领导，我就以副校长的身份兼任院长。当时在讨论我去做院长的时候，学校问我是到海外函授学院还是到经济学院去兼任院长。我就说："经济学院的院长，我不能去，这必须是个懂经济学的行家才能当的。我虽然在大学学了一些经济学知识，但只懂得一些皮毛，以后又没有机会提高，新的经济理论完全不懂，我宁愿到海外函授学院，每个星期去一天。"副院长是蒋林和李燕棠，他们具体分工负责。1989年，我就不再担任海外函授学院的院长了。1991年，海外函授学院经教育部批准更名为海外教育学院。

回过头来说，我重新开始从事高等教育研究时已经58岁了。当时如果没有其他想法，只是当一名学校副校长，我完全可以心安理得地过得很好。但是我这人偏偏不安分、不满足于现状，想做一些自己想做的事情。在我倡导建立高等教育科学研究所后，很多人认为我是自讨苦吃。当然也有很多人表示支持。支持也好，反对也好，我要做的事情反正已经开始了。接下来要做的事情就多了,后来也就越做越大了。

后来,我和我们这个高教所一共得了好几个第一:

1981年,我们获得高等教育硕士学位授予单位,我成为全国第一个高等教育学硕士生导师。

1983年,我还出版了个人专题讲座《高等教育学讲座》。

1984年,我主编了中国第一部《高等教育学》,标志着高等教育学在中国正式诞生。

1986年,我们获得高等教育博士学位授予单位,我成为全国第一个高等教育学博士生导师。

1988年,厦门大学高等教育学成为全国教育学五个重点学科点之一。

这些第一,不是属于我个人的,而是属于我们这个集体。我只是不断追求自己的梦想,不断开拓高等教育研究。对我来说,也是一些"偶然"的机遇造就的。当然,对一个人来说,机遇并不是可以侥幸得到的。我相信一位科学家的名言:"机遇只偏爱那些有准备的头脑。"机遇对我的"偏爱",可能是我已经有了一些准备,包括理论准备和实践准备。准备做好了,机遇来了,自然就水到渠成。

筹备中国高等教育学会和高等教育学研究会

继我们厦门大学高等教育科学研究室成立之后,全国又陆续成立了一些高等教育研究机构。到1979年,全国已有好几个高教研究机构。于是我就想,如果能够组织一个全国性的高等教育研究会,就能壮大我们的高等教育研究队伍;否则,力量分散,难成气候。

产生了这个想法之后,我就开始活动,争取支持。我先到上海找上海师范大学刘佛年校长、上海市教育局余立副局长,得到他们的支持。当时,一些高校的高等教育研究机构成立后,大家彼此联络,互相取经。1979年7月,上海师范大学高教研究会派副理事长黄震和郑启明等六位同志来我们这里参观访问,他们的高教研究会才成立一个月。借此机会,我们商议,由我们两家共同作为发起单位,成立一个全国性的高等教育学会。

1979年8月底，全国高等教育学会年会在兰州大学召开，我参加了这个年会。借此机会，我呼吁开展高教研究工作，成立高教研究组织。会议期间，我与兰州大学党委书记兼副校长辛安亭谈起这件事，辛安亭表示支持。辛安亭当时是一位享有盛誉的老教育家、老干部，在全国很有影响。后来我们还通过书信进一步讨论筹备事宜，我前后给辛安亭写过两封信。

年会上，我做了一个报告，呼吁开展高等教育理论研究，呼吁筹建中国高等教育研究会。会议期间，我还邀请一部分会议代表，如张文郁、刘文修、张焕庭、檀仁梅、汪培栋、李放等20多人，开了一个关于高等教育研究问题的座谈会，倡议发起一个全国性高等教育研究组织。这些人当时在教育界都有一定的影响，他们一致认为这个倡议很好。还有不少代表主动找到我，要求入会。

兰州会议之后，我投入了更多精力，广泛联系，倡议和筹备中国高等教育研究会。但是好事多磨，中国高等教育学会的成立颇费周折，从筹备发起到正式成立，整整经历了三年零十个月，中间还开过两次筹备工作会议。

第一次筹备会议是在上海召开的，时间是1979年10月中旬。开始很顺利，一共有8个单位参加筹备会议。这八个单位分别是：上海师范大学高等教育研究会、厦门大学高等教育科学研究室、北京师范大学高等教育研究会筹备组、南京大学教学顾问组、兰州大学高等教育研究室、清华大学教育科学研究组筹备组、上海交通大学教学法委员会和上海市高等教育研究会。会议由上海师范大学校长刘佛年教授主持，我在会上做了筹备工作报告和会议总结。会议还决定：我们这8个单位共同作为全国高等教育研究会的发起单位，上海师范大学高等教育研究会和厦门大学高等教育科学研究室共同负责筹备工作，筹备联络组设在厦门大学高教研究室。

我们希望成立一个全国高等教育研究会，作为中国教育学会下设的二级学会，还向中国教育学会提出了申请。第一次筹备会议，中国教育学会发来贺电："欣悉你会召开，这是中国教育史上的创举，特电致贺，祝会议圆满成功。"

这次筹备会议，将学会名称正式定为"全国高等教育学会"，并讨论通过了《全国高等教育学会章程（讨论稿）》。会议还讨论了高等教育研究的规划,并决定向全国一些高校和省、市教育局发出建立全国高等教育学会的倡议书——《成立全国高等教育学会倡议书》(以下简称《倡议书》)。《倡议书》由我们厦门大学高等教育科学研究室起草,八家发起单位联合发布。《倡议书》的内容现在看来都很有意义:

> 建设现代化的社会主义强国,科学是关键,教育是基础。高等教育担负着培养千百万又红又专的各种专门人才和极大地提高整个中华民族科学文化水平的重任,与发展国民经济、实现四个现代化有着直接的密切联系。办好高等教育,要按教育规律办事。因此,必须在大力发展高等教育事业的同时,认真开展高等教育科学的研究。
>
> 高等教育科学研究,要以马列主义、毛泽东思想为指导,解放思想,实事求是,研究新时期中我国高教发展的新情况、新问题,参考外国的有益经验,及时总结、探索高等教育的客观规律,促进高等教育事业发展,提高教育质量,并在此基础上,逐步建立科学体系比较完整的、具有中国特点的社会主义高等教育新学科。
>
> 现在,若干高等学校和地方,已经成立了专门研究高等教育科学的机构或组织,高教研究者的选题和论文日益增多。为了更好地组织高教研究力量,加强高等教育理论和实际问题的研究,交流研究成果,我们倡议在适当的时候成立全国高等教育学会,并申请作为中国教育学会的团体会员。
>
> 我们的倡议,希望得到你们的赞同和支持,并请提出宝贵意见和建议。
>
> 来信请寄:厦门大学高等教育科学研究室。①

倡议书发出后,收到很多回复,很多单位要求入会,包括边远的新疆和西藏。例如,新疆维吾尔自治区教育局收到倡议书后,很快成立了新疆高等

---

① 李均. 中国高等教育研究史 [M]. 广州:广东高等教育出版社,2005:119-120.

教育学会筹备组。到中国高等教育学会正式成立前，有 100 多个单位要求入会。

这期间我一直与中国教育学会联系，想请他们派人来参加筹备会议。中国教育学会秘书处上报给教育部，当时教育部部长是蒋南翔。蒋南翔认为："高等教育学会是研究高等教育问题的，从事高等教育工作的有许多大学校长，怎么可以放在教育学会下面呢？应该另外成立一个与中国教育学会平行的高等教育学会。"这种想法大概与苏联的影响有关，原来的苏联有基础教育部及大学和中等专科教育部。我国在"文化大革命"前也是设两个部：教育部和高教部，而且似乎高教部部长比教育部部长地位还要高。蒋南翔以前做过高教部部长，"文化大革命"后两个部合并成为教育部，蒋南翔就成为教育部部长。

1980 年 4 月，中国教育学会向高教学会筹备会书面转达了教育部部长蒋南翔的指示：

> 全国高等教育学会在国内、国际影响大，须充分酝酿。全国高等教育学会成立时间可以推迟。会长、副会长及理事人选，由教育部与有关单位考虑。高等教育学会成立大会暨第一次学术讨论会何时召开，待教育部党组开会讨论后，再正式通知你们。关于成立学会的其他工作，如学术论文的征集等准备工作，你们继续进行。①

教育部党组的决定是：筹备成立一个中国高等教育学会，它是与中国教育学会平行的一级学会，先从地方做起，成熟以后再成立全国性高等教育学会。

这个决定对我们来说，一则以喜，一则以忧。喜的是，我们本来想作为二级学会，现在教育部亲自过问，要成立一个一级学会；忧的是，我们这些人是从事高等教育理论研究的，如果搞成一个行政机构，那就违背了我们的初衷。但是不管怎样，我们还是积极筹备，先从地方高等教育学会成立起，自下而上，将研究和宣传活动积极推广开来。

---

① 李均. 中国高等教育研究史 [M]. 广州：广东高等教育出版社，2005：128.

第二次筹备会议在厦门鼓浪屿召开，时间是1980年8月。这一次参加会议的不止8个单位，而是有30多个单位，教育部派张健前来指导。张健是陶行知最年轻的学生，他有许多教育论著，是一位知名的教育家。他当时是教育部党组织成员、教育学会的常务副会长，一直很支持我们的工作。参加第二次筹备会议的还有厦门大学校长曾鸣、中央教育科学研究所副所长张天恩、上海市高教局副局长余立、兰州大学党委副书记兼副校长辛安亭、东北师范大学校长刘光、南京师范学院副院长张焕庭、上海第一医学院院长石美鑫、山东省教育厅副厅长宁汉戈、华东师范大学教授张文郁等，还有蔡克勇、郑启明、王培栋、宓洽群等一些中青年学者。

1980年8月，在高等教育学会第二次筹备会做报告

张健传达了教育部党组的决定：各地可先成立地方性的高等教育学会，筹备工作充分之后，再成立全国性的高等教育学会。这对我们是个利好消息，我们就"拿鸡毛当令箭"，积极倡导成立地方性高等教育学会。随后，各地纷纷成立了地方性或行业性的高等教育学会。主要有三种学会：一是各省区成立的地方性的高等教育学会；二是中央部委组建行业系统的高等教育研究组织，如教育部部属高等工业学校教育研究协作组，冶金部及所属的冶金高等院校成立了中国冶金高等教育学会，机械工业部成立了机械工业高等教育学会，邮电部教育局成立了高等教育科学研究室；三是各个专业研究会，如教育管理研究会、留学生教育研究会、高等学校后勤研究会等。

两次筹备会议之后，我经常跑到部里汇报和催促，上面还没有动静，我们也不知道正式成立大会要拖到猴年马月。1983年5月，上面突然做出决定，要正式成立中国高等教育学会了。也就是说,成立大会开得有些突然。当时我的时间很仓促。3月,我刚刚赴泰国曼谷参加了联合国教科文组织亚太地区的高等教育会议,并考察了菲律宾和泰国的高等教育情况。5月中旬,又要随厦门市代表团访问英国。只好请吴丽卿先到北京参加筹备工作,起草筹备工作报告。5月25日上午我刚从英国回厦门,下午就乘火车去北京(当时厦门尚未开通航线,乘火车到北京要48个小时)。5月28日至30日,在教育部召开中国高等教育学会成立大会。我在会上做筹备工作报告,学会理事名单是教育部党组早就按照蒋南翔部长的授意拟好的,在成立大会上宣布。

20世纪80年代初,在广东参加教育学会议(后排左二)

蒋南翔亲自挂帅,任会长,副会长有何东昌、曾德林、季羡林、唐敖庆、李国豪、钱令希等,他们都是教育部领导或重点大学校长。其中一些人原来并不知道要开什么会,来了以后才知道要召开中国高等教育学会成立大会,还要担任副会长。于北辰任秘书长,我和朱九思、刘道玉、匡亚明、谢希德、余立、汪永铨等38人任常务理事。吴丽卿、汪培栋和多位共同发起并参加实际筹备工作的高教研究者多数只名列理事。这样中国高等教育学会就正式成立了。

中国高等教育学会的成立,虽然筹备过程费了不少周折,而且成立过于仓促,却有可喜的收获。因为我们是从基层做起、自下而上地成立学会,这无形中有助于这门学科的启蒙和宣传。而且,大量基层高教研究机构广泛建立起来了,许多地区和高校相继设立了高教研究机构,组成了一批热心高教研究的队伍。所以在中国高等教育学会成立大会上,我在汇报筹备经过时指

第四部 开创中国高等教育学

出,这几年高等教育研究在四个方面有着重大的变化:

> 在各地区各高校相继组织起来的基础上,高教研究出现了蓬勃发展的新形势。首先是研究范围逐渐扩大,研究内容逐渐加深。……其次在研究方法上,开始采用了一些科学的研究方法:长期观察、测验统计、对比实验、跟踪调查等。……其三是重视科研成果的推广与交流,不断提高高教研究人员的专业理论水平。……其四是高等教育科研经费逐步得到落实。[①]

后来,中国高等教育学会的发展正如我们当初担忧的那样,搞得有些像行政机构。两任会长都是教育部部长兼任,他们忙于行政领导工作,不可能抓学术活动。只有现任周远清会长是从副部长退下来的。他在当高教司司长和副部长时,就关心高等教育研究,组织了几个重大研究课题,并且亲自参加研究工作。他当了会长之后,组织了多次学术活动,下到各分会或专业研究会指导工作,在学术活动上起了带头作用。

由于中国高等教育学会前期搞得有些像行政机构,违背了当初成立学会的初衷,也不便于组织和开展高等教育理论研究。多位高教理论工作者就给中国高等教育学会秘书处提出意见,组织一个高等教育学研究会,作为中国高等教育学会所属的专业委员会,专门从事高等教育基本理论研究。这一建议得到了中国高等教育学会秘书处的支持和当时会长何东昌同志的同意。秘书处要我主持筹备工作。于是1992年12月,全国第一届高等教育学科建设研讨会在厦门大学召开,会上决定成立全国高等教育学研究会筹备组,联络处仍设在厦门大学高等教育科学研究所。1993年10月,全国高等教育学研究会在上海正式成立。也就是说,我们当时想组织的全国高等教育学会,终于成为现在的全国高等教育学研究会。

成立大会上,我被推选为理事长,副理事长是闵维方、薛天祥、王冀生、杨德广。研究会的秘书处随着理事长走,设在厦门大学高等教育科学研究所,

---

① 李均. 中国高等教育研究史[M]. 广州:广东高等教育出版社,2005:136.

王伟廉为秘书长。理事会还聘请四位资深的高等教育家王承绪、刘一凡、朱九思、余立担任顾问。

由于全国高等教育学研究会没有经费，中国高等教育学会秘书处就每年拨3 000元给高等教育学研究会。高等教育学研究会每年召开一次年会。当时全国有四个高等教育学博士点单位（厦门大学、北京大学、华东师范大学、华中科技大学），在领导成员改选时，我就提议，一个博士点一个副理事长。我退下来以后，就推荐杨德广当理事长。

主编第一部《高等教育学》

开展高等教育理论研究，创立高等教育学是我一直追求的梦想。20世纪50年代，我曾提倡要研究高等专业教育，中间20年，大好时光白白浪费，原来的努力大都在政治运动中付诸东流。这一切都让人扼腕长叹，但也不是无法弥补。科学的春天来了，我也可以做一些事情，创造人生和事业的春天。

1978年8月，我们"高等学校教育研究室"更名为"高等教育科学研究室"时，我就确定了新的工作目标——编写一部《高等教育学》。要建立一门新学科，光提倡不行，必须拿出一部不同于普通教育学的专著来。在我，也是为了弥补自1957年以后中断高等教育研究所造成的损失。1978年12月，我连续发表两篇文章：《开展高等教育理论的研究》（《光明日报》1978年12月7日）和《必须开展高等教育的理论研究——建立高等教育学科刍议》（《厦门大学学报（哲学社会科学版）》1978年第4期），大力倡导开展高等教育理论研究。这是第一次公开而正式地提出要建立一门"高等教育学"。

从1979年开始，我们就着手编写《高等教育学》。我当时的思路是，先广泛搜集国内外资料，进行专题研究。当时集思广益，一共拟出了72个专题。这些专题既涵盖面宽，又有一定的针对性；既是理论研究，又是研究方法的尝试；其中大多数专题是为编写《高等教育学》做准备的。我希望通过专题研究，探讨高等教育科学研究方法，为编写《高等教育学》打下基础。

大家知道我在从事高等教育研究，有些单位就请我做报告。当时的情况是百废待兴，人们开始反思中华人民共和国成立以来高等教育上的失误，认为这些失误大多是由于违反教育规律造成的,并迫切需要高等教育理论的指导。我的研究也是应时之需。同时我认为,外出讲学,一举多得,既可以摇旗呐喊,为高教研究做宣传;又可以梳理研究心得,广泛征求意见。1980年11月8日至20日,一机部教育局在湖南大学办了一个所属院校领导干部教育科学研究班,邀请我做报告。我报告的主题就是"高等教育学及教育规律的问题",主要讲述高等教育学研究的对象和内容。这次报告中,我第一次公开提出教育内外部关系规律。这次报告可以说是"旗开得胜",为下一步编写《高等教育学》奠定了理论基础和舆论基础。湖南大学教务处将讲课录音整理成小册子,在全国辗转流传。据我所知,这本小册子除湖南大学教务处印发了好几次之外,还被许多省市和高校翻印。反正当时没有什么著作权,谁要印就印,用不着跟作者或出版单位打招呼。

1980年上半年,我初步拟出了《高等教育学》编写大纲,在研究室的学术会议上进行讨论,经过多次讨论,不断修订。1980年下半年,初步拟定编写人员。但是这样一部著作,单靠研究室的几个人是不够的,必须征求志同道合而又有相当水平和能力的合作者。1981年初,我将拟好的《高等教育学大纲(讨论稿)》(以下简称《大纲》)铅印600份,寄发全国有关单位和专家征求意见,同时附了一份《说明》,以表明我的一些想法。《说明》的主要内容如下:

> 高等教育学是一门新学科,缺乏完整的科学体系可以遵循。这份大纲,主要是根据我国高等学校教育工作的实际,参考普通教育学的一般体系所编制。它的学习对象是综合大学和其他具有培养高等学校师资任务的院校的学生,以及高等学校的教师和干部。有几个问题说明如下:
>
> 一、考虑到高等教育学的学习对象,未必已学习过普通教育学,所以普通教育学的重要的一般理论,仍然作为高等教育学大纲的内容。至于某些标题与纲要,虽然同普通教育学大纲相同或相似,但不言而喻,内容应自高等教育选材,而不是以中小学教育为教材内容。
>
> 二、大纲的标题与纲要,都是正面的理论与叙述,关于对错误理论的批判,特别是对于资产阶级和"四人帮"的教育理论的批判,在相应

部分,应当展开。

三、发展史和研究方法,一般教学大纲,往往排列在课程的首篇。我们认为,在学习者未掌握学科的基本内容之前,这些问题过于抽象,不易理解。从教学法考虑,我们把它排列在课程的结尾,一方面有利于总结学科知识,另一方面也有利于启发深造。

教材,是对科学研究成果的反映。由于我国过去对高等教育理论的科学研究成果不多,所以,本教材的编写,大多将只能根据经验总结,描述高等教育现象。随着全国高等教育科学研究的普遍深入开展,我们将不断地充实加深教材的科学性。①

《大纲》发出之后,得到许多鼓励和支持。不少人给我写信希望早日看到书稿,还有一些人主动给我提出建议和提供资料。例如,东北师范大学高等教育研究室的一位教师朴基俊在他们外语系资料室找到一本俄文版的《高等学校教学论讲义》,便将目录翻译成中文寄给我,为我编写《高等教育学》提供参考。

1981年3月,中国教育学会在福州召开第二次年会,我又将《大纲》提交给大会。会议对《大纲》组织了专场讨论。会上,有好几位代表主动找到我,有的愿意提供资料,有的愿意参加编写。其中就有现任高等教育研究会的理事长杨德广同志。杨德广当时还是一个年轻教师,是华东师范大学的团委书记。这与我的想法不谋而合。我也在想,仅靠我们一个研究室的力量很难完成这部开创性的专著,我就说:"欢迎啊,德育这部分,你来写吧。"后来陆续又有三位学者加进来,他们是华东师范大学的薛天祥、河北大学的汪培栋、北京工业大学的张树森。连同我们厦门大学高等教育科学研究室的王增炳、吴丽卿、王仁欣、罗杞秀和我,一共9个人,组成了一个写作班子。

从1982年开始,大家按照经过反复修改的详细纲要,搜集资料,查阅文

---

① 李均. 中国高等教育研究史 [M]. 广州:广东高等教育出版社,2005:141-142.

献，分头撰写。一般是边写边同我交换意见，写好初稿之后，送给我审阅。我阅读之后，提出修改意见，作者们根据意见再反复修改。一般都经过了两三次比较大的修改，大多数由我逐字逐句修改或另写。当初写作难度之大，是今天人们难以想象的，因为参考资料非常缺乏，很多问题又都是教育理论上的新问题。

经过众人努力，一年之后，初稿终于完成。我们打印成《高等教育学（征求意见稿）》，一共四册，寄给有关单位和专家征求意见，收到不少宝贵的反馈意见。例如，西安交通大学的林毓琦本是力学系的教师，却一直关注我们的编写工作，先后给我写过两次信，对书稿提出不少有益建议。长沙铁道学院的谢植虞是机械系的教师，也给我写信，特别是对第8章第2节提出了详细的修改意见，几乎深入到每一个细节。接着，又打印第二次征求意见稿。

第二次征求意见稿出来后，很多单位希望解燃眉之急，将它作为高校干部进修或高校教师学习的教材，这也表明社会上对高等教育理论的渴求。我认为书稿还不成熟，对这些要求大多婉言谢绝，不少单位只好在"未经许可"的情况下，"擅自"翻印和试用。有的单位试用后，还专门写来试用的总结。我也带了这四本征求意见稿，到培训全国高校领导干部的中央教育行政学院（现国家教育行政学院）上课。当时恰好有个学制一年的班级，我就用这套征求意见稿上了半个多月的课。吴丽卿上课堂讨论课，实际上是征求意见，还进行个别访谈，包括学员们对听课的意见，也收集听课后书信的意见。例如，时任延边大学副校长，曾任中共十八届中央政治局常务委员会委员、广东省委书记的张德江，在中央教育行政学院进修期间曾听过我的报告，他后来给我写过一封信：

> 去年十月，我在中央教育行政学院学习期间，听了您关于高等教育学的报告，大开眼界，很受启发和教育。回校后，我做了宣传，大家很感兴趣。我所带回的您主编的《高等教育学（讨论稿）》，大家争相传阅，一致认为您做了开创性的工作，填补了我国高等教育学的空白，都热切地期望这部著作早日编印发行。

吴丽卿将这些意见整理出来，作者们又根据收集的意见对书稿进行了重新修改。

教育部高教一司很重视，要将这本书纳入教育部教材建设计划，并拨了1 000元，委托华中工学院院长朱九思主持审稿会。1983年11月，由朱九思院长主持，在华中工学院召开审稿会（定名为听取意见会）。参加审稿会的一共33人，包括教育部党组成员张健、中央教育行政学院的戴卓、邸鸿勋，北京大学的汪永铨，中央教科所的张同善，武汉大学的刘道玉、卫道治、李兴业，华东师范大学的张文郁、于美方，北京师范大学的张勉，东北师范大学的刘光、贾士纯，陕西师范大学的陶志英，西南师范学院的刘克兰，华中师范学院的陈怀清、杨汉清、刘卫华，武汉师范学院的冷余生，华中工学院的姚启和、蔡克勇、李汉育以及《高等教育学》教材的编写人员等。人民教育出版社教育编辑室主任胡寅生也参加了审稿会，并预定这本书在人民教育出版社出版。审稿会上，大家肯定了《高等教育学》的价值，也提出了不少建议，我还在审稿会上进行了答辩。之后，编写组又根据审稿意见进行了最后一次修改。这样，这部《高等教育学》前后经过三次修改，共四稿。

审稿会之后，《高等教育学》虽未正式出版，征求意见稿却已在社会上广泛流传了。随之而来，知识产权问题出来了。据说，当时有个单位准备在书稿的基础上修改调整，抢先出版《高等教育学》。我就有些着急，心想：我这本书集众人之力，耗时已久，如果要等到所有稿件都完稿集中在一起，然后再送到人民教育出版社，经过一系列的手续，周期至少两年，最快也要等到1985年才出版。而对方单位有自己的出版机构，肯定会比我先出版。到时候，究竟是你抄我的，还是我抄你的，说不清楚。如果是那样，我就对不起作者们，我得想办法先出版。

我就找到福建教育出版社，给他们提出要求："你能不能在半年之内给我出版？"他们很爽快地答应了。我一章一章认真定稿，在最短的时间内很快交稿。下半部还来不及修改，我就对出版社说："上半部先出！"这件事很快让人民教育出版社知道了，他们说："我们已经准备出版，怎么可以又交给地方上出版，这不行。"我就给人民教育出版社写信，向他们道歉，大意是说：我们水平不够，由人民教育出版社出版还不成熟，所以在地方上先出版。人民教育出版社教育编辑室主任胡寅生是我在中央教科所工作时的同事，副社长高航又是我在云南时一同下放云南省科教组工作的同事。他们经过一番商量，建议由人民教育出版社和福建教育出版社联合出版，福建教育出版社也同意由两家出版社合作出版。所以现在大家看到的第一本《高等教育学》是由人民教育出版社和福建教育出版社联合出版的。1984年出版上册，1985年出版下册，两册共50多万字。

《高等教育学》

这样，从编制大纲、组织编写、反复修改、油印试用，到定稿、出版，前后历经六年。《高等教育学》的出版成为中国第一部高等教育学著作，成为高等教育学作为一门学科正式建立的标志性著作。

《高等教育学》一出版就引起强烈反响，成为高校教师和干部学习高等教育理论的教材。第一次印刷40 500册，很快销售一空。出版社只好再次印刷，后来又重印了两次。而且它在1987年、1988年、1989年连续几年获得几个大奖：吴玉章基金教育学优秀奖、国家教委首届高等教育学校优秀教材一等奖、《光明日报》全国首届优秀教育理论著作优秀奖等。

《高等教育学》的出版，我应该感谢许多人，特别要感谢朱九思老院长的支持。朱九思还为这本书写了序，其中说道：

> 现在我们的任务，就是要大力宣传高等教育学，使大家都能自觉地遵循教育规律办事，这是高等教育改革的需要，是实现教育要面向现代

化、面向世界、面向未来的需要，一句话，是提高教育质量和学术水平的需要。潘懋元同志主编的这本书的出版，就是适应了这个需要。作为高教战线上的一名老兵，我感谢他们做了一件很有意义的事情。①

我相信《高等教育学》的出版有着特殊的时代意义和学科意义，书中提出高等教育的两个基本特点：
一、性质、任务的特点
高等教育是建立在普通教育基础上的专业教育，以培养专门人才为目标。
二、教育对象的特点
一般全日制大学本科学生的年龄是二十岁左右的青年，他们的身心发展已趋于成熟。②

前者是高等教育的本质特点，后者是高等教育的固有特点。这就揭示了高等教育的基本特点，为高等教育研究提供了重要的理论基础。正是由于高等教育的这两个基本特点，才具有许多特殊的问题，有的问题表面看来似乎与上述两个特点无关，但追根溯源，也是由上述一个或两个基本特点间接派生出来的，这也决定了高等教育学成为一门学科的特殊性。因为它研究的对象是高等教育方面的特殊问题和特殊规律。普通教育学不具有这两个特点，也就不能直接解决高等教育的特殊问题。当然，高等教育学是不是一门独立的学科，迄今为止学术界尚有争论，这并不是坏事。

书中还提出了不少重要理论和观点，例如：

> 高等教育培养人才的质量和水平对于一个国家的教育质量与水平起着决定性的作用。同时，高等教育的发展与改革必然要促进整个教育制度的发展与改革。从这个意义上说，高等教育在整个教育体系中，居于主导的重要地位。③

---

①② 潘懋元. 高等教育学：上 [M]. 北京：人民教育出版社，1984：序.
③ 潘懋元. 高等教育学：上 [M]. 北京：人民教育出版社，1984：24，27，66－67.

从教育经济学的角度看，高等教育具有更大的经济价值与经济效益。①

当前，为使培养的高等专门人才适应国民经济和科学技术发展的迫切需要，应当着重考虑下列几个问题：

1. 培养的专门人才，要有较强的适应性。专业不宜过窄，专业分工不宜过细，基础理论力求宽厚，以加强适应性。……

2. 专业要体现科学的先进性。……

3. 培养专业人才的起点要高一些。专业知识与技能的水准也要高一些。培养专门建设人才，既要适应当前的需要，也要考虑长远的需要，不仅要依据生产建设发展的要求，还要充分估计现代科学技术发展的趋势；既要满足一般的需要，也要满足重点的需要。……使我国高等教育更好地面向现代化，面向世界，面向未来。②

诸如此类的观点，现在看来，仍然具有前瞻性的意义。

当然，编撰《高等教育学》是一项开创性的工作，难免存在许多不足，如体系上不够严谨，某些理论和观点陈述稍显粗糙，一些提法带有时代局限性等。但是，在学科初创阶段，过早追求建立科学而完整的体系，不现实且没必要，反而容易使学科处于自我封闭状态，倒是不完整的体系、不成熟的理论，更易于为学科的发展留下空间。

教育内外部关系规律

高等教育学的建立需要一系列高等教育基本理论的支撑，教育内外部关系规律是高等教育学中一个重要的理论问题。下面谈谈教育内外部关系规律的提出过程及其应用。

---

①② 潘懋元. 高等教育学：上 [M]. 北京：人民教育出版社，1984：24，27，66-67.

"文化大革命"结束以后,人们开始从理论上反思教育的失误,并引发了一场旷日持久的关于教育社会属性的争论。① 争论的焦点是,教育究竟是上层建筑还是生产力？通常教育理论性的问题往往只有教育界的人士关心,而当时的那场教育争论,很多非教育界人士都参与了,包括哲学界和经济学界的很多人,而且最早提出这一问题的不是教育理论界,而是经济学界。我记得最开始是经济学家于光远提出来的。于光远首先提出,教育具有生产力属性,而不仅仅是上层建筑。后来,很多人加入了那场讨论。大体上可以归为四种观点：第一种观点认为,教育是上层建筑；第二种观点认为,教育是生产力；第三种观点认为,教育部分是上层建筑,部分是生产力；第四种观点认为,教育既不属于上层建筑,也不属于生产力,而是像语言一样属于另外一种社会实践范畴,无所谓上层建筑或生产力。争来争去,没有结论。

　　我认为,对于社会科学的学术问题,不必急于做出结论。没有结论的争论,却有着积极的意义,它解放了人们的思想。我当时也加入了争论,从逻辑上辨明争论各方的思路,但是我没有继续纠缠这一问题。那场争论启发我思考另一个问题：所争论的不是教育的本质,而是教育的某些社会属性,应该叫作"教育社会属性"之争。以此为契机,我开始思考教育与社会的关系,即教育与社会方方面面的关系,主要是与经济、政治和文化的关系。为什么高等教育屡次失误？是与经济、政治、文化的发展不相适应所致,也就是违反客观规律所致。长期以来,教育规律的研究一直是教育学理论上的难题。一般的教育学著作都开宗明义声称："教育学是研究教育现象及其规律的一门学科。"可读者们将教育学从头读到尾,仍不明白教育规律到底是指什么。教育学也因缺少这一核心主线,变成"把对教育现象的哲学概括和政治思考同对教育工作者的工作要求混合在一起的混合体系"。

　　从教育功能入手分析教育规律,应该是一个很好的切入点。我们知道,人与社会是教育的两端,教育是人与社会关系的中介,教育的基本功能有两条：一是促进人的发展,二是促进社会的发展,这两种功能密切联系,不可

---

① 当时称为教育本质之争,但不恰当。

分割。那么，是不是可以由这两大功能出发，引出教育的两条基本规律来呢？一方面，从教育内部来看，教育作为培养人的活动，有一个基本规律；另一方面，从教育与社会关系的角度来看，这中间也存在一个基本规律。综合起来说，一个是教育内部关系的规律，另一个是教育外部关系的规律。这在逻辑上也是没有问题的。

1980年在湖南大学讲课时，我第一次正式提出教育有两条基本规律：一条是外部关系规律，另一条是内部关系规律。

外部关系规律当时的表述是：从整个社会来说，教育跟政治经济其他社会现象的关系，教育所摆的位置和在社会中所承担的任务。社会主义教育必须通过培养全面发展的人为社会主义社会的发展服务。社会主义教育必须通过培养全面发展的人为社会主义的政治、经济的发展，生产力的发展服务。

教育的内部关系规律可表述为：社会主义教育必须通过德育、智育、体育培养全面发展的人。

湖南大学教务处根据我的讲课录音，整理了一本《高等教育学及其规律》，于1980年11月编印发行。这两条规律在社会上就辗转传开了。

1983年在编写《高等教育学讲座》时，我对教育内外部关系规律又做了进一步阐述。其中，对教育外部关系规律的表述做了一定的修正：

> 教育的外部规律是指教育与政治、经济、文化的关系。这条规律可以这样表述："教育必须与社会发展相适应。"也就是："社会主义教育必须与社会主义社会发展相适应。"适应，包含两个方面的意义：一方面教育要受一定社会的政治、经济、文化科学所制约，另一方面教育必须为一定社会的政治、经济、文化科学服务。……教育必须受一定社会的政治、经济、文化科学所制约，并为一定社会的政治、经济、文化科学服务。[①]

---

① 潘懋元. 高等教育学讲座[M]. 北京：人民教育出版社，1983：34.

关于"适应说",有两个方面的含义:一要主动适应,即高等教育要主动适应社会发展的需要;二要多维适应,即指社会发展的需要是多样的,高等教育适应社会发展需要也应该是多维的,但最基本的是适应经济的发展。

两条规律之间存在着必然的联系。由于教育是通过培养人促进社会的发展,人的发展与社会的发展两大功能是统一的。那么,教育内外部关系规律之间也有着密切的联系,它们之间也是相互起作用的。内部关系规律的运用要受外部关系规律的制约,外部关系规律又必须通过内部关系规律来实现。两条规律同时作用于教育。对高等教育而言,主动适应社会发展与坚持自身发展的内在逻辑是辩证统一的。

一方面,如果"就教育论教育",只考虑教育的内部关系规律,不考虑生产力和科学技术发展水平,不考虑社会经济、政治制度和文化传统,往往就会由于社会条件不具备而达不到预期的效果,或者培养的人才不适应社会的需要。另一方面,如果"离开教育论教育",不顾教育自身的特殊性,只就社会的某个因素来谈教育,也是行不通的。教育具有滞后性、长期性和长效性等特点,需要遵循一定的内在逻辑顺序进行。也就是说,教育的外部关系规律性倘若不通过这种内部活动的规律性,就难以培养真正符合社会发展需要的人才,也就不可能是真正遵循教育的外部关系规律。所以,不能以经济问题、政治问题的研究来取代教育问题的研究,不能用政治观点代替教育观点,不能用经济规律代替教育规律,"教育政治化"和"教育商品化"都是忽视了教育特殊性的突出表现。

应该申明,这两条规律不是我发明的。"文化大革命"前的教育学中就有这两方面的内容,如每一部《教育学》的书都会谈到政治、经济对教育的作用。这实际上就体现了教育的外部关系规律。而且,每一部《教育学》里都有一部分讲青少年的年龄特征,讲遗传和环境对人的影响。这实际上就体现了教育的内部关系规律。我只不过是综合了前人理论,将它们作为两条规律旗帜鲜明地提出来了。如果说有什么创新的话,我想大概有这么几点:一是观点的提出,二是观点的表述,三是它们之间的关系的讨论。

对于教育外部关系规律,我心中是有数的。至于教育内部关系规律,一直到现在，我心中还没有数。教育内部关系规律，我当时主要是从教育目的和人的全面发展方面提出来的，这也与当时的时代背景有关系。过去主要是强调红与专的关系，要么"重红轻专"，要么"重专轻红"，要么"体育第一"，要么"智育第一"，这些矛盾突出表现出来，所以我就从人的全面发展方面提出来，并用于解释实践。例如，当时许多大学规定"不许大学生谈恋爱"，我就反对这一条，根据的就是教育内部关系规律。

其实，有关内部关系规律的研究还不全面和成熟。现在看来，可以从不同角度来看。例如，第一，从教育功能来看，教育最基本的功能是个体的社会化或社会的个体化，这是一个问题的两个方面。社会的要求体现为教育目的，但教育、教学的实施，又必须与学生的身心发展相适应。这就是社会要求与身心发展的矛盾统一。第二，从教育过程来看，是教师与学生通过教育影响（教育内容、教育活动）的关系。所以教育内部关系规律，可以是社会要求与学生身心发展的矛盾，可以是德智体美的矛盾，可以是师生关系的矛盾，等等。这些多维度的关系，有待进一步研究。

但是，恰恰是教育外部关系规律受到批评。在华中工学院由朱九思主持的审稿会上，就有人提出疑问，认为不能提教育外部关系规律。当时人们引用哲学教科书的课文，认为"关系只能是内部的"。我在答辩中指出：

> 哲学教科书所说的"内部"指的是"内在"，与"外在现象"相对。教育外部关系所指的外部，是"外面"的意思，即教育这一事物与其他事物的关系。事物与事物之间的关系，就是外部关系。这种外部的关系可能有必然的联系，也可能没有必然的联系。

我同时引用了列宁的一句话："规律就是关系，本质的关系或本质之间的关系。"也就是说，本质的关系是内部关系，本质之间的关系是两个事物的关系，对于本事物来说，就是对于某一事物的外部关系，所以教育上可以有内部关系与外部关系。大家对我的看法表示认可。审稿会的记录，后来全文发表了。

1988年孙喜亭教授写了一篇《社会主义初级阶段教育理论的形成与应当研究的课题》，认为不应当将规律做"内外之分"，只能是"一般与特殊"之分。后来他又在一本书中重申了他的批评。1991年在北京市的一次普通教育学的会议上，该同志再次发动一些与会代表批判内外部关系规律。我后来就写了一篇文章进行答辩。另外也有一些教育理论工作者为这两条规律答辩，并指出该同志否定内外部关系规律的理论错误。该同志的理论错误，也为许多理论界的朋友所发现。

例如，华中师范大学有个研究生叫程少堂，是王道俊和郭文安的学生，他和程少波不同意孙喜亭的推论，写了一篇文章《"教育的外部规律"说不能成立吗？——对"教育的外部规律"说批评的反批评》（《教育研究》1992年第10期），从哲学上驳斥孙喜亭的观点，论证外部关系规律的提法是正确的。程少堂的文章论述了"外部"与"外在"、"内部"与"内在"是不同的概念，指出内部关系也有非本质的、非必然的、非规律的，外部关系也有本质的、必然的、规律的，同时举例予以证明。程少堂还指出，孙喜亭认为的"规律是事物内部的本质的必然的联系是马克思的经典论点"根本不存在，其理由是"翻遍了整个马哲也没有发现这点"，倒是恩格斯有关于外部自然规律和人本身关系的论述，只有毛泽东主席的著作有规律即"事物内部关系"的提法，"内部"也就是"内在"之意，再说毛泽东并未指出外部关系中不存在规律性。所以程少堂认为，孙喜亭是望文生义，是对马克思主义哲学的歪曲。

又如，倡导建立教育评论学的刘尧教授，在其《教育规律研究论纲——兼评"教育内外部规律"提法的合理性》一文中（《教育导刊》1997年第10期），从教育的历史与现实和探索教育规律应遵循的原则角度，论证教育内外部规律的提出，是"对教育活动客观必然性进行了科学的总结"，"该学说对教育现象的解释是清楚而周延的，对教育实践的指导是有力的，是目前教育规律学说中真理性最强的"，并用心理学和集合论的观点，进一步论证教育内外部关系规律提法的合理性。

当然，无论如何，引起争论总是一件好事。

实践是检验真理的标准，20世纪80年代中期以后，中国高等教育蓬勃发展，出现了许多新问题，需要从理论上做出回答。提出两条规律之后，我就开始探讨如何运用这两条规律来解决高等教育理论上和实践上的问题，如高等教育与商品经济（市场经济）的关系、文化传统与高等教育的关系、高等教育如何迎接新技术革命挑战、高等教育大众化、中国高等教育地方化、中国民办高等教育发展、高等教育通向农村，等等。正是运用这两条规律解释和解决了中国高等教育的现象和问题，有力地论证了两条规律的真理性。

高等教育与商品（市场）经济

20世纪80年代中期开始，商品经济开始冲击高等教育，高校教学秩序出现了一些令人困惑不安的问题，一时间，人们议论纷纷，叫好者有之，担忧者有之，甚至有人认为是大祸临头。1988年，在第二届大学教育思想研讨会[①]上，我做了一个关于商品经济与高等教育关系的总结发言，后来又写了一篇文章。我提出，商品经济对高等教育的冲击，不是主观上认为好不好、要不要，应当欢迎或抵制的问题，而是具有客观必然性，根据就是教育外部关系规律。高等教育要想独立于市场经济之外，是绝不可能的。如不与之适应，不但无法发展，也将难以生存。

市场经济不但包括物的商品市场，而且把一切涉及经济关系的行为都推向了市场，从而有了科技市场、信息市场、劳务市场等。这些市场的形成，对于非经济领域产生了广泛的影响，也使得我国高等教育面临着更大的市场经济的冲击。1992年，在第四次全国高等教育会议上，我就以《市场经济与高等教育改革》为题，应邀做了大会报告。我在《求是》（1993年第10期）上发表《市场经济的冲击与高等教育的抉择》，进一步论述市场经济对高等教育冲击的必然性及其影响，特别指出在市场经济条件下希望教育独立的不现实性。历史上许多传统大学力图抵制来自经济、政治、宗教等方面的冲击，

---

① 由湖南大学、华中工学院、南京航空航天学院组织。

将大学自我封闭起来，独立于社会生活之外。就经济方面来说，当商品经济还处于较低发展水平时，这种传统势力还能在一定程度上顶住冲击，使大学成为"象牙塔"。但在市场经济条件下，高等教育再也无法顶住它的冲击了。

同时，冲击的必然性包含着冲击的合理性。问题是，我们要认识到市场经济对高等教育冲击作用的两重性：既有积极的一面，又有消极的一面。例如，在计划经济背景下建立起来的高等教育体制积弊很深，在此基础上形成的人们的思想观念、行为习惯根深蒂固，市场经济的冲击为改革这些积弊提供了机遇，促使高等教育领域引进竞争机制和效益原则，激励高等教育不断地自我发展、自我完善。当然，人们的心理接受还有一个过程。但是，随着市场经济体制逐步完善，人们的心理承受力逐渐增强，市场经济的积极面将会越来越显露。同时，市场经济的消极影响也不容避讳、不容忽视。

因此，正确对待市场经济的冲击，高等教育应当主动适应，而不能被动地适应。主动适应要求发挥教育的主体判断选择作用，分析市场经济对教育影响的积极面和消极面，主动适应与选择。主动适应的标准是什么呢？是教育内部关系规律。高等教育的发展要符合教育自身的价值、特点、规律。社会主义初级阶段，教育的发展必然要受商品经济、市场机制所制约，但不能认为教育规律就内在地包含商品经济、市场机制的规律。

后来，在讨论中国高等教育要面临的挑战中，我经常将市场经济与世界科技革命的挑战联系起来谈。现在我依然认为，中国高等教育所面临的挑战，主要来自两个方面：一是世界科技革命的浪潮，二是社会主义市场经济形势。两个浪潮接踵而来，相互重叠，具有内在的必然联系。我们既要主动适应市场经济的冲击，也要成功地迎接世界科技革命的挑战。两个浪潮的挑战，最终统一于一个共同的目标——高等教育更好地为社会主义现代化建设做出贡献。后来，随着民办高等教育的兴起，向我国计划经济条件下形成的办学体制、投资体制和管理体制提出了挑战，并昭示着多样化办学模式的出现。

现在看来，我们能够在市场经济冲击面前保持较为清醒的头脑，较好地把握自身，与理论上的依据不能说没有一点关系。民办教育的发展与市场经济条件不能说没有一点关系。总体来看，中国的经济体制从计划经济转变为市场经济，高等教育应当面向市场经济，适应市场经济，这是完全正确的。但是，把过去的教育，不论成就或问题，不分青红皂白，都塞进计划经济的筐筐，一概丢弃；把当前的改革，都纳入市场经济单一的轨道，把市场经济作为高等教育改革的唯一导向，甚至以市场经济的规律代替高等教育自身的规律等简单化的思维方式，就会导出片面性的结论，以其作为决策依据，必将走偏方向。当前，我国高等教育既要积极适应市场经济的转型，又不能忽视教育自身的规律。现在，仍有许多现实问题需要从教育内外部关系规律的高度进行战略性的研究。

传统文化与高等教育

20世纪80年代以后，社会上出现"文化热"。关于教育与文化的关系，虽不如教育与经济的关系讨论得热烈，但也逐渐引起了人们的重视；而且教育与文化的关系，特别是传统文化与高等教育的关系，也是高等教育学研究中不可回避的问题。我在《高等教育学》《高等教育学讲座》等著作和一些文章中，多次论述高等教育与文化的关系以及教育的文化功能。同时，我还指导博士生们就这些问题展开研究，如早在1989年就同邬大光共同发表文章《文化传统与高等教育》（《中国高等教育》1989年第2期），后来还指导博士生张应强将这方面研究作为他的博士论文方向。现在张应强已经是华中科技大学的教授、博导和该校教育科学研究院的院长。

依据教育内外部关系规律的理论，在教育与文化的关系上，我提出它们是双重关系与双重作用。所谓双重关系，是指教育与文化的关系，既是外部关系，又是内部关系。教育与经济、政治、文化，都是社会这个大系统中的子系统，从这个角度看，教育与文化之间的关系是两个社会子系统之间的关系；但文化又是以知识的形态作为教育的内部因素，从这个角度看，它与教育者、受教育者组成教育系统的内部关系。[①] 所谓双重作用指的是，一方面教育要受社会的文化的制约并促进文化的发展；另一方面，一定社会的经济、

---

① 当然，从文化系统看，也可以说教育是以传承文化的功能作为文化的内部因素。

政治对教育的制约和教育对经济、政治的作用一般要通过文化的折射，文化成为教育与经济、政治等的关系的中介。如果研究教育问题时，忽视文化的折射、中介作用，以为有怎样的经济发展水平就必然有怎样的教育发展水平，或者有什么政治制度就必然有什么教育管理体制，就会失之简单化。不但许多复杂的教育现象难以解释，而且容易产生生搬硬套不同文化背景国家教育模式的问题。

高等教育是通过文化的选择、传递、传播、保存、批判、创造等方式对社会发生作用，高等教育与文化的双重关系与双重作用特别突出地体现在它的文化功能上，也使得传统文化与高等教育有着密切的关系。传统文化是现代化的文化源泉，它既包含古代的文化，也包含近现代的已被民族社会所认同的文化；既包含本土文化，也包含被消化吸收了的外来文化。每一民族国家的高等教育都担负着弘扬民族优秀文化的职责，离开了传统文化，高等教育及其现代化就失去了存在的基础。

正是由于教育活动，人类的文化才能够代代相传，因而文化传承是教育最基本的文化功能。同时，教育在进行文化传承中有所选择，这就是教育的文化选择功能。人类数千年的文明所积累的知识不可胜计，而学生受教育的时间有限。即使是"终身教育"，所能传承的文化知识也只是沧海一粟。同时，任何文化都既有精华，也有糟粕。因此，教育对文化的传递必须有所选择，将社会发展和个人成长所需的精华加以整理、继承、传递、传播；而对陈旧的、无用的、有害的糟粕淘汰、剔除、摒弃。面临信息社会和"知识爆炸"，如何使学生不致在信息狂潮中被冲垮、在知识的海洋中被淹没，教育的文化选择功能就显得更为重要。其中，高等教育所起的作用又特别重要。因为高等教育学科门类众多，遍及文化的方方面面，能够进行广泛的选择。同时，高等教育居于各级教育的最高层次，它的选择具有权威性与影响力。

高等教育的文化选择，主要是通过培养目标、教学内容（设置专业与课程、编写大纲与教材）、教师群体和校园文化来进行的。以教学内容为例，西方中世纪大学长期以宗教神学以及人文文化为主要教学内容，高等教育近代化（早期现代化）开始后，大学不但逐渐抛弃了神学而选择近代科学技术作为教学内容，而且在科学主义思想的影响下，削弱人文教育，以致出现了科学文化与人文文化严重分离的现象,对西方现代化进程产生了不利影响。现在,西方高等教育改革力求实现科学教育与人文教育的整合。又如,中国古代的"高等教育",以伦理道德教育为主要教学内容。洋务运动兴起后,洋务学堂虽以传授近代科学技术为主要任务,但人文课程仍占有很大的比重。后来在西方"科学主义"的影响下,同样出现科学文化与人文文化分离以及重理轻文的现象,近来也开始提倡要加强人文教育,使科学教育人文化。

各国高等教育对传统文化的选择,根据各国的价值观和实际需要各有侧重。例如,英国是有着深厚古典人文主义传统的国家,传统人文课程受到了特别重视;美国有着实用主义传统,实用性和职业性课程在教学内容中占有很大比例。中华民族也形成了优秀的教育传统。从教育制度来看,中国太学的博士弟子制度、书院讲学与研究制度、以考试促自学的科举制度,以及官学与私学、中央与地方多层次多形式办学制度等,都是适合中国国情的;从教育思想看,中国古代教育家提出的一系列教育教学原则,如有教无类、因材施教、教学相长、循序渐进、由博返约、愤悱启发等至今仍有现实意义;从师生关系看,教师不仅是知识的传授者,而且要以身作则,为人师表,循循善诱地培育学生,学生不仅仅是向教师学习知识,还要学做人的道理;从教育价值取向来看,中国古代教育家历来重视以仁、礼为核心的"君子"人格追求与现代教育人文化的价值取向有某些共同点,高等教育并不单纯是知识和技术的传授,应该培养高尚的人格,使之成为全面发展的专门人才。中国的这些教育传统为高等教育现代化提供了丰富的养料。

高等教育的文化创新功能,是高等教育区别于普通教育的最为突出的特点,也是高等教育的特殊文化功能。基础教育一般只要求将经过评价、选择的文化精华传递给学生,高等教育则通过科学研究和种种创造性的活动,能够不断地创新文化。这是由高等教育的性质和自身内部结构所决定的。一般来说,高等学校总是处于传统文化与现代化、本土文化与外来文化冲突的中心,易于产生新的文化观念,成为社会文化变革的策源地。高等学校汇集了一大批科学与文化精英人物,成为围绕高深文化而建立起来的"共同体",一方面传播高深文化,另一方面进行文化创造活动,形成了文化创造的"扩散效应"。一些大学还成为国际文化交流的中心。

中国作为一个"后发外生型"现代化国家，曾对中国现代化道路的选择问题进行过多次论争，论争的实质是中国传统文化与现代化的关系。对此，有两种极端的观点：一是民族虚无主义的传统文化落后论，主张"全盘西化"；二是民族本位主义的传统文化优越论，主张"复兴儒学"。这两种观点都有自己的文化建构理论，但都是建立在一元化的世界文化发展观上，与当今世界多元文化发展的趋势不符。任何一个民族的传统文化，都具有精华与糟粕。我们既不能认为21世纪是东方文化或中华文化的世纪，也不能否认中华文化和教育传统在现代化中的地位和作用。我们要努力创造一个文化创新的社会环境，对外实行文化开放，对内提供宽松的文化环境。

大学素质教育

素质教育是一个有中国特色的教育新概念。20世纪90年代前期，素质教育的概念是针对应试教育首先在基础教育阶段提出来的。一经提出，立即成为教育界研究的热点，而且受到社会各方面的广泛关注，并引入大学教育中。

针对素质教育，我的理论出发点是教育的内部关系规律。素质教育刚刚提出的时候，对于什么是素质教育、是否有必要提"素质教育"等，教育理论界和心理学界进行了热烈的讨论，不乏反对意见。例如，有人认为素质教育的提法"不科学"，理由是"素质"是先天的，教育是后天的，后天的教育培养不出先天的素质；也有人认为，素质教育含义不明，不如用早已存在的、家喻户晓的"全面发展教育"。

对此，我多次写文章讨论这一问题，还在教学和家庭沙龙上多次组织讨论。1996年，我同吴岩合写文章《走向21世纪的中国高等教育》（《辽宁高等教育研究》1996年第3期），预测中国高等教育面临的挑战中包含高科技与低素质的矛盾，必须加强全面发展的素质教育。1997年，我写了一篇《试论素质教育》（《教育评论》1997年第5期）的文章，比较充分地论述了素质的思想。1998年，又在《走向21世纪中国高等教育思想转变》（《河北师范大学学报（教育科学版）》1998年第4期）中提出，教育思想转变中包含传统的知识质量观以及一度流行的能力质量观的转变，必将转变为包含知识、能力在内的全面素质质量观。2002年,又同我的博士生李均和陈小红合作,在澳大利亚悉尼大学出版社的图书 Change-transformation in education 发表《中国高等教育研究:历史、现实和未来》,进一步就大学素质教育发表主张。

1996年,高教组在清华大学,前排左起:胡显章、潘懋元、何东昌、汪永铨、李作宝

我首先肯定,素质教育的提法是科学的。人的"素质",是先天遗传的禀赋、后天环境的影响及教育作用的结合而形成的相对稳定的基本品质结构。而且,素质教育的提法丰富了全面发展教育的内涵。大学提倡素质教育,扩大了中小学提出的素质教育的外延,与中国高等教育的改革与发展联系起来看,促进了高等教育理论和实践的发展。因而,素质教育的提出,是中国教育界在教育理论上的创新。

关于素质教育与全面发展教育的关系,我认为,素质教育与全面发展教育是一致的。二者本质一致,方向一致,基本内涵一致,都是为了全面提高国民的素质,全面提高人才的素质,促进人的全面发展。首先,素质教育是全面发展教育的具体化,并针对新的情况有所补充与发展。全面发展是我国教育方针所确定的教育目的,也是高等教育各种专业共同的培养目标。但由于它是高度抽象的,在实际操作上标准不明、措施不具体。而素质教育,将之分解为思想政治素质、道德素质、文化素质、业务素质、心理素质、身体素质等,每种素质都有比较明确的内涵与要求。相对来说,比较具体,便于操作和检查;更重要的是,它还可以随着时代要求的变化而补充、更新其内容。例如，针对科学技术教育，强调人文素质教育；在知识经济时代，突出创新精神与创新能力的素质教育。其次，在全面发展教育中，有些素质教育似有若无，而全面素质教育则给予明确的地位。如心理素质的培养，包括意志、性格、情感、自我意识、心理承受力等，在人才的成长与人才的成功上至关重要，而以往在全面发展教育论述中不甚明确，从而在教育实践中有所忽视。素质教育对此有所补充、有所发展。因而也可以说，素质教育是全面发展教育方针目的同具体教育实践的中介。有此中介，全面发展教育就比较容易实现。从这个意义上说，素质教育是全面发展教育的实施策略，而不是违反全面发展教育方针目的另搞一套。

关于大学素质教育同中小学所提倡的素质教育的区别与联系，我认为，大学提倡的素质教育同中小学提倡的素质教育基本相同，都是全面发展教育的具体化，但针对性不同、重点不同、层次不同。中小学提倡素质教育，开始时是针对应试教育的弊端提出的。大学提倡的素质教育，是在全面素质教育的基础上，针对科学主义教育与狭隘的专业教育的弊端而提出的，着重发展人文素质教育，使科学教育与人文教育协调起来。它体现的是一种新的人才观——培养21世纪的高级专门人才，既要有高科学技术知识与能力，又要有高水平的人文修养。它同西方以及我国港台等地所提倡的"通识教育"有共通之处，但不完全相同。它比通识教育的内涵更为深刻，更能体现教育的本质。可以借鉴西方与我国港台实施通识教育的经验，但不宜照抄照搬。

素质教育重在实践。有一点需要明确：素质教育是一种教育思想、教育观念，而不是一套具体的教育方案。凡是符合这种教育思想的做法就是实施素质教育，而不是按一定的方案、模式照搬照做，才叫作素质教育。正如教学方法是"法无定法""有法而无法"，素质教育也无定法，它是在全面发展的教育方针的正确指导下，自己探求最佳的方案和措施。实施素质教育的途径主要有：①结合已开设的专业课来实施素质教育；②开设相当于西方通识教育课程的素质教育课程；③校园文化和课外活动；④教师与管理人员身体力行；等等。当然，还有其他的重要途径，如社会媒体、家庭教育等学校教育之外的社会教育。

有几点需要进一步说明：第一，实施素质教育，增开几门人文素质教育课是必要的措施。但人文知识不等于人文素质,还必须"内化"为学生稳定的素质和自觉的行为,所以要在"内化"上下功夫。第二,不要抛开专业课程,把素质教育的责任只交给几门人文课程。因为大学里专业课程的教师最多,同学生的接触最频繁。任何教师都有教书育人的责任,任何教师都要结合传授知识进行素质教育,"寓素质教育于知识教育之中"。第三,重视校园文化对学生素质形成的潜移默化的作用。某些素质的形成,如道德素质、心理素质以及文明行为、文明生活方式等,往往比课程教学起着更为重要的作用。所以,进行素质教育要营造优良的校风。而且通过校园文化所形成的素质,往往更为深刻与牢固,影响及于终生。第四,学校里的素质教育,归根到底要依靠广大的教师和干部,提高教师与干部的素质,是实现素质教育的根本保证。

还有一点需要说明的是:由理论研究变成政府决策的,素质教育是一个例证,值得教育理论工作者感到欣慰。随着教育研究界对素质教育的深入研究,国家教育决策部门逐渐开始重视素质教育。从20世纪90年代中期开始,原国家教委(现教育部)就在全国50多所大学有计划地进行加强文化素质教育的试点工作,并在一些大学建立了国家大学生文化素质教育基地,现在这一数目还在增加。1999年1月,国务院批转教育部制定的《面向21世纪教育振兴行动计划》,明确提出要实施"跨世纪素质教育工程",整体推进素质教育,全面提高国民素质和民族创新能力。当年6月,中共中央和国务院又颁布《关于深化教育改革全面推进素质教育的决定》,使素质教育成为中国教育改革的指导思想。可以说,这与高教研究工作者的努力分不开。但是,也应当看到,由于尚不成熟的市场经济的负面冲击和社会不良风气的影响,大学素质教育的效果还不明显。如何采取有效的措施,加强素质教育,仍是值得继续研究的问题。

高等教育思想的转变

20世纪90年代中期以后,许多大学自发地开展了高等教育思想转变的讨论。当时大家在讨论要把什么样的高等教育带进21世纪时,感到首先要解决把什么样的教育思想、教育观念带进 21 世纪。原国家教委（现教育部）领导总结这一经验时，先概括了三句话："增加投入是前提，体制改革是关键，教学改革是核心"，之后又增加了一句："教育思想和教育观念的改革是先导。"

我认为，前三句固然有道理，这后来增加的一句话不可缺少，因为没有观念的转变和思想的指导，高等教育改革是难以成功的。同时认为，讨论高等教育思想转变问题要从实际出发。首先，要研究高等教育面临的挑战；其次，要研究高等教育思想转变主要在哪些方面，迎接挑战。因为高等教育改革与发展的动力来自所面临的挑战，这是由教育外部关系规律决定的。

这方面，我和我的研究生们一起进行了一些研究。1996 年，我同我的博士生吴岩合写了一篇文章《走向 21 世纪的中国高等教育》（《辽宁高等教育研究》1996 年第 3 期），预测 21 世纪将面临的挑战和任务，势必引起高等教育思想的转变。当年所预测的三个新挑战，在 20 世纪末就提前出现了。1998 年，我又组织研究生们进行讨论，组织他们写了一组文章《迎接知识经济时代的挑战——高等教育的变革与应答》。2000 年，我同我的博士生们一起承担了教育部"新世纪高等教育教学改革工程"本科教育教学改革项目中的"21 世纪的高等教育思想研究"项目，经过五年多的努力，这一项目已完成并结集出版。

一方面，我们来分析高等教育面临的挑战。20 世纪 80 年代以来，中国高等教育所面临的挑战主要来自两个方面：一是世界科技革命的浪潮，二是社会主义市场经济形势。我国将长期处于社会主义初级阶段，进入 21 世纪，在可见的未来，高等教育所面临的挑战基本上仍是上述两大挑战的延续。高等教育所面临的两大挑战，围绕两个全局性的根本性转变而展开：经济体制从计划经济向社会主义市场经济转变，高等教育的体制、模式必须适应市场经济而改革；经济增长方式从粗放型向集约型转变，高等教育必须为集约型的经济增长提供掌握高科技的高素质人才。高等教育改革与发展的动力就是：迎接科技革命，主动适应市场经济。

另一方面，关于教育思想的转变，要有历史与现实的维度。例如，我们在进行"21 世纪的高等教育思想研究"中，按照一定的逻辑联系，选取了五个相互衔接的专题进行研究：20 世纪高等教育思想回眸、20 世纪西方教育流派及其高等教育思想研究、21世纪初的高等教育思想、21世纪初高等教育思想的影响与高等教育发展实践的趋势、中国高等教育的选择与回应。

之所以这样安排，是因为要了解21世纪初的高等教育思想，首先要对20世纪的高等教育思想有整体性的了解，它的基本内容、发展的来龙去脉以及对高等教育实践的影响。然后再研究21世纪初的高等教育思想，它的基本内容、主要影响以及高等教育发展实践的趋势，落脚点在中国高等教育研究上。

人们经常讨论教育本质观、教育功能观、教育价值观、教育质量观、人才观、教师观、学生观以及教育发展观等，其实，这些方面的思想认识是相互联系、很难截然分开的。现实针对性又往往在教育价值观、教育质量观和教育发展观等上面，我们就重点研究这些教育思想。

例如，关于教育价值观的转变方面，要把唯社会价值观或唯主体价值观转变为在满足社会需求的前提下，充分尊重人的主体价值，使社会价值与主体价值协调平衡；同时，适应知识经济时代，要把外在价值观转变为内在价值观。这里特别值得一提的是，21世纪是知识经济时代，知识的社会性质也起了变化，从外部因素转变为内部因素，从外部影响转变为内在动力。是不是可以这样说，以知识为基础的经济，知识本身就能增值，而不必转化为劳动力或生产工具。例如，在一些高科技产业中，在信息产业中，以及在工程设计、咨询服务行业中，知识、科技是不是作为独立的要素而纳入生产函数之内，这是经济学所要研究的新问题。如果知识、科技能够自行增值，则传递与创造知识、科技相关的高等教育，它的经济价值与社会价值，就应当重新认识、重新评价了。用价值论的行话说，它不仅在经济上具有服务性的"外在价值"或"工具价值"，而且在经济上也有独立的"内在价值"。这一价值观的转变，不仅有理论认识的意义，而且有极其重要的现实意义。

又如，关于教育质量观的转变。高等教育质量观是与人才观密切联系的，人才观不同，对教育质量的评价可能差异很大。传统的教育质量观是知识质量观，是以知识的多寡、深浅为主，甚至被看成是唯一的质量标准，这种知识质量观在中国根深蒂固。应当承认，对于高级专门人才的培养，知识与能力都是重要的。但知识与能力基本属于智育范畴，在全面发展教育中，智育是基础，但不是全部。必须把传统的知识质量观转变为包含知识、能力等智力因素与非智力因素全面发展的素质教育观。要使科学教育与人文精神结合，培养高科技与高素质的专门人才。

再如，关于教育发展观的转变方面。应着重强调将急功近利的教育发展观转变为可持续发展的教育发展观，将单纯数量增长的发展观转变为数量增长与质量提高并重，规模、结构、质量、效益协调发展的发展观。这是针对时弊而提出的。当前流行重当前功利、轻长远效益的急功近利教育发展观，如重数量、轻质量就是这种发展观的重要表现。数量增长是必要的，但从长远办学效益看，质量的提高更重要。

可持续发展是一种新的社会发展观。可持续发展战略，原来只是在物质层面上用于处理人与自然的关系，用于解决资源、生态环境的问题。随着对可持续发展理念认识的丰富，它的意义就从物质层面扩大到文化层面，进入人文视野，包括新的自然观、价值观、道德观、思维方式，以及发展的持续性、整体性、公平性、协调性等原则。转变急功近利的发展观为可持续发展的发展观，更能深刻理解"教育优先发展"战略的深远意义。现实中，人们往往把教育优先发展战略看成是教育发展战略，由教育部门去实施，这是不准确的。教育优先发展战略，是社会的可持续发展战略的重要组成部分，而不是教育的战略。所谓"优先"，是同社会其他部门比较而言的，教育部门自身不存在优先发展与否的问题。

还有一点必须要补充：教育思想的转变，不是指完全抛弃、清除传统教育观念，而是对传统的教育思想有所否定和有所肯定，否定之中包含肯定。例如，否定单纯的知识质量观，应当肯定科学知识在现代化专门人才培养中的重要性；否定片面的数量增长的教育发展观，应当肯定速度、规模、数量增长在增强综合国力上的重要性。否定单纯的社会价值观或单纯主体价值观，正是为了更好地提高教育的社会价值与主体价值。

高等学校教学原则

学校教育之所以有初等、中等、高等之分，主要是以知识或智育教育来划分的，而且人的德智体美的全面发展，都必须通过教学过程来实现。因此，高等学校教学论是高等教育学中的核心部分。高等教育学与普通教育学的区别，最突出的也是教学理论部分。而在教学理论中，教学原则又处于承上启下的重要地位。因为教学原则既是教育和教学规律的反映，又是教学内容、教学组织、教学方法、考试考查以及教学工具的运用等一系列活动的准则。因此，探索普遍性、有效性的教学原则，成为高等学校教学论不可回避的基本理论问题，建立一门高等教育学，必须回答这个问题。

在研究高等学校教学原则体系时，我提出了十条教学原则。1983年出版的《高等教育学讲座》和1984年出版的《高等教育学》中都讨论了这些教学原则。它们构成了高等学校教学原则体系，这也许算得上我在高等教育教学理论上的贡献。

我提出十条教学原则，主要依据有三个方面的理由：一是教育基本规律，二是高等学校教学过程的本质特点，三是教学原则的普遍性。下面从这三个方面，谈谈我的一些看法。

第一个方面，规律和原则的关系。我们知道，规律是客观存在的，规律的存在是无条件的，规律的应用是有条件的，所谓"具体问题具体分析"就是这个道理。为什么这么说呢？因为教育规律与教育实践存在矛盾。第一，规律的抽象性、一般性与实践的具体性、特殊性存在矛盾。如果没有作为中间环节的原则，对规律的认识不能转化为实践，规律就是空洞的。第二，规律的客观性与认识的主观性存在矛盾。所以在实践中，规律要变成原则，原则要转变为制度政策和规定，还要再转变为措施、方案和办法等，才能转化为教育实践。教育基本原则，是根据教育基本规律，总结实践经验提出来的。从这里可以看出，原则既依据规律，又不同于规律。一方面，由于原则要依据规律，所以带有比较高的客观性。另一方面，原则是主观对客观的认识，所以带有一定的主观性。从不同角度、不同水平来认识事物，结论就会有所不同。从总体来说，教育基本规律的研究，有助于对教学原则的把握。

第二个方面，高等学校教学原则与高等学校教学过程本质。教学理论界对于什么是教学过程一直有着不同的看法，主要有三种观点：第一种观点认为，教学过程是一种传授知识的过程；第二种观点认为，教学过程是一种个性发展过程；第三种观点认为，教学过程是一种认识过程。我认为，前两种观点都有一定的合理性，但都不全面。我比较同意第三种观点。我认为，教学过程本质上是一种特殊的认识过程，但又不仅仅是认识过程，也是社会文化的个体化过程，以及人的知识、能力、世界观、道德品质的全面发展过程，可以表述为：

> 教学过程是在教师有目的、有计划的指导下，学生主动积极地掌握知识技能、发展智能、形成科学世界观和共产主义道德品质，全面发展个性的统一过程。

高等学校教学过程具有特殊性，这是从高等教育的特殊性派生出来的。前面已经说过，高等教育有两个基本特点：第一，高等教育是专业教育，是建立在普通教育基础之上的；第二，其对象是20岁左右的青年。因而，高等学校教学过程也有其特殊性：

> 高等学校的教学过程，主要也是学生的认识过程，但不单是一般的学生认识过程，要求有一定创造性的因素，而不是单纯学习和继承人类已有的认识成果。因此，必须把科学研究的因素引进教学过程，哪怕是简单的、初步的科学研究，也有利于培养有创造性的高级专门人才。[①]

这就规定了教学工作必须完成三个方面的任务：第一，具有明确的专业目的性；第二，对大学生的自觉性、创造性和独立性有更高的要求；第三，将科学研究引入教学过程。

第三个方面，普通教育学中的教学原则，也是高等学校教学原则的基础。从教育史上看，远在古代，许多教育家就在教育实践的基础上，提出了一些有价值的教学原则。例如，中国的孔子和古希腊的苏格拉底等都从不同的角度提出了启发性教学原则。中国的经典著作《学记》提出了不少有意义的教

---

① 潘懋元. 潘懋元文集. 卷一·高等教育学讲座 [M]. 广州：广东高等教育出版社，2010：172－173.

学原则，如教学相长、长善救失等，夸美纽斯的《大教学论》也提出了一些有价值的教学原则。教育学作为一门学科建立起来后，不同流派更是在教学原则方面进行了许多有意义的探索，形成了比较成熟、完整的教学原则体系。

有了上述三个方面的认识基础，进一步探索高等学校教学原则，就有比较可靠的立足点。在研究高等学校教学原则时，就既要考虑教学原则的普遍性，又要考虑高等学校的特殊性；或者说，既要考虑普通教育学已总结出来的、具有普遍意义的教学原则，又要从高等学校教学过程的特点出发；也就是，要结合共性与个性，形成一套适合高等学校教学过程的教学原则体系。

在上述认识基础上，我提出了高等学校的十条教学原则：

一、科学性与思想性相结合的原则；

二、知识积累与智能发展相结合原则；

三、在教师主导下发挥学生自觉性、创造性与独立性原则；

四、理论联系实际原则；

五、专业性与综合性相结合原则；

六、教学与科研相结合原则；

七、系统性与循序渐进相结合原则；

八、少而精原则；

九、量力性原则；

十、统一要求与因材施教相结合原则。[1]

这十条原则，彼此相互联系、相互制约、相互促进，力求从不同侧面反映教学过程的规律和高等学校教学过程的特殊性。第一至四条，具有普遍意义；第五、六条是高等学校特有的原则，普通教育学未提及；第七至十条，则是从不同的角度来处理教学中的各种矛盾，解决教学中的各种问题。

应该说明的是，其中一些原则的提法，似乎与普通教育学的教学原则相同或相近，但实际上在内容、要求及运用等方面是不相同的，有着高等教育

---

[1] 潘懋元. 高等教育学：上 [M]. 北京：人民教育出版社，1984：168.

的内涵。例如，第一条原则，科学性与思想性相结合的原则，高等教育学和普通教育学都提出了，但两者的内涵和基本要求存在差异。因为高等教育是专业教育，而且大学生身心发展趋于成熟，所以单就"科学性"而言，在保证科学的正确性与严肃性的同时，并不排斥非科学的以及在科学上尚不成熟的理论。比如，第三条原则，即教师的主导作用，我认为任何时候都是有效的，即使是在信息化时代，不过体现原则的方式、方法有所不同。再如，第七条原则，系统性与循序渐进相结合的原则，这一条我通过自己的求学经历有切身体会。我觉得我的知识结构有缺陷，早年学习知识不系统，影响到我在研究上的发展。所以在教学上，我强调系统性。特别是基础学科，要由浅入深。比如说，一种是工艺性课程，完全可以通过产品掌握技术知识，但是生产一件产品，是凝聚着各种知识的。倒过来说，系统知识不是生产某一件产品的知识，而是生产多种产品都需要的知识。

关于十条教学原则的提出，需要说明的是：第一，原则的提出是主观对客观的认识，从不同的角度、不同的认识水平，可能提出不同的原则；第二，客观事物在发展中，主观认识也在发展中，这十条教学原则是20多年前提出的。之后，我的研究主要在宏观的现实问题上，未能重新反思原则问题，可能有的原则已不重要或不适当，而有些新的原则要增添。例如，在网络教学中，我认为次要的直观性教学原则的重要性可能重新凸显出来；在现代教学理论中，不仅要坚持教师的主导作用，而且要强调学生的主体性。上述十条教学原则的提出，只能反映当时我的认识。

多学科研究方法论

应该说，作为一门新学科，高等教育学并没有建立一个完整的科学体系，还有许多问题需要进一步深入研究。譬如说，长期以来关于研究方法的探讨就是一个重要问题。2001年，我组织一些博士生编写并出版了《多学科观点的高等教育研究》（上海教育出版社）一书，从不同的学科观点、方法研究高等教育问题，包括历史学的、哲学的、心理学的、文化学的、科学学的、经济学的、社会学的、政治学的、管理学的、系统科学的、比较教育学的，等等。它的作用不仅在于显示高等教育理论的源泉,也在于突出多学科观点的方法论意义,同时也证明了高等教育理论不是可以由某门学科的理论代替的,高等教育学是一门多学科交叉的科学。

有些人根据联合国教科文组织对学科的规定:作为一门独立的学科一定要有自己的研究方法、特定的研究对象、特殊的范畴、学科的科学体系、标志性的著作与人物,等等,认为高等教育学不是一门正式学科,因为它没有自己独特的研究方法,它只是以问题研究为中心的研究领域。那么,如果按研究方法来说的话,教育学也没有自己的研究方法,教育学是否也不是一门学科呢?不仅如此,许多社会科学都很难有自己独特的研究方法。社会科学领域,很多研究方法是通用的,如调查法、统计法、文献法、比较法等。这些研究方法社会科学都可以用,高等教育学也是如此。如果说高等教育学有什么研究方法的话,可能是多学科的研究方法。

据我所知,开创多学科研究方法的是美国著名学者伯顿·克拉克。伯顿·克拉克在20世纪70年代末组织一些学者从八个学科角度研究高等教育,于1984年出版了 *Perspectives on Higher Education: Eight Disciplinary and Comparative Views* 一书。这本书由王承绪教授组织一些青年学者翻译成中文版《高等教育新论——多学科的研究》,1988年由浙江教育出版社出版。伯顿·克拉克在书中提出:

> 没有一种研究方法能揭示一切。宽阔的论述必须是多学科的。……教育家们可以在这些观点中自行转换,利用不同的观点解决不同的问题,或进行不同的争论。[①]

在中文版序言中,伯顿·克拉克又特别强调它的方法论意义:

> 各门社会科学及其主要的专业所展开的广泛的观点,为我们提供了

---

① 克拉克. 高等教育新论:多学科的研究[M]. 王承绪,等编译. 杭州:浙江教育出版社,1988:2.

解高等教育的基本工具，不管这个学科是历史学、经济学或政治学，还是其他社会科学，都给我们提供了观察世界的方法，我们可以把它们应用到高等教育部门。①

王承绪教授也从比较教育的角度谈道："这是一本有关比较高等教育方法论的专著，为比较高等教育的研究开辟了一个新的路子。"

他们的说法都很有道理，但还可以从更广泛的意义上进一步说，这是一本高等教育方法论的专著，为多学科观点研究高等教育开辟了一条新路子。20世纪90年代后，伯顿·克拉克的多学科研究的观点逐渐引起中国高等教育界的重视。

可以说，在读到伯顿·克拉克的观点之前，我已经注意到高等教育学与其他相关学科的关系。20世纪80年代初，在撰写《高等教育学讲座》和主编《高等教育学》时，我曾提出：

> 正确认识高等教育学同其他有关学科的关系，掌握并运用有关学科的信息，交流渗透，交互为用，以促进研究工作的深入和发展，这是研究高等教育学的前提条件。②

这也是由高等教育的本质特点决定的。因为高等教育的本质是高等专业教育，其基本功能是为社会培养专门人才，所以它与社会政治、经济、文化、科技的关系，比普通教育更为密切和复杂。没有政治、经济、文化、科技研究的支持，单纯就高等教育论高等教育，高等教育研究就是片面的，也无法全面和深入地理解高等教育的本质、功能、价值和规律。

建构高等教育学的理论体系，必须探讨这门学科的研究方法。20世纪90年代，高教理论界曾致力于高等教育学学科建设，虽有进展，但进展甚微，原因就是条件不成熟。其中，研究方法论是一个难题。因为建构一门学科的

---

① 克拉克. 高等教育新论：多学科的研究 [M]. 王承绪，等编译. 杭州：浙江教育出版社，1988：中文版序.

② 潘懋元. 高等教育学：下 [M]. 北京：人民教育出版社，1985：291.

理论体系，除了需要有丰富的实践经验和一系列的理论准备为基础外，还要运用科学的方法。通过科学的方法，能综合已有的抽象的理论，并从抽象到具体，形成严谨的、能充分反映学科自身的内在逻辑的科学体系。如果条件不具备就急于建构学科的理论体系，就是舍本逐末，流于空谈，即使外观堂皇，终究是建在沙滩上的"大厦"。

"临渊羡鱼，不如退而结网。"接下来，我们就进行高等教育的应用性研究，也更加深刻地认识到高等教育是一个复杂的、多层结构的开放系统，需要同环境的方方面面交流信息。因为一方面，高等教育的基本功能是为社会的各个部门培养专门人才，必须同经济、政治、文化、科学等系统交流不断变化着的信息，必须受社会各种关系的制约并为之提供服务，以便在主动适应外部环境的变化中获得社会的支持，增强自身活力，发挥自身的功能，实现自身的价值。另一方面，高等教育是由各种专业组成的，各种专业都是一门或宽或窄、或单一或综合的学科，并且联系着其他有关学科，它必须同各门学科交流信息，获得各门学科最新进展的信息，及时转化为教育资源，以便提高所培养人才的知识水平和拓宽学术视野，并且通过科学研究，促使学科发展。总之，无论是从高等教育系统与社会各系统的外部关系上，还是从高等教育各个专业、各门学科的内部关系上，都有必要从不同的学科观点、不同的学科方法来认识高等教育的功能与价值。

这一认识开拓了思维，使得高等教育研究方法有更宽阔的路径。以往我们对高等教育的研究，一般从普通教育的观点和方法开始，这是必要而基本的，但仅止于此，往往忽视高等教育的特殊性与复杂性，很难全面深入。哲学和心理学是传统教育学的两大支柱，但研究高等教育局限于哲学与心理学的观点，还不能掌握高等教育同经济、文化、科技的复杂关系。高等教育走出"象牙塔"，走进社会，还必须从社会学、经济学、政治学、文化学、科学学、管理学等领域审视高等教育。同时，纵向的历史学观点和横向的系统科学与比较分析方法也有特殊的必要性。高等教育的基本理论，不论是宏观的外部关系或微观的内部结构的研究，都涉及诸多学科，需要诸多学科的支持，从多学科、多视角进行审视、探索，才能比较全面和深入理解高等教育的本质、功能、价值，掌握高等教育的内外关系规律，解释和解决复杂多样的高等教育实现问题。

"横看成岭侧成峰,远近高低各不同。不识庐山真面目,只缘身在此山中。"对于高等教育来说,既要横看,看到它的逶迤壮观,又要侧看,看到它的千仞雄姿;既要入山探宝,洞悉其奥秘,又要走出山外,遥望它的全貌。但是,不论横看、侧看、山中、山外,都只能看到其中的一部分。也就是说,不同的学科观点考察高等教育,都有其局限性。如果以为某一学科的观点是唯一的,以偏概全,就会从正确的观点出发,引出错误的结论,这种例子是很多的。人们常说"政策多变",其认识原因,在于决策所依据的观点是单一的,认识是片面的。

伯顿·克拉克的多学科观点的高等教育研究,拓宽了我们的研究思维。我将此书作为历届研究生的参考书,要求他们认真阅读,并写出读书报告。但是这本书也存在一些不足。例如,第一,这本书的作者是西方人,内容主要反映几个发达国家的传统理念与知识经验,中国这个高等教育大国并不在该书的视野中。第二,这本书所刊载的八篇论文写成于1977年,不能反映近年来世界高等教育改革与发展的理念。第三,有些重要并且同高等教育更密切的学科"被遗漏"了,如心理学的观点、哲学的观点、系统科学的观点等。这表明,我们还需要结合世界高等教育发展的新趋势、新理念和中国高等教育的实践经验,进一步深入研究。

1996年组织编写完《新编高等教育学》之后,我就同我的博士生们一起讨论编写一本有中国特色的高等教育多学科研究专著。经过几番讨论,我们拟订了一个基本框架和编写体例,各就所长,分头研究,集体讨论,分工撰稿。1996年,我就将研究作为课题向全国教育科学规划领导小组办公室申报立项,1997年被批准为"九五"规划国家级重点课题。经过几年的研究、修改,终于完成了一本《多学科观点的高等教育研究》,于2001年由上海教育出版社出版。

最近,我又指导我的博士生吴玫将高等教育研究方法论作为博士论文,进一步从方法论上研究高等教育学科建设问题。我相信,随着高等教育学研究的深入,越来越重视多学科的研究,也需要多方面的人才和知识。例如,研究教育产权问题,需要运用教育学、经济学、法律等观点与方法进行;研究网络教学,需要运用教育学、学习心理学、计算机技术等观点与方法;等等。所以,我一向认为:高等教育学是一门多科学交叉的科学,高等教育的研究生并非都要求是教育专业的科班出身;来自不同学科的博士生们对学科交叉处都十分敏感,思维十分活跃,这对于高等教育学科的队伍建设是有好处的。高等教育的博士学位向文、史、哲、经、理、工、农、医各个学科敞开大门。有人批评我们高等教育队伍庞大,三教九流都有。其实,这恰恰是我们的优点,高等教育学的多学科观点的研究,需要由多学科方面的人共同来探索。

部分著作

总之,用多学科的观点与方法来研究高等教育,具有方法论的意义:

(1) 研究领域广阔。多学科交叉的高等教育领域需要多学科的研究,高等教育每个方面的问题,适合于运用某一门或某几门的学科观点进行研究。但是,包括哲学在内,都不可能包揽高等教育方方面面问题的研究。只有聚合多种学科观点,才能获得较完整的认识,这种分析与综合相结合的方法,对研究领域广阔的高等教育有特殊意义。

(2) 开阔研究者的视野与思路。用多学科的观点与方法来研究高等教育,有利于促进学科间的相互理解,减少自以为是的"井蛙之见",提倡学术研究的谦虚谨慎作风。有些学科专家总以为自己所从事的学科是最重要的,自己的观点是最正确甚至是唯一正确的,而多学科研究有利于打破严格的学科疆界,看到自己所从事的学科观点的不足,重视相关学科的研究成果,减少孤陋寡闻、以偏概全和自以为是，从而加强学科之间的理解与合作。

（3）多学科研究方法提供了一种新的思维方式。这种新的思维方式符合人类认识的发展，即从单义性到多义性、从线性研究到非线性研究、从绝对性到相对性、从精确性到模糊性、从单面视角到多维视角、从单一方法到系统方法……总之思维要有灵活性。多学科研究方法，可能不仅适用于高等教育研究，也适用于其他学科领域的研究，高等教育以其特殊性需要走在前面，也对其他领域的研究有所启发。

第五部

高等教育问题研究

在厦门（2017年元旦）

高等教育学是一门应用性很强的学科。因为高等教育是一个复杂的、开放的系统，它的基本功能是为社会各行各业培养专门人才，必须同社会经济、政治、文化发生密切的联系，并为之提供服务，必须受社会各种关系的制约。结合高等教育学的基本理论问题，解释和解决高等教育的实际问题，是高等教育研究的主要任务。通过高等教育问题研究，高等教育学在理论上更加丰满，在实践上凸显其应用价值。

高新技术革命使得人类的生产方式和生活方式发生了巨大的变化，甚至是根本性变化，高等教育必须迎接挑战，与人类社会现代化进程紧密相连，高等教育现代化正在发生，这也是一个世界性的课题。我一直希望能够解决高等教育现代化问题，因而对高等教育的问题研究，多与这一重大课题相关联。下面谈谈这方面的一些问题。

高等教育地方化研究

进入20世纪90年代，我开始研究中国高等教育地方化的问题。因为随着中国经济的迅速发展，区域经济发展慢慢呈现出不平衡的态势。那么，是否可以从区域经济发展端倪中，预测中国经济发展的趋势；从经济发展的趋势，预测中国高等教育发展的趋势呢？根据教育外部关系规律，高等教育地方化的趋势需要引起人们的重视。90年代初，我就同研究生们一起探讨了这个问题，当时邬大光还是博士生，我就主要同邬大光一起进行这方面的研究。1990年，我和邬大光一起在《教育研究》《福建高教研究》《大学教育论坛》等刊物上合作发表了几篇文章，探讨了高等教育地方化问题。很有意思的是，当时人们思想上对于"化"字还有顾虑，不敢明确提出"地方化"，所以我们的文章在最初发表的时候，编辑改成了"地方性"。

在高等教育地方化还很不明显的时候，为什么就要研究这个问题呢？当时我们认为，在制约高等教育改革与发展的各种因素中，经济因素所起的作用是基本的、决定性的。而经济的发展，教育是基础。从经济发展的趋势来看，中国经济将要走的道路，必然是从集中统一的国营经济向区域经济与地方经济发展，以利于发展市场经济。20世纪80年代，这一经济体制已初步形成，如珠江三角洲、长江三角洲、闽南三角区、辽东半岛、胶东半岛以及经济特区等。当时在一些发达地区出现了中心城市举办的高等学校，从中可以看出，区域经济与地方经济的发展必然产生对地方高等教育的需求，也有能力支持地方高等教育的发展。由此，可以看出一些苗头，经济发展日趋区域化或地方化，势必带动高等教育的地方化。也就是说，高等教育的地方化已成必然趋势。

我们首先从理论上弄清楚高等教育地方化的概念，进而研究地方化的方式和途径。当时，上海、苏南、深圳、闽南等地都正在研究地区高等教育发展的课题。我大多有所介入，从中理解了什么是高等教育地方化。我提出，高等教育地方化大致有两层含义：一是高等教育要适应地方经济发展，为地方发展服务；二是高等教育管理权属于地方，地方财政拨款是办学资金的主要来源。第一个含义是高等教育地方化的本义，是其主要价值所在；第二个含义是高等教育实现地方化的必要条件，只有具备管理与财政地方化的条件，才有可能达到为地方发展服务的目的。

高等教育地方化与高等教育体制改革是密切相关的。20世纪80年代以来，中国高等教育所遇到的种种困难和问题，在一定程度上与单一的国家包办体质有关。当时中国生产发展水平和商品经济的现实，要求高等教育把地方化作为改革的一项主要内容。当时我们提出了一些实现高等教育地方化的策略，如从国家利益和科学发展的需要统筹高等教育的整体优化，加强宏观指导，给予扶持和帮助等。而在管理上，高等院校全部由地方管理或者全部由国家管理，都不利于高等教育事业的发展，必须根据中国国情，逐步将高等教育管理权下放给地方，国家除直接管理若干所重点大学外，不论本科学院还是专科学校，都应由地方主管，国家只在宏观上协调，不应过多地做具体措施规定。

应该说，当时进行这方面的研究是超前的，有些"发于未显"。后来高等教育发展的事实，证明我们当初的研究是正确的。20世纪90年代中期以后，人们越来越关注知识经济对高等教育的挑战，并用经济学的观点研究高等教育与经济发展，对高等教育地方化的改革与发展有着更清晰的认识：高等教育地方化，一方面要求高等教育主动为地方（区域）经济及社会发展服务，另一方面要求重新调适中央与地方、政府与高等院校的关系，从而为区域高等教育的发展创造条件。

因此，高等教育地方化的研究对高等教育体制改革提供了一些理论支持。近些年来，中国高等教育的改革着重于体制上的改革，已经取得了一些成效。例如，将原来集中于中央一级的管理权下放到一些地方，让地方能根据当地的实际情况，采取某些地区性政策措施，使高等教育能够更好地适应地方需要，为地方的经济与社会发展服务。

总之，当代经济发展的一个重要特点是经济发展的区域化，区域经济的发展与区域经济体制的形成，必然要求建立一个与之相适应的区域性高等教育体系。高等教育地方化问题，还有待进一步深入研究。

高等教育大众化研究

教育界有两个课题的研究影响了政府的决策，而且对世界高教理论研究做出了贡献：一个是大学素质教育研究，另一个是中国高等教育大众化研究。素质教育的理论，对西方博雅教育、通识教育理论有所创新和发展；对中国高等教育大众化的探讨，丰富了以马丁·特罗理论为代表的高等教育大众化理论，也为发展中国家实现高等教育大众化提供了理论支持和实践模式。前面已经谈过大学素质教育问题，这里谈谈高等教育大众化的问题。

我对高等教育大众化的关注，始于高等教育现代化研究。1996年下半年，在给博士生上课时，我出了一些高等教育现代化方面的专题，如高等教育国际化、高等教育大众化、高等教育市场化、高等教育通向农村研究、高等教育可持续发展研究、新时期的高等教育思想研究，等等。高等教育大众化是美国加州大学伯克利分校的教育社会学家马丁·特罗教授在20世纪60年代末70年代初提出来的关于高等教育发展的理论。他以战后美国和西欧国家高等教育发展为主要研究对象，讨论高等教育发展过程中量变与质变的问题，以高等教育毛入学率为指标，将高等教育发展历史分为"精英、大众和普及"三个阶段：高等教育毛入学率低于15%为精英教育阶段，达到15%～50%为大众化阶段，高于50%为普及化阶段。马丁·特罗的"三阶段论"为人们综合考虑高等教育发展问题提供了新思路，也为一国高等教育改革与发展政策制定提供了参考。所以它一经提出，便在国际上广为流传。

当时，中国高等教育离大众化还有相当长一段距离。1997年，我国高等教育的毛入学率是7.6%，加上高等教育自学考试也仅有9.1%，很多人认为，高等教育大众化不适合中国国情，提出在中国实现高等教育大众化是一种"理论误导"。但我以为，由于高新技术革命和对人才素质的要求，根据教育外部关系规律，中国走高等教育大众化道路是必然的选择。因此，需要提前进行这方面的研究。

当时这方面的研究资料很少。首先，我请硕士生王香丽把马丁·特罗吹响高等教育大众化进军号角的论文《从精英向大众高等教育转变中的问题》翻译过来，在《外国高等教育资料》（1999年第1期）上发表。经过两三年的潜心研究，理论上渐趋成熟，然后就推出系列文章。从1998年开始写文章，先后发表了《中国高等教育大众化之路》（《有色金属高教研究》1999年第1期）、《21世纪：可持续发展的中国高等教育——兼论中国高等教育大众化问题》（《中国农业教育信息》1999年第3期），后来收在个人文集中题目改为《可持续发展观下的中国高等教育大众化问题》、《高等教育大众化的教育质量观》（《中国高教研究》2000年第1期）、《试论从精英到大众高等教育的"过渡阶段"》（与谢作栩合作，《高等教育研究》2001年第2期）、《中国高等教育大众化的理论与政策》（《高等教育研究》2001年第6期）、《大众化阶段的精英教育》（《高等教育研究》2003年第6期）等。另外，我还承担了"中国高等教育大众化的理论与政策"和"中国高等教育大众化的结构和体系"两个课题的研究工作。与此同时，我还带动青年教师和博士生开展对大众化的研究。特别是谢作栩的博士论文《中国高等教育大众化发展道路的研究》有重要的理论创新价值，被授予百篇优秀博士论文提名奖。谢作栩原来在福建农业大学工作，调到厦门大学之后，他一边做教师，一边攻读博士学位，现在已是厦门大学的教授、博导和副院长。

在研究的过程中，我们取得了一些成绩和新的发现，比如，精英到大众高等教育的"过渡阶段"论的提出,也是一种理论上的贡献。同时,运用大众化理论解决中国实际问题,提出多元化的质量观和保护精英教育的问题,也很有现实意义。下面分别谈谈这几个方面。

2006年1月11日,在深圳"十一五"教育发展规划论证会上(左起:谢维和、潘懋元、程介明)

大家知道,大众化的进程包含量的增长与质的变化两个方面。质的变化,包含教育观念的改变,教育功能的扩大,教育模式多样化、学术方向、课程设置、教学方式与方法、入学条件、管理方式以及高等教育与社会关系一系列的变化。马丁·特罗在提出高等教育发展的"三阶段论"中,认为是"量变先于质变",即:

> 一些国家的精英高等教育,在其规模扩大到能为15%左右的适龄青年提供学习机会之前,它的性质基本上不会改变。当达到15%时,高等教育系统的性质开始改变,转向大众型。如果这个过渡成功,大众型高等教育可在不改变其性质下,发展规模直至其容量达到适龄人口的50%。当超过50%时,即高等教育开始快速迈向普及时,它必然再创新的高等教育模式。①

---

① 特罗. 从精英向大众高等教育转变中的问题[J]. 王香丽,译. 外国高等教育资料,1999(1):3.

然而我们发现，马丁·特罗的理论不能完全解释中国高等教育发展的阶段特征，于是我们进一步研究国际上其他学者的大众化观点。多年来，我们一直与日本高等教育界有着密切的联系，我也多次去日本考察他们的高等教育情况，有时一待就是几个月。我了解到日本著名学者有本章教授提出了高等教育"后大众化阶段"的理论。有本章教授考察了日本高等教育大众化的整个历程，发现大众化阶段的后期，并不只是适龄青年入学率的继续增加而进入普及化阶段，而是越来越多的成年人为了满足工作和生活的需要，多次进入高等院校接受继续教育。这一现象有别于马丁·特罗所预言的普及化阶段。因此，他将大众化的后期至普及化的前期称之为"后大众化阶段"，并且认为高等教育后大众化阶段可能转变为终身学习阶段。

再者，马丁·特罗本人针对世界高等教育发展的新形势，也不断修正与补充自己的观点，1998年他发表了一篇论文《从大众高等教育到普及高等教育》（濮岚澜译，《北京大学教育评论》2003年第4期），修正了原先的观点。他认为，今后的普及高等教育不在于注册人数，而在于参加和分享。即与社会大部分人，几乎包括在家里或在工作单位的全体成年人密切相连的"继续教育"。这种教育不再凭借传统的学院或大学校园，而是通过远程教育。也就是说，高等教育发展的最后阶段是走向"学习社会"，而不局限于原先所界定的适龄青年入学率超过50%的普及化阶段。

不论有本章教授所说的"后大众化阶段"通向终身学习阶段，或马丁·特罗所说的普及化阶段主要是大部分成人的继续教育阶段，对于尚未进入大众化阶段的中国高等教育来说，似乎还是"遥远的未来"。这方面，我曾同有本章教授有过讨论，他认为，对中国来说至少是20年以后的事。然而我还是设想：借助现代远程教育、高等教育自学考试以及各种培训班，是否也可能超前或部分融入终身教育体系，或者作为通向终身教育的桥梁？这又是一个建立终身教育体系的新的理论问题，值得进一步关注。

但不管怎么说，马丁·特罗也好，有本章也好，他们修正和补充的重点是大众化与普及化阶段的关系，并且局限于部分发达国家。对于精英阶段与大众化阶段的关系，对于其他大多数国家，尤其是发展中国家的情况，还需要进一步验证。

我和谢作栩发现，在中国高等教育大众化进程中，存在量的增长与质的变化的非均衡性。也就是说，中国高等教育在从精英向大众化转变过程中，并不像马丁·特罗的"三阶段论"所断言的那么简单，即认为只有数量增长到15%之后，质的变化才开始。中国高等教育发展的进程，在距离大众化数量增长最低限还很远的时候，就已经出现了马丁·特罗所说的大众化阶段的若干特征，甚至出现了某些普及化阶段的特征。这些特征与马丁·特罗提出的"量变先于质变"相反，而是"质变先于量变"。

这一发现让我们既惊讶又欣喜。如何来表达这一发现呢？我们提出了"过渡阶段"的概念，即中国高等教育在从精英教育到大众化教育的进程中，存在一个质的局部变化先于总体达标的"过渡阶段"。也就是说，马丁·特罗的"量变先于质变"的断言，只是从西方发达国家（主要是美国）的发展历程所总结的经验，表面上看，似乎符合辩证法的量变到质变的转化规律，但不符合发展中国家，甚至也不完全符合发达国家的大众化进程的实际。发展中国家可以通过质的局部变化促进量的增长，在量的增长未达到大众化阶段之前，有一个质的超前变化的"过渡阶段"。这是中国高等教育发展进程的事实，也符合辩证法的"质量互变规律"。

这个"过渡阶段"，在中国是何时开始的呢？总的来说，"过渡阶段"的界限是模糊的，因为局部的质的变化是渐进的。但大体上，1985年前后是一个重要的起始时期。《中共中央关于教育体制改革的决定》颁布前后，还出台了若干重要政策与措施，如改革课程结构、办学体制、招生制度以及发展高等职业技术院校等。这些政策与措施，实际上就是若干重要的质的变化。这些质的变化，尤其是多种形式办学，为加快量的增长提供了条件。

对"过渡阶段"特征的认识，有助于全面地思考大众化进程中的政策问题，闯出一条有中国特色的高等教育大众化道路，而不是削足适履，用马丁·特罗理论来框定我们的发展道路与模式。而且，我们通过进一步研究发现，"过渡阶段"学说具有普遍性意义。现代化"后发外生型"国家，在量的增长未达到大众化阶段之前,可以借鉴和吸收"早发内生型"国家的经验,结合国情,超前实施某些"质"的改变,以促进"量"的快速增长。随着知识经济时代的来临和经济全球化的发展,不论发达国家或发展中国家,不论进入普及化阶段或尚未达到大众化阶段,电子信息网络都已进入高等教育领域,从而促使受教育者人数的增长。这就是质的局部变化加快量的增长。

关于大众化多元化的质量观方面值得深入研究。高等教育大众化的前提是办学模式的多样化,而其核心则是教育质量的多样化。在大众化进程中,质量是一个最有争议的问题。有人认为,数量增加,质量必定下降;有人认为,到了大众化阶段,精英教育将不再存在。这些都需要从理论上加以澄清。

首先,我们在讨论高等教育大众化问题时,必须从大众化的完整内涵出发,不能用精英教育的培养目标与规格、学术方向与标准、课程选择与组织、教学方式与方法、办学体制与管理体制等来规范大众化高等教育。其实,即使还未进入大众化阶段,只要是多种形式办学,就不能用全日制本科教育(假设它是精英教育的主体)的准则来规范成人高等教育、高等职业技术教育、高等教育自学考试,不能用学历教育的准则来规范非学历教育,不能用课堂教学的准则来规范各种远距离教学等。

其次,质量多样化不等于不求质量,更不是不求学术质量。不同类型、不同培养目标与规格的高等教育,应有各自的质量标准,努力达到各自的高质量要求,而不要都向学术型高等教育攀比,都要办成研究型大学。因为现代化建设对人才的需求是多样化的,既需要学术型的高级专门人才,也需要应用型、技术型、职业型的各级各类专门人才,而后者的需要量是数以千万计的。

当然,教育质量观是一种抽象的观念。正是这种抽象的观念制约着教育政策的制定。例如,可不可以用一个统一的办学条件来规范各级各类高等教育机构?可不可以用同一份考卷招考各级各类的高等学校学生?可不可以继续用传统精英教育的尺度来评估大众化的高等教育质量?如此等等。现在,中国高等教育在数量上已经进入大众化阶段,但多样化的质量观尚未成为制定改革措施的指导思想。上述这些问题都有待于在理论认识的基础上,修订我国的政策规定。

最后，谈谈保护精英教育问题。最近我在不同场合多次提出，在高等教育大众化的实施过程中，必须保护精英教育。为什么要提这一问题呢？因为21世纪初中国高等教育必然要向两个方向发展：一是精英教育，二是大众化教育。但是，目前精英教育机构正受到大众化教育的严重冲击，影响到精英教育质量的下降。

1999年扩招以来，大量的扩招任务落在原有的全日制普通大学身上，重点大学也承担了沉重的扩招任务，除原先已承担的成人教育学院、高等教育自考辅导班等之外，又纷纷增办高职学院、网络学院、二级学院，即所谓的国有民办独立学院。有的地方，还鼓励名牌大学以其无形资产增办二级学院，实际上，连有形资产也搭进去了。这些举措，作为大量扩招的应急措施，可以理解；但作为长期发展规划，则弊大于利。

首先，精英教育的培养目标、教育内容与教育方法，不同于大众化教育。精英教育机构培养的是理论型、学术型人才，理论基础要比较宽厚，并在宽的基础上有所专，即为创新拔尖人才；大众化高等教育机构培养的是实用型、职业型技术人才。只求理论够用，着重于学好职业知识技能，成为生产、管理、服务第一线的，有一定技术的专门人才。从国外经验来看，精英型的大学一般不承担大众化教育任务，有的另设附属机构，另搞一套；大众型人才是由社区学院、多科性技术学院、短期大学、开放大学等来承担的。

其次，精英教育机构也不能适应办大众化教育的需要。仪器设备、实习基地不适应高职高专的需求，特别是师资不适应高职高专的教学。学术水平高的理论型教授当不了"双师型"教师，正如五星级宾馆的高级厨师到大排档，未必能做出适合大众口味、物美价廉的菜肴。更重要的是办学思想不适应，自觉不自觉地按理论型的模式来培养高职生。另外精英教育机构承担繁重的大众化任务，导致办学力量分散、教育资源分散，势必导致精英教育质量下降。近年来，重点大学的本科生教育、研究生教育质量下降，令人担忧。

如何保护精英教育？我以为，必须采取措施，减轻大众化给精英教育机构的压力，在政策层面上，可重新考虑两条政策性的原则。

第一，在高等教育增长的规模速度上，改变"控制发展"或"加快发展"为"适度超前发展"。为什么要"适度超前发展"呢？因为人才的培养有一个周期，必须比经济社会发展的速度有一个超前量；又因为教育发展要受社会发展所制约，超前只能是适度的。关键是如何把握这个"度"。这是一个很复杂的问题，制约高等教育发展的因素很多，如经济的增长、科技的发展、就业的形势、适龄青年人口的增减、高中阶段的普及率等，要做多因素的分析。为了说明"度"的掌握，我们不妨假设一个例子：如果国民生产总值（GNP）或国内生产总值（GDP）的年增长率为7%左右，那么，高等学校招生的年增长率最好是8%左右。如果以此为"度"来看近年来高等教育发展的规模速度，可以说，1997年以前发展过于缓慢，而1999年之后发展过于迅速。如果继续保持高速增长，学生人数的增长与教育资源的增长严重脱节，就会违反教育与经济外部关系规律，也违反教育自身成长的内部关系规律。目前，当务之急是如何合理地调整增长速度，但不应停止大众化的进程。

有一点必须郑重申明，上述所假设的例子，只是一种抽象的假设，并不是说，每年增长率为8%是完全合理的。由于近年来的扩招太快，教育资源与学生数量已经严重脱节，必须较大幅度地降低增长速度。同时，还要充分摸清就业的形势、2008年之后适龄青年人口的下降趋势等。总之，要对诸多因素进行具体的分析，而不应当胶柱鼓瑟。

第二，在高等教育增长方式上，要改变"内涵式发展"为"外延式发展"或"内涵式发展与外延式发展并重，以外延式发展为主"。20世纪80年代后期，提出"走内涵式发展道路"，是针对80年代高校数量增加太快、校均学生数太少而提出的。现在，校均学生数已远远超过其他国家。一所高等学校，并不是越大越好的。

最后要说明的是，中国高等教育大众化还处在进程当中，大众化涉及的课题很多，还有很多问题需要研究，并延伸到其他方面的研究，如民办高等教育发展、高等教育通向农村、高等教育可持续发展等。

民办高教研究

改革开放后，伴随经济体制改革，多种所有制经济成分在中国发展起来了，民办高等教育开始在中国重现。之所以说是"重现"，是因为中华人民共和国成立前我们有私立学校，解放区也有民办学校，中华人民共和国成立初期还有扶助私立高等教育的政策，只是中断了很长一段时间。但是"重现"的民办高等教育的发展并不是一帆风顺的，很多时候，我的研究既是为了解决实际问题，也是希望为中国民办教育的发展鸣锣开道。

首先要解决的是认识上的所谓姓"资"姓"社"的问题。

1987年初，联合国教科文组织亚太地区办事处邀请我赴日本参加亚洲第三届国际高等教育研讨会，议题是"亚洲高等教育系统中的公立和私立体制——问题与展望"。当时中国民办（私立）高等学校虽已在一些地方零星重现，但还没有专门的政策法规出台。在国际会议上的发言，是要掌握分寸的，所以我当时有些为难，想谢绝邀请，可会议主席一再要求我到会，说可以只谈中国的公办高等教育。去日本之前，我特地向有关领导请教。有的领导含糊其辞，有的领导明确说"民办"不符合中国社会主义公有制体制，已办的几所民办高校只是特例。那次研讨会上，亚太地区好几个国家都谈到本国的公办、民办教育，而我在报告中国公办高等教育情况之后，对于民办高等教育，只简单说了一句："随着中国经济体制的改革，民办高教的重现不是不可能的。"这次会议使我了解到国外公办和民办高校的情况，感受到民办高等教育是发展高等教育不容忽视的一支重要力量。

那次会议之后，我着手研究中外私立高等教育发展史，研究中国的民办教育问题。我认为，由于城乡合作经济、个体经济和私营经济的发展，更由于这些经济成分显得越来越重要，民办高等教育的出现有其必然性。这也符合教育外部关系规律。1988年，我在《光明日报》上发表了一篇文章阐明一所高校的社会性质不是决定于由谁出资举办，而在于按什么教育方针办学，中国的学校都要按社会主义教育方针办学，也都是社会主义的教育。同时，指出民办高等教育存在着三个"有利于"：有利于鼓励社会各方面力量集资办学、广开财路、增办高校；有利于调整高等教育结构，适应社会主义现代化建设的需要；有利于开发智力资源，征聘所需师资。这篇文章后来产生了较大的理论和实践影响，特别是民办高校的创业者们很受鼓舞，不少人向我表达感谢。其实，民办教育的姓"资"姓"社"问题，直到1992年邓小平同志"南方谈话"之后，这个认识问题才基本解决。

接下来，我开始指导一批博士、硕士研究生扎扎实实地从事民办高等教育研究，如魏贻通、秦国柱等当初就是围绕民办高等教育问题研究撰写博士、硕士学位论文的。后来，我们有许多博士生以民办教育研究为对象撰写博士论文。形成一定的研究基础之后，1998年3月，我们高教所成立了民办高教研究中心，致力于民办教育研究，指导民办教育教学实践。这是后话，但说明了我们一直致力于民办高等教育研究，从理论上解决一些问题，这期间我们花了大量的精力致力于民办高等教育立法问题。

1990年，国家教育委员会委托我们高教所进行"民办高等教育立法的前期研究"。从此，我带动所里的青年教师和研究生们一起开展民办高等教育立法研究。立法面临着一大堆复杂的问题，如民办高等教育的办学宗旨、独立性与自主性、办学规模与发展速度、教育质量与效益、教育成本与收益、教育管理与评估、产权等，需要集思广益。其间，我们高教所先后举办或联合举办了三次比较有影响力的民办（私立）高等教育研讨会。

第一次是1995年10月，受联合国教科文组织亚太地区办事处委托，厦门大学高等教育科学研究所组织召开了亚太地区私立高等教育国际研讨会。那次会议起到了国际宣传作用，让国际知道，中国民办高等教育事业正在发展之中。会上，我做了《立法——私立高等教育发展的保障》的主题发言，强调民办高等教育立法的重要性。第二次是1999年4月，会议讨论新形势下中国民办高等教育事业进一步发展与提高的问题。会上，我做了《当前对民办高等教育若干认识问题》的主题报告，着重阐述民办高等教育是中国高等教育的重要组成部分。第三次是在2004年1月，会议研讨民办高等教育与资本市场。会议要求我做总结发言。我认为学术会议一般不好做总结，各自理解，各自认可，就以"对接资本市场"为主题谈了个人的一些感受，认为民办高等教育进入资本市场，既有认识上的问题，也有实际困难需要解决。

这些会议反映出民办教育在不同时期要解决的问题是不同的。在思想认识得到解放，解决了姓"资"姓"社"的问题之后，接下来要解决的是民办高等教育立法问题，解决"公益性"还是"营利性"问题，涉及产权问题、合理回报问题；接下来，已初露端倪的可能是以进入资本市场为筹资主要渠道的时期，主要是解决产权问题。

1995 年亚太地区私立高等教育国际研讨会（左起：王一兵，潘懋元，周南照，东盟高教发展中心主任、泰籍华人同英）

2004 年 11 月初，我去台湾淡江大学参加私立大学研讨会，会上一位台湾著名学者提出，私立高等教育的发展经过几个阶段：第一阶段，私立学校在与教会对抗下发展；第二个阶段，私立学校在与政府对抗下发展；第三个阶段，私立学校在与市场对抗下发展。台湾的私立高等教育已经走过第二个阶段，进入第三个阶段，而大陆的私立高等教育还处在第二个阶段。这种观点似乎有一定的道理，但我不同意这种观点。在 2004 年 11 月由厦门大学高等教育发展研究中心和苏州大学教育学院联合召开的高等教育与社会发展学术研讨会上，我明确指出，高等教育与政府、市场有矛盾，但还必须依靠政府、依靠市场，而且中国民办高等教育早已进入第三阶段。

与此同时，我国民办教育立法不断受到重视，也不断发展。1987 年 7 月，国家教育委员会颁布《关于社会力量办学的若干暂行规定》；2002 年 12 月，第九届全国人民代表大会常务委员会通过《中华人民共和国民办教育促进法》（以下简称《促进法》）。对于《促进法》，社会反响不一。有的欢欣鼓舞，认为今后民办教育有法可依（从行政法规上升为国家法律）；有的表示不满，认为许多本该在法律上明确规定的问题却模棱两可，易生歧义，留下许多不确定的东西。例如，一位朋友给我打来电话，对于《促进法》中关于各级人民政府设立专项基金和采取经费资助两件事，条文写的是"可以"而不是"必须"或"应当"表示不理解，认为该法对民办教育的支持、促进态度犹豫不决；更多的教育界朋友表示谨慎的乐观，在总体上给予充分的肯定，但认为还有许多不完善、不理想之处。

我认为，对《促进法》的评价，应摆在民办教育发展的一定阶段来对待。如果在10年前，不可能出台一部《促进法》；如果在20年后，《促进法》将不是这样写的。例如，日本在19世纪中期就出现了私立高等学校，但长期得不到法律的认可，直到1899年颁布《私立学校令》，才承认其合法地位，但仍得不到政府的扶持。"二战"后，1949年颁布的《私立学校法》和1952年进一步公布的《私立学校振兴法》，才规定了政府对私立学校的振兴应负的责任和财政补助。日本从私立高等学校的出现到《私立学校振兴法》的出台，历经近百年，而中国从民办高校的重现到《促进法》的出台，不过20年左右，就要求立法硬性规定"必须""应当"而不是留有余地的"可以"，恐怕难以为所有地方政府普遍接受。其实只要"可以"，就有了争取资助的空间。因此，也需要高等教育理论工作者积极研讨，为民办高等教育立法提供理论上的支持和导引。

总之，这20年来，我对民办高等教育一直比较关心，也可以说是"情有独钟"。原因何在呢？第一是理性的。因为穷国办大教育，必须发展民办高等教育，特别是高等教育的大众化更需要民办高等教育的参与，不能只靠一条腿走路。民办高等教育发展中有许多理论的、实践的问题，需要高等教育理论工作者加以研究和解决。第二是感性的。民办高校的举办者那种艰苦办学的精神值得同情，也令人感动。我还寄希望于民办高校内部管理体制和运行机制上的精简高效，为高等学校管理体制改革找到突破口。

我每年给一年级的博士生们开设两门课："高等教育专题研究"和"中国高等教育问题研究"，社会调查也是课程的一部分。我就带他们到一些地方考察民办高等教育情况，每年带着不同届的博士生们去一个地方。例如，自2001年以来先后去了长沙、广西、宁波、西安、北京、四川等地考察民办高等教育情况，一般一两个星期，深入到民办高校进行实地考察，让博士生们感受民办高等教育的发展脉搏，也取得了大量第一手资料。我也希望越来越多的年轻学者研究民办高等教育。我曾对研究生们说，大家如果希望有所建树的话，就去民办高校。民办高校将来肯定会出教育家，公办高校出教育家恐怕很难。民办学校的校长是没有官位的，如果干得好，他的位置就在人们心中，现在有一些民办学校的领导已经拔尖了。

2017年10月10日，带领学生前往厦门理工学院调研，旁听本科生课程

最后想强调的是，对于中国民办高教未来的发展，我持乐观态度。根据科学发展观进行预测，在抓住机遇、自强不息、社会支持、政策到位的前提条件下，到2020年，中国民办高教将呈现出新的面貌：一是当高等教育毛入学率达到30%~40%，大学生数达到4 000万人以上时，民办高校及在校生数将达到高等教育总量的一半以上；二是将有若干所办学理念先进、条件较好、资金雄厚、质量上乘的优秀民办高校有望跻身于名牌大学的行列。

高职教育研究

中国高等教育大众化的发展，关键在两个方面：一是民办高等教育，二是高等职业技术教育。中国高等教育中，目前问题最大的恐怕是职业技术教育。这个问题如果解决得好，成绩就很突出；如果解决得不好，就会从整体上影响中国高等教育大众化的质量。

要解决好这个问题，首先必须在社会、学校和教育领导部门中端正对职业技术教育的认识。20世纪80年代初，各省市得到国际专项资助，办起了100多所职业大学，但受传统精英大学教育思想的影响，认识不清，定位不明，不能掌握职业技术教育的特点，后来纷纷向普通高等学校和综合性大学看齐，甚至讳言"职业"二字，差不多都将校名中的"职业"二字抹掉了。这似乎很奇怪，人人都要找职业，但"职业"两个字标在校名上就感到不光彩。究其原因，是由于社会传统对职业教育的偏见，也由于中国高等教育大众化的思想是在90年代末期才进入教育决策部门的视野。90年代以前，中国的高等职业技术教育似有若无。直到1999年，出于扩招需要，才把招生计划增量的一部分，用于发展高等职业技术教育，在普通高等院校中增设高职学院，并以"三改一补"的方式和民办高校的体制增办独立的高职院校。短短几年时间，中国高职教育迅速发展，成为高等教育大众化的主流。但不可否认，在发展方向与办学模式上，仍然存在许多问题，特别是需要端正对职业技术教育的认识，从政策上进一步引导和扶持高职教育的发展。

我认为，转变轻视职业技术教育的观念，需要从调整有关政策上做起。传统思想是相当顽固的，但也不是不可改变的。例如，"文化大革命"前有一个时期，许多地方的初中学生抢着要去上职业性的中专而不愿上高中，为什么呢？因为上高中之后还面临考大学这一关，而一上中专，就可在毕业之后由国家分配为技术人员。来自农村的学生还可以由农村户口变成城镇户口，吃"商品粮"。这个例子说明，如果有一定的政策倾斜，传统思想是可以改变的。也就是说，转变思想，配套措施要到位。但是，现行某些政策措施与战略方针不配套，甚至阻碍战略方针的实现。例如，通过统一高考制度，高分者进普通本科院校，低分者进高职、民办院校；普通本科院校收费低，高职、民办院校收费高；人为地压低高职和民办院校的社会地位；再加上政府要求高职院校"低投入，高回报"；等等，进一步影响了高职教育发展的信心。

最近我提出一个建议，让职业教育成为一个相对独立的系统。我认为这有助于端正中国传统思想中对职业教育的轻视，有利于更好地促进高职教育的发展。因为目前中国高等教育结构单一，职业技术教育办学层次低，高职教育大多定位为专科层次；本科层次上只有理论性本科而无职业性本科；若要"专升本"，就要舍弃职业技术教育，然后才进入普通理论性本科；办成理论性本科之后，参加评估，然后再争硕士学位授予点、博士学位授予点，容易搞成"千校一面"。这不利于高职教育的发展，也导致高职院校人才培养特色不鲜明、毕业生在人才市场上不能"适销对路"。当前，"专升本"形成热潮，也反映了高职院校限于专科层次在制度上的弊端。而且"高职高专"之说，暂时用用还可以，从长远来说，不合适，不符合国家和社会发展需要。

中国要实现小康社会，不但需要一大批拔尖创新人才，更需要数以千万计的专门人才和数以亿计的高素质劳动者。但是如果大家都奔一条路，都往综合化、学术型、研究型大学挤，放弃了自己应有的培养目标，成千上万的大学生都培养成一个模式，行吗？现代社会，随着科学技术和社会经济不断发展，职业教育层次不断提高，从初等到中等，从中等到高等；在高等职业教育中，从专科到本科，从本科到研究生，不断向上延伸。国际上，高等教育职业教育已经具有多种层次，甚至成为与普通教育相互沟通的相对独立系统。这一点在我国台湾地区也体现得特别鲜明。

当前我国出现了人才结构性失调的问题，专业技术人才存在两方面缺乏：一是总量缺乏，二是结构性缺乏。例如，从总量上看，根据有关预测，到2010年我国专业技术人才的供需缺口在1 600万～2 700万，但又出现大量的毕业生就业难的现象。例如，最近两年全国高校毕业生就业率一直在70%～80%，表明有相当部分毕业生找不到工作。这就出现一种局面："该要的人才没有，不要的人才又很多。"这也表明高校所培养的人才与社会所需要的人才结构是不一致的。

构建高等职业教育独立体系，首先要从观念上明确：职业教育是一个系统，而不是一个层次，高职不能限制在"专科"层次，要允许向更高层次延伸。根据高职院校和高职院校学生进一步上移的需要，要发展高职教育本科层次，甚至研究生层次。这样专科生有一条向上的通道。国际上，高等职业教育系统并非只有专科层次，学习年限也可以延长到四年以上。高职本科教育以高职教育专科生为对口生源，高职教育硕士研究生以高职教育本科生为对口生源。高职院校学生，也可以在各自就读的院校（或同类型的院校）中升本、考研，保持学业的连贯性，满足追求高学历、高学位的愿望。这样，职业教育和学历教育就可以有机结合，高职院校才有可能安于高职教育定位，办出特色，提高质量。

高职教育要提高质量，须在特色上下功夫。截至2005年，全国共有1 091所高职高专学校，其中高职院校921所（这还不包括本科院校办的高职院校），占高校总数的一半以上。如果高专学校也按高职学校办学，更达60%以上。一些示范性高职院校也开始崭露头角，培养职业技术人才的新型办学模式正在形成，特别是在实习、实训方面，跟企业有着广泛合作关系，产学研做得比较好，但是还要进一步在职业特色上做文章。例如，最近我考察了宁波一些高职院校。宁波地区中小型企业多，经济富裕，中小企业要进一步适应形势，推动经济发展，需要管理技术人员。原来只有宁波大学和宁波师范学院两所高校，现在有十几所高职院校。它们与企业紧密联系，根据市场需求设专业，有的工厂把车间办到学校，学校把实习基地办到工厂，培养的人才出路不成问题。总之，高职教育是培养生产、建设、服务、管理第一线需要的职业型、技能型人才，它一般不按学科分专业，主要按行业或职业岗位来建立模块。

最近，我还同我的博士生们研究如何提高高职院校学生的人文素质问题。高职院校所实施的应该是职业技术教育，理论只求够用，着重学好某种职业技能，掌握一技之长，以适应人才市场的需求。但高职院校学生也是大学生，也应当培养成为全面发展的专门人才。因而，也应当对他们进行人文素质教育，但显然不能完全套用普通本科院校的素质教育的要求与做法。因为一方面，它所实施的是职业技术教育，除了素质教育的基本要求之外，应当着重于职业人文素质教育，培养学生的诚信、合作、责任、敬业、创业等职业精神、职业道德、职业态度；另一方面，当前专科层次的职业技术教育年限较短，技能实训任务较重，不能像普通本科那样开设大量的素质教育或通识教育课程，只能将职业人文素质教育渗透于课程教学或技能培训中，通过学习和活动，以及校园文化、企业文化的环境，使学生受到人文素质的熏陶，养成职业道德。也就是说，把职业人文素质教育融合、渗透于职业技术教育的全过程和全方位中，这是一个有待深入探讨和积累实践经验的难题。希望职业教育工作者共同来关心这个新课题。

高等教育通向农村研究

农村现代化和高等教育大众化，都是中国社会主义现代化建设的基本课题。农村现代化需要大批受过高等教育的人才，高等教育大众化需要农村广阔天地解决毕业生就业问题。因而，把两者结合起来，使高等教育通向农村，是中国现代化建设的必由之路。铺设这条通道的重要性和必要性，十几年前还很少有人认识到，今天仍未被人们充分重视。高等教育理论工作者必须走在事物发展的前头，要以战略眼光，进行超前研究。

从20世纪80年代末期起，我开始关注高等教育通向农村这个课题。我先后指导过四位研究生专门从事这方面的研究。1994年我指导硕士生高迎春的论文《自考伸向农村的实践与理论研究》，1995年指导硕士生刘喜才撰写硕士学位论文《沿海地区乡镇企业人才开发与高等教育改革》。1995年底，我提出有必要全面系统地研究高等教育通向农村问题，并建议我的博士生高耀明以此作为博士论文选题，1998年高耀明完成了他的博士学位论文《高等教育通向农村研究》，并于2002年在黑龙江人民出版社出版。2005年，我指导博士生彭拥军撰写博士学位论文《高等教育与农村社会流动》。

此外，我多次在不同场合表达自己在这方面的主张，也多次做报告或写文章阐述自己的观点。1995年我同顾明远教授一起访问华南师范大学时，我以《21世纪高等教育面临的挑战》为题做报告，提出21世纪高等教育面临的三大挑战之一，是高等教育大众化与城乡发展不平衡的矛盾，解决的途径就是开辟高等教育通向农村的道路。1996年，我同我的博士生吴岩合写文章《走向21世纪的中国高等教育》（《中国高教研究》1996年第3期），进一步阐述这一观点。

我当时指出，中国高等教育大众化是必然趋势，而实现全国高等教育大众化应当解决高等教育通向农村问题，使农村青年能够"上得来，下得去，用得上，留得住"。因为高等教育大众化，不能仅靠三亿多城市人口（当时的数字）提供生源，也不能都在城市就业。农村有大量的高中毕业生，农村的农业现代化、乡镇企业的迅速增长与生产力水平的提高、农民生活水平的提高、农村基层政权的建设等问题必将需要较多的受过高等教育的人才提供服务。然而当时的情况，中国的高等教育集中在大中城市，城市青年上大学的机会远远多于农村青年；即使是农村青年，毕业后也多数留在城市就业。所以，我提出这个问题，有人并不理解，认为农村在普及九年义务教育上尚存在种种困难，似乎不应奢谈高等教育。直到2003年，国内出版的一份有关教育与人力资源的权威报告仍然认为，农村青年进入城市工作才需要高等教育的培训，农村只要普通义务教育和发展初等、中等职业技术教育，看不到农村的现代化也需要高等教育。

我认为，高等教育通向农村是实现高等教育大众化的一条必由之路。因为要实现高等教育大众化，除了资金投入和支持之外，还必须疏通高等教育的"入口"与"出口"问题。

从高等教育入口即生源来看，中国人口至今还有半数以上在农村，不能仅靠城市人口提供生源来支持这一目标的实现。虽然由于实施农村城镇化的战略，大量农村青年流入城市务工，城乡人口比例的差距逐渐缩小，但农村人口仍居于多数。而农村的现代化，同样需要大批受过高等教育的人才，而且随着农村经济的发展和社会的进步，所需人才数量会越来越多，层次会越来越高。过去，农村需要的受过高等教育的只有三种人——初中以上合格教师、主治医师、高级农技师，且数量很少。现在这三种人的队伍会继续扩大，不但合格的初中以上教师必须受过高等教育，合格的小学教师也要求受过高等教育，医疗条件的改善和农业现代化需要更多的医师与高级农技师。同时新的三种人——农村领导干部、经营管理人员、从事第二三产业的人员，也都需要受过一定的高等教育，才能推动农村的现代化建设。

从高等教育的出口即毕业生就业来看，如果不解决大学毕业生包当干部，只能在城市就业的思想，政府不可能为越来越多的大学生提供充分的就业机会。毕业生如果都留在城市就业，因城市职业岗位有限，势必造成大量待业，解决这个问题的对策是高等教育通向农村。农村的经济与社会发展了，也需要并能容纳更多的大学毕业生就业。近年来，"大学生村干部"的出现就说明了这个问题。

根据教育外部关系规律的预测，无论从高等教育的入口还是出口来看，要完成中国高等教育大众化的任务，高等教育必须通向农村。解决途径上，可以先易后难。例如，先成人高等教育，后普通高等教育；先经济发达地区，后其他地区；先职业性高等教育，后一般学科的高等教育。

事实上，像浙江和江苏等发达地区有些农村当时就已经开始有此要求，也有一些比较成功的经验。据统计，在浙江，县级以下高等教育自考生人数占考生总数的比例从"八五"初期的35%上升到2001年的65%，县以下乡镇村自考生从4%上升到37%。实践证明，在自学考试通向农村的初期，走以建站（乡镇自学考试联络站）为主线，依靠乡镇政府、依托农村成人学校、全方位努力、全面推进的道路，是一条比较成功的道路。浙江省自考办主任葛为民同志关于高等教育自学考试向农村延伸的试验与研究报告，江苏高等教育学会名誉会长叶春生同志主编的《高等专业人才通向农村研究》（东南大学出版社2002年）等为解决这一问题做出理论与实践的贡献。

现在，党中央提出全面建设小康社会、建设社会主义新农村，"三农"问题越来越受到重视。就教育而言，农村义务教育受到了重视，且有许多实质性的推进。相比较而言，高等教育通向农村问题还没有受到足够的重视。虽然《关于推进社会主义新农村建设的若干意见》中提出了"整合农村各种教育资源，发展农村职业教育和成人教育""提高农民整体素质，培养造就有文化、懂技术、会经营的新型农民"的目标，但服务意识和支撑保障体系并没跟上。这将使这个庞大的农村劳动力群体面临生产力提高缓慢和收入增长率低下的问题，延缓农村城市化进程。

总之，高等教育通向农村是一个值得高度重视的课题，希望越来越多的高等教育理论工作者关注这个问题，引导高等教育通向农村的实践走向深入和全面。

高等教育分类定位与学制研究

学制是一国教育的基本制度，学制建设也是教育制度建设中一个重要的方面，须与教育改革相伴随。但是我国自 1951 年"新学制"颁布以后，就没有新的学制出现。1951 年的"新学制"显然已落后于教育的发展，尤其在高等教育方面。学制系统中最复杂的部分也是高等教育学制。改革开放以来，中国高等教育经历了深刻的变化，如高等教育大众化、高等教育产业化、高等教育国际化、院校合并与规模扩张、终身教育的发展等，使得高等教育出现了分化与重组，也带来了学制上的混乱，高等教育学制方面的问题更为突出。因此，研究高等教育学制，包括研究高等教育的分类和定位，成为当务之急。

2006 年，我同我的博士后、博士生们一起研究中国高等教育学制改革问题。我们厦门大学教育研究院承担了"985 工程"项目"中国特色高等教育体系研究"，其中，我承担了"中国高等教育学制研究"项目，这一项目包括两个子课题：一是中国高等教育分类与定位研究，二是中国高等教育学制研究。这两个方面是密切相关的。下面就谈谈这方面的一些研究。

（一）高等教育分类定位研究

在研究高等教育体系和结构的时候，我开始考虑高等教育的分类与定位问题，并指导博士生们从事这方面的研究，发表《世纪之交中国高等教育办学模式的变化与走向》（与邬大光合作，《教育研究》2001 年第 3 期）、《高等学校分类与定位问题》（与吴玫合作，《复旦教育论坛》2003 年第 3 期）系列文章。研究中，我们发现如何划分高等学校类型，是一个世界性的难题，也是一个高等学校定位与发展必须解决的问题。

中国现代化建设固然需要一大批拔尖创新人才，但需要数量更多的，是数以千万计的专门人才和数以亿计的高素质劳动者，这就需要不同层次和类型的学校来培养。但是现在不论理工、科技、农林、师范或以地方命名的大学、学院，都是标榜学科齐全；高职高专院校呢，也是热衷于"专升本"，升了本科，就要办成多科性大学，进一步争取评上硕士学位、博士学位的授予单位，成为综合性、研究型的大学。全国近2 000所全日制普通高等学校，除少数外，大都争奔一条道，目标定为国内（或省内）一流，国外（或全国）有影响的多科性、综合性、研究型的巨型大学。显然，这是不符合高等教育发展规律的。单一化的高等教育发展方向与多样化的人才需求的矛盾，必然导致大量的大学生学非所用，毕业生结构性失业的问题日趋严重。

因此，必须改变这种分类不清、定位不明的局面。教育领导部门对此是看得清楚的，于是提出"分类指导"原则，但收效甚微。原因很复杂，主要是传统的力量，"重学术轻职业"的思想没能转变；加上一些不完善的具体措施不仅没能转变思想，反而加重了这种思想。例如，评估和高考的单一化，误导了价值追求的单一化，用一份以研究型大学为基础的高校教学工作评价指标体系来评估所有的本科院校，用一份以本科院校为主要对象的高考试卷考不同层次、不同类型的考生。因此，分类指导不能靠强制性的行政命令，需要正确的政策引导。而正确的政策制定，需要理论的支持。

但是，中国现在还没有明确的高等教育或高等学校的分类标准，《中华人民共和国高等教育法》只规定："高等教育包括学历教育和非学历教育"，"高等学历教育分为专科教育、本科教育和研究生教育"。在统计分类上，高职院校与专科合并在一起统称为"高职高专"，以区别于本科院校。因而"专升本"之后，往往也就不称自己为高职院校，而认为已是一般普通本科院校。这就需要高等教育理论工作者对高等教育进行细化分类。

在研究过程中，我们需要对国外的分类标准进行借鉴，但更重要的是结合中国国情，进行修改、补充和完善。我发现，美国卡内基分类方法对中国学者研究高等教育结构有一定的影响，许多论述高等教育层次体系的文章，经常提及研究型、研究教学型、教学研究型以及教学型等分类，大致以美国卡内基的分类为依据。但我认为，卡内基分类只以学位高低分层次，有一定的参考价值，但不能作为一所高校定位的主要根据。定位的主要依据应当是高等学校培养人才的职能,是培养学术性研究人才、专业性高级专门人才,还是实用性职业技术人才。如果只以学位高低来划分高校层次,在中国,势必鼓励所有高校以最终成为学术性研究型大学为发展目标。

我认为,《国际教育标准分类法》中关于高等教育类型的划分更值得我们重视。联合国教科文组织批准的《国际教育标准分类法》(1997年修订稿)中关于第三级教育(高等教育)的分类,主要是根据培养人才职能、培养目标来分类的,在一定程度上反映了学习年限长短与学位高低。该分类法将高等教育分为两个阶段。第一阶段(序数5)相当于专科、本科和硕士生教育;第二阶段(序数6)相当于博士生阶段。第一阶段分为5A、5B两类,5A类是理论型的,5B类是实用技术型的。5A类又可分为两类,我把它设定为$5A_1$与$5A_2$。$5A_1$一般是为研究做准备的,$5A_2$一般是从事高科技要求的专业教育。5A类学习年限较长,一般为四年以上,并可获得第二学位(硕士学位)证书;5B类学习年限较短,一般为二至三年,也可以延长至四年或更长。至于第二阶段(序数6),则是专指可获得高级研究文凭(博士学位)的,旨在进行高级研究和有创新意义的研究。而且联合国教科文组织所考虑的,不只是某一个国家的高等教育现状,而是从总体上概括了发达国家与发展中国家的基本情况,因而大体上适用于不同国家的高等教育分类,具有更为广泛的普适性。更为重要的是,它所依据的主要标准是专门人才的类型,而不只是层次的高低,更适合中国高等教育类型划分的参照。

例如,$5A_1$与$5A_2$并无层次高低之分,5A与5B所着重的是培养人才类型不同。如果以之对中国高等学校归类,5B类相当于中国的高职院校,学习期限可以延长至四年以上,即所谓的"专升本",升"本"之后,一般仍应定位于培养职业技术型人才;$5A_1$相当于中国的学术性研究型大学的本科与硕士生,侧重于基本理论学科,可以为进入第二阶段(博士级)做准备;$5A_2$相当于中国的工、农、医、师等本科以及硕士生,培养各行各业的应用性高级专门人才。每种类型各有其培养目标、发展方向,都可以办出特色,争创一流。高校可以分类发展,教育领导部门可以分类指导,从而避免"千校一面",争奔学术性、研究型大学这一狭窄的"独木桥"。

因此，参考卡内基的分类和联合国教科文组织的国际教育分类，我试图提出中国的高等学校的分类。我认为，中国高等学校大致可分为三类：一类是少量的综合性、研究型大学，培养创新拔尖的科学家（自然科学、社会科学和人文学科的）；另一类是大量专业性、应用型的大学或学院，培养有宽厚理论基础的不同层次的工程师、经济师、医师、律师、教师和各级干部；还有一类是更大量的，培养生产、管理、服务第一线的从事实际工作的技术人员。

每类高校都可以有重点高校，都可以办出特色，成为国内知名、国际有影响的高校。例如，民国时期的立信会计专科学校、上海商专、杭州艺专、东亚体育专科学校，都是专科层次的高校，在国内外都声名卓著。重要的是各类高校都应各定其位，各有自己的社会适应面，各有自己的发展方向。因此，对各类高校的评估，不应是一套而应是多套标准，不应以研究型大学的评估指标和评估体系来规范所有大学，现在高职院校已试行自己的一套评估体系，这是一个可喜的开端。高考试卷也应分为不同类型，进行不同内容与方法的考试，不应以一份试卷考所有高校考生。现在，一些地方正在试行高职高专院校另定高考方案，虽尚不完善，但值得鼓励。

这样，高校可以分类发展，教育管理部门可以分类指导，从而避免争奔学术性、综合性、研究型大学这一狭窄的"独木桥"。每所高校在考虑发展战略、制定发展规划时，可以实事求是地根据自己的主客观条件、自己的优势和特点，做出准确的定位，构成一个链条：分类→定位→发展方向→发展战略→可持续发展，从而在各自层次和类型中争创一流。

（二）高等教育学制研究

由于我国自 1951 年颁布"新学制"之后再没颁布新的学制，几十年来，学制上存在的问题很多，但在精英高等教育阶段，矛盾并不突出。因为中国的传统大学基本上是单一的理论型本科教育，向上伸出少量的研究生教育，向下伸出若干本科压缩型的专科教育；研究生很少，基本上到高等学校当教师或到研究机构搞科研；老大专在人才市场上虽不能"适销对路"，也还能"分配"就业。但是，当精英阶段向大众化阶段发展，计划经济的分配制度转变为市场经济的自主择业时，问题就出来了，上述所说的分类不清、定位不明是一个方面，结构混乱、衔接不顺、转换不畅又是另一个方面，导致高等教育培养的人才结构不适应社会需要。

高等教育学制研究是一个系统工程，涉及高等教育学制系统的历史沿革、国际比较和发展趋势，其中有普通本科教育系统、高等职业教育系统、研究生教育系统、继续教育（包括成人高等教育）系统等。目前我正同我的博士后和博士生们一起做这方面的研究，希望为我国建立一个类型多样、层次分明、环环相扣、相互贯通的高等教育学制系统提供一些理论支持。

高等教育学制系统，涉及的问题很多，这方面的研究正在进行之中。例如：

1. 本科教育是高等教育学制中的基本组成部分，进入大众化阶段，如何构建多样化的本科教育系统。

2. 职业技术教育系统与普通高教系统如何沟通，普通高教系统中的研究型教育与应用型教育如何沟通，也就是各种类型高等教育如何建立"立交桥"问题。

3. 研究生教育是否硕士、博士阶段都应分为学科型与专业型两类。

4. 教师教育（师范教育）有无必要建构单独系统。

5. 成人高等教育、继续教育在高等教育学制中的地位问题。

6. 终身教育体系在学制中如何体现。

如此等等，都是有待研究的问题。

第六部

拳拳之心

潘懋元教育口述史
PANMAOYUAN JIAOYU KOUSHUSHI

在厦门家中（2019 年）

得天下英才而教育之

高等教育学是 1984 年被正式列为教育学的二级学科并批准成立第一个硕士学位授予点的。按说，高等教育学的研究生培养工作应始于 1984 年后。但由于当时的规定是先招收培养，后报批学位授予点，所以实际上我招收第一个高等教育学硕士研究生是 1981 年，招收第一个高等教育学博士研究生是 1986 年。20 多年来，经我指导的硕士、博士毕业生已逾百人。他们中有的已声名鹊起，独当一面；有的后生可畏，崭露头角。看到他们的成长进步，身为人师，我深感欣慰。可以说，"得天下英才而教育之"，是做教师的最大的乐事，至高的回报。下面主要以博士生培养为例，谈谈自己在研究生培养中的一些做法和想法。

（一）成功与否，端赖选才

我认为，选好才是成功的一半，正所谓"成功与否，端赖选才"。招生选才的优劣对博士生培养质量的影响，如同农民播下去的种子的好坏对收成的影响一样。因此，如何把好博士生培养的入口关，以什么样的标准来衡量考生，是关涉博士生教育全局的关键问题之一。我认为，对博士生的选拔，既不同于本科生，也不同于硕士生，在选拔中要重视其发展的潜质。一般来说，本科生的培养是以学习为主，通过课程学习和初步的科研训练，以培养某一专业的专门人才；硕士生的培养是课程学习与科研并重，通过自主学习和有指导的科研活动，使之具有从事科学研究或独立承担学术工作的能力，以培养某一学科的高层次专门人才；博士生的培养则是以科研为主，通过自主的科研活动，表明其具有独立从事科研的能力，能够做出创造性的成果，培养某一学科的学术带头人。博士生的培养质量不仅涉及国家人才培养的整体质量，还影响到国家的科研能力与学术水平的提升，以及与之相关的学术声誉。但并不是每一个具有一般思想和业务水平的大学毕业生经过有限几年的努力就能达到这种要求的，因此，严格选拔人才，就显得格外重要。

人才选拔中最关键的，是要能准确判断考生的报考动机，看其是文凭取向还是兴趣取向，是为学位而来还是为学问而来。所以，选拔的考生必须对本门学科有浓厚的兴趣，对科学研究要有强烈的探求欲望和献身精神，愿意终生为这一学科的发展做贡献。如果只是把学习、科研作为猎取学位的手段，就很可能碰到困难就动摇。尤其高等教育学是一门新的学科，有很多的难题有待探索，人们的看法也不一致，各种责难，时有所闻。如果认识不足，信心不定，很可能半途转行。即使勉强留下，也可能急于自炫，则其所学必定不牢靠，而将来的成就也定然有限。为什么这样强调兴趣在选拔中的意义呢？一位著名的历史学家说："板凳甘坐十年冷，文章不写一句空。"我把前一句改为"板凳敢坐十年冷"，想强调的是，坐冷板凳不仅要有兴趣，而且要有勇气。

所以，在选拔过程中，不能光看笔试的成绩，高分未必代表较高的学术能力和学术兴趣。笔试成绩好的博士生中研究兴趣不大、创新意识缺乏、学术潜质不足的大有人在。基于以上认识，我对博士生的选拔，并不太注重考试成绩，更为重视的是在根本问题上的政治方向，以及理论与实际密切结合的论文、专著和学术报告。当然，从学科考试中，多少也可以看出考生的学术水平与逻辑思维能力，但不如看论文或专著那样全面地了解其思想倾向、政治态度以及理论基础、研究能力、科学态度和科学方法。考试成绩与论文、专著审查合格之后，复试时我要求申请者做一次学术报告。报告会邀请教师和研究生一起听讲、提问，然后参考大家的评价，做出最后的决定。

应该强调的是，博士生的选择，应当多给予导师自主权，导师才能做出综合的判断。我的研究生是来自各种学科、专业的，历年来被录取最多的，除了教育系毕业生之外，就是外语系毕业生。我并不是认为外语不重要，而是觉得有些很好的苗子，尤其是思想上比较成熟，又已有相当实践经验的在职申请者，往往由于外语成绩差一点而只好忍痛割爱，实在可惜。其实录取之后，抓紧、抓好一年的公共英语学习，或集中强化训练，大多数是能够达到合格要求的。我最不满意的是研究生专业课程的考题，也要像高考考题那样随附标准答案作为评分依据。如果考生的答案完全符合标准答案，充其量只能考出他们的记忆能力与求同思维，恰恰不能考查对博士生来说最为重要的求异思维。为此，我把标准答案"擅自"改为"基本要求"：思想政治观点正确；基础知识基本正确但不要求罗列无遗；有所发挥，虽不一定正确但能言之成理，持之有故。

我所说的选拔博士生应当重视其发展的潜质，综合考核其学术水平与思维能力，其实现在有些无能为力。20世纪80年代，生源较少，招生制度还不十分"规范"时，博士生导师还有一定的自主选择权。现在制度越来越"规范"了，导师完全丧失自主选择权，而所谓"规范"，又是照搬非人性化的统一高考招生制度。例如，划分数线（不仅划分数线，还划单科分数线），笔试上线后，才从高到低，以1∶1.2的比例与导师见面，进行复试。复试成绩又只能以30%的比例与笔试成绩合计，最后从高分到低分录取。作为导师，只能眼睁睁地看着潜质优异、学有所长的考生落选。"失英才而不得教育之"，是作为导师者最痛心的事。

（二）深入浅出，由博返约

对于博士生，在治学追求上要"深入浅出"和"由博返约"。深，要深在思想上，深在理论上，深入到事物的本质特征和基本规律。而真正能揭示本质和基本规律的理论总是具有简明的表达形式。这就是我们常说的一种科学美。自然科学如此，社会科学也如此。因此，只有真正深入到本质，把握了基本规律，才能浅出，浅出就是要用简明的方式表达出来，做到明白易懂。很多研究者以把简单的东西讲得深奥难懂当作"学问高深"。这种故作高深，往往是自己并没有完全弄懂，没有消化。只有把高深学术问题弄懂了、消化了，才能深入浅出。做学问，要做到深入浅出，既有下功夫的问题，也有端正学风的问题。

先说端正学风。为什么很多人写文章，往往用晦涩的语言来表达，旁征博引许多无关宏旨的理论，无非是为了炫耀自己博学。在他们看来，讲得明白易懂，语不晦涩，似乎就没有学问。这使许多人尚未真正深入就自认为学问已经做得很深了。"文贵约而指通，言尚省而趋明。"其实最高深的学问，可以用最简明的语言来表达，也应该用最简明的语言来表达，寻找简明的表达方式的过程往往也是深入研究的过程。所以，只有端正了思想，才能进一步把学问做得深透。

除了端正学风外，还要下功夫。要在由约到博的基础上，再由博返约，由约到博是充分占有材料的过程，这相对来说比较容易做到，而由博返约是对材料进行深入的思考，探究其中蕴藏的本质特征和基本规律。这是一个需要高度创造力和艰苦求索的过程。要把材料融会贯通，化为己有，形成自己的见解。思考很久的观点，当要写出来、讲出来的时候，须再重新审视材料，果敢地根据需要取舍材料，要敢于割爱。同时，尽量用自己的语言，简明地说明自己的观点，这样就能做到深入浅出和由博返约。

（三）提供条件，自我成才

对于博士生的培养，研究所和导师只能提供必要条件，成才靠自己。所谓必要条件，包括优良的学术气氛、必要的图书资料以及其他教师和研究生的种种帮助。如何帮助博士生自我成才？

一是课程学习。先从硕士生的课程学习说起。我往往把一门课程的全部或一部分，分配给他们自己备课、自己讲课、自己主持课堂讨论。导师工作是介绍一些参考书目，课前检查他们备课的情况，课后帮助他们总结。总结着重于观点上的把关和方法论上的指导。这样，研究生对于所分配到的课题，除阅读导师指定的参考书外，还要自己搜索大量资料进行研究，写出有一定质量的讲稿，并且获得讲课和主持课堂讨论的教学实践经验，把学习、研究和教学实践三者结合起来。研究生对这种方式比较满意，既能系统地学习一门课程又能深入钻研某一课题。有的研究生对所讲的课题继续研究，写出论文；有的就以此作为学位论文的选题。

但是，对于博士生来说，这种课程学习方式就不够了。他们应该开设一门有一定质量的课程。我尽可能让他们就其所长，承担一门课程的教学任务，先后把我开过的"高等教育发展史""比较高等教育""高等教育政策法规"让给他们开。这比他们听一门课或自学一门课，然后考一考或写篇学习报告，效果要好。"教然后知困"，"知困，然后能自强也"。为教而学，学习的广度和深度大不相同，既让学生系统深入地学习一门课程，又可以从中考查他们的教学态度和教学能力。

现在博士生多了，没有这么多的课程让他们开。我就在所开的"高等教育专题研究"和"中国高等教育问题研究"两门课中各提出三四十个研究课题。每门课每人选两三个课题进行研究，写出研究报告，对全班博士生讲课，还常常吸引访问学者和高年级硕士生前来听课。我的任务只是：①课程的总策划。②对每个课题研究做简要的引导：包括课程意义、对本课题已有的争论、对研究本课题的要求等。我自己也讲几个课题。③指定本门课程必需的基本参考书；对个别课题介绍可供参考的论著或论文。④在博士生课题研究过程中随时提供咨询。⑤在博士生讲课和答辩后点评，包括讲课内容和教学能力。⑥评阅作业（包括读书报告、讲课讲稿和小论文）。⑦评定成绩。

我所摸索出来的这套办法，叫作"学习—研究—教学实践"相结合的研究生课程教学法，是适合于研究生培养的。现在高教所其他老师开课，基本上也采用这种教学方法，但各有自己的创新。许多博士生毕业后，也在自己的教学中采用这一教学方法。以这一教学方法为中心的，连同其他的教学成果，2001年获得了国家级优秀教学成果奖一等奖。

二是学术活动。在一定意义上，在博士生成长中，学术活动比课程学习更为重要。为此，首先要创造一个有优良学术气氛的环境，让他们在这个环境中受到陶冶，激励竞争。除了每两周一次学术例会让他们做学术报告或参加学术讨论之外，还支持他们在校内开讲座，同校外学术团体联系，尽量让他们参加校外学术会议，但必须带一篇有一定质量的论文去参加。有时我还指定某一位博士生代表我去参加学术会议或同他们一起去参加，回来后要做传达报告。这对活跃学术思想、拓宽学术视野大有好处。值得一提的是，自周远清同志任中国高等教育学会会长后，学会每年都举办一次高等教育国际论坛。该论坛自2003年开始设立高等教育学博士生分论坛，让所有设有高等教育学博士点的单位选派部分博士生代表参加，既检阅了博士生们的学术水平，又加深了各培养单位之间的相互了解，还增进了博士生之间的情谊，达到了以文会友、切磋学问、砥砺思想、激励创新的目的。

加强博士生之间、博士生与硕士生之间的群体活动，也是至关重要的。每个博士生，各有其专攻的课题，在学术上往往只同导师"单线联系"，不能很好地发挥集体作用。而这种集体的激励、互助或者"碰撞"，往往比导师的工作更为深入有效。曾经有一位硕士生，他的学位论文需要补充大量材料，

2018 年 12 月 17 日，在厦门大学作报告

才能进行充分的论证，文章也要做较大的修改，估计在时间上已经来不及了。我建议他延长学习时间半年，或者放弃学位只拿毕业证书。这对他无疑是一件苦恼的事。他的两位同届硕士生，放下他们各自未完的论文工作，用了半个月的时间，帮助他搜集资料，设计修改方案，经过多少个不眠之夜，终于如期交上了一篇质量较好的学位论文，不但顺利地通过专家评审与答辩，而且论文的一部分发表之后，为《新华文摘》所转载，一次国家教育委员会召开的有关学术会议，还特邀他出席参加。这件事对我的触动很大。为了促进群体之间的激励与互助，我采取了一些措施。如研究生的论文开题报告，邀请其他研究生一起参加；我对某一位研究生的论文指导，也让其他研究生参加，发表意见。虽然参加者对论文内容所涉及的问题，事前不可能有充分的准备，却能起到相互关心、切磋的作用。

　　三是论文指导。写出一篇高质量、有创见的学位论文，是博士生的中心工作。有人认为博士生论文选题，最好是导师研究方向或系列研究课题的组成部分。这是对的，但不排斥博士生选择非导师研究方向的课题，研究导师未研究过的或无力研究的课题，更重要的是根据博士生原有的研究基础和知识结构来确定研究方向与课题。例如，我早期指导的四个博士生，两个论文课题是教学论与课程论，同我的研究方向比较一致；一个论文课题是高等教育体制与管理，对此我所知不多；还有一个论文选题为教育社会学，这个领域我是外行。最近，还有一位博士生的论文课题是关于信息技术与网络教学方面，我更是知之甚少，就请华南师范大学的丁新教授共同指导。这样，导师是不是就不起作用了？我想不会的。研究计划由他们自己制订，研究方法由他们选定，导师只从方法论上提供一些咨询，在具体内容上指导不多，干涉就可能较少，博士生的"自主权"也就较大，未必不是好事。当然，必要时还可以请校外专家帮助。

我认为，对于博士生，不仅要求其具有独立从事科学研究的能力，而且要使其成为未来的学术带头人。作为学术带头人，光有较高的学术水平和科研能力还不够，还要求其具有组织领导集体学术研究的能力。因此，不能满足于自己能够写出一篇高质量并有创造性成果的论文，还要让他们去支持、组织有关教师和研究生参加研究，培养他们搞集体科研的设计、管理、审查的能力。我培养的博士生在读期间就有不少承担"211 工程"或"985 工程"等科研项目的子课题组织工作，更多的是承担有关部门委托科研项目的课题组组长或副组长工作。

四是思想修养。培养高层次的专门人才和学术带头人，不仅要求其具有学术水平、研究能力与组织领导能力，还必须具有较好的思想修养。博士生的思想教育应当围绕成才教育这一中心任务来进行。对他们思想修养的要求应有三个层次：第一个层次是国务院学位委员会相关文件规定中的政治标准。第二个层次是任何科学家都必须具有的事业心、责任感和科学态度、科学道德，在今天应该特别重视这一层次的修养。一个缺乏事业心的人，是难以担当科学事业的开拓重任的；一个责任感不强、敷衍草率的人，是难以树立带头人应有的威信的；一个科学态度不严肃、治学不严谨的人，是难以攀登科学高峰的。第三个层次是对本学科发展的理想、信心、意志和热情，这些是作为本门学科有成就的专家和学术带头人必要的非智力因素。尤其是对一门正在发展中、尚不受社会普遍理解与重视的新兴学科，从事这种学科研究的科学家更要有明确的理想、坚定的信心、坚强的意志和高度的热情。

五是实践锻炼。高等教育学是应用性学科，研究工作要面向实际问题；研究方法，要用调查、观察、实验、总结等多种方法以掌握第一手材料，不能光从书本到书本。但许多研究生宁愿根据书本知识和书面材料坐而论道，不愿多花时间到实际中去。当然，有实际的困难，如受时间、经费等条件限制，但这不是主要的原因。更为重要的是如何扭转理论脱离实际的学风。为此,我曾多次结合自己的亲身经历告诫博士生们:我的理论研究很得益于长期积累的实践经验。实践经验的积累使我在研究教育理论时,心中有个"实际";在写文章、做报告时,心中有读者、听众,力求使抽象的理论成为简单、明白、可接受、可操作的知识;更重要的是养成了从教育实践中发现理论问题,以教育实践检验教育理论的习惯,而不满足于只引用西方的观点和理论来支撑自己的论点,论证自己的理论。理论中的"大、空、洋"的倾向值得注意。"大"就是题目大、口气大,认为别人的研究一无是处,只有自己的理论是"填补空白"的;"空"即空对空,研究的结论纯粹是理论推导出来的,空话连篇;"洋"就是喜欢搬洋人的话,以壮大自己的声势。很多青年理论工作者颇有才气,但如果不联系实际,光说空话,这样的才气是难有生命力的。理论还必须由实践来检验,通过历史分析、比较研究所获得的经验、理论,必须结合当前的实际,通过实践检验,才能被确认并得到应用,从而体现它们的社会价值。为此,我积极给学生提供联系实际的机会。近几年来,在为博士生开设"中国高等教育问题研究"课程期间,我每年都要带全班博士生到各地高校搞实地调研。虽然这算不上实践锻炼,但在科研工作结合实际上有一定的效果。

六是课外陶冶。我觉得,导师的指导,不一定全在课堂上或论文指导中进行,更多的是在平时师生交谈中起潜移默化的作用。为此,20 年前,我同研究生建立了一种家庭访谈制度,后来被称作"周末学术沙龙"。每逢周六晚上,是我接待研究生的时间,自由参加,没有课堂上的正襟危坐与刻板拘谨,清茶一杯,点心几样,可以畅所欲言,往往无所不谈。从天下事到个人生活,从学术论争到工作方法,既谈学问中的人生,也谈人生中的学问,话题有时事先确定,有时即兴而谈,可以是学术思想上的理性探讨,也可以是生活情感上的轻松交流,大家"各言尔志",相互切磋琢磨。研究生对此很感兴趣,感到从中颇有得益。其实,导师也可以从中得到许多有价值的东西和启发。

在沙龙上,除了我和研究生们之间的相互交流外,我还借机引入"活水",让沙龙慢慢变成研究生接触外界的一个窗口。因为经常有些教育界的学者朋友、高校的领导,甚至一些企业家、社会知名人士等来看望我,我就把来访的这些客人在沙龙上介绍给研究生们,让他们之间进行一些交流。一些

在家庭周末学术沙龙上

外国学者，如日本著名高等教育研究专家有本章教授、大塚丰教授，加拿大著名比较教育学家许美德教授，挪威学者阿里·谢沃教授，德国学者罗兰德·舍恩教授等国际友人来厦门大学高等教育科学研究所访问时，都曾来到沙龙上与学生们见面。其中，许美德教授和阿里·谢沃教授还在他们的著作中提到他们参加沙龙的感受和看法。后来，我的年轻同事们，如刘海峰教授、邬大光教授、谢作栩教授、史秋衡教授等也纷纷开起了自己的周末学术沙龙，且各有各的风格，相映成趣，蔚然成风，成为高教所一种宝贵的传统。

（四）师生互敬，教学相长

不论是硕士生或博士生入学，我的第一次报告总要提韩愈的《师说》："弟子不必不如师，师不必贤于弟子，闻道有先后，术业有专攻，如是而已。"事实也是这样：第一，高等教育学是一门新学科，并无多少成熟的理论可学。第二，近年来，不论中国或外国，有关高等教育问题的理论、专著纷纷问世，分支学科、交叉学科、邻近学科的研究成果就更多。导师读新书的时间有限，

2017年12月,家庭周末学术沙龙

所接触到的新知识、新信息不多,而研究生的读书时间集中,精力旺盛,新知识、新信息比导师丰富。第三,研究生思维敏捷,可能比导师更容易发现新问题,提出新见解。

"师不必贤于弟子",但"闻道有先后",师之先于生者,首先是在术业专攻上尝过一些甜头,也尝过一些苦头,积累了一些成功的经验与失败的教训,可能在治学方法上能够给研究生包括博士生某些有益的劝告、点拨、引导。其次,高等教育学是一门应用性学科,我的教育实践和教育管理实践比研究生多,在理论联系实际上,能够提供有益的指导。最后,在人生的道路上,我所经历的风风雨雨也较多,为人处世的经验也较多。我认为"师不必贤于弟子",但"闻道有先后",故导师是能起指导作用的。

对于社会科学来说,导师对博士生的指导,专业的具体帮助不是最重要的,重要的是方向上的指引、方法上的点拨以及人格上的影响。例如,当前不少研究生重"洋"轻"土",崇拜西方成就与西方教育理论,而不重视中国教育的发展与中国教育理论的成就,如果由导师做几次报告,未必能起到什么作用。为什么产生这种思想?可能由于对社会现状持批判态度的心理倾向,也可能由于观察社会现象时,对西方用的是"望远镜",对中国用的是"显微镜"。为使他们对中西教育有一个比较公正的评价,只能引导他们深入了解历史和现状,让他们自己得出结论。为此,我在2003年组织博士生讨论对中国高等教育研究有一定影响的"依附理论"时写了一批论文,分别在清华大学、北京大学、复旦大学的几个高教刊物上发表。和香港中文大学教育学院前院长、现在美国密歇根大学执教的杜祖贻教授合作，研究中国的教育国际化问题，以"借鉴与超越"为主题，设几个子课题，分别由十位博士生承担。近日，加拿大学者许美德正在研究"中国高等教育对世界的影响"，我正在积极争取她前来讲学。我认为，西方发达国家的教育实践与理论，的确有很多值得我们学习的东西，但远非完美；中国教育的确有许多问题，非改革不可，但也不是一无是处。更重要的是要立足国情，即使西方某些先进的东西，也不是照搬照抄就能生效的。忧思可以使人发愤，自卑却使人丧志。"临渊羡鱼，不如退而结网。"正因为中国教育问题很多，所以更需要青年一代投身于教育改革事业中。

对于博士生的学术观点和学术见解，只要言之成理，持之有故，不一定要求与导师一致，以免压抑他们的创新精神。但是，对于社会科学研究中容易产生的一些偏向，如照搬洋教条、理论脱离中国实际、忽视应用科学理论的可行性、思维逻辑不严密等，就要从方法论上加以指点、引导。即使是某些显然错误的观点，也不要简单地划禁区、扣帽子。凡是错误的观点，总有它的理论错误或逻辑错误的地方。最好从方法论上找出它的错误所在，引导他们自己去重新审查自己的结论，自己去修正自己的结论。有一位博士生在一次报告中，提出了一个明显有错误的观点，在场不少听者赞扬他的观点"有新意"，也有的研究生感到不对头。"有新意"的赞扬使他感到满意，感到不对头的又说不出所以然。如果导师只是告诫或谴责他不该持此观点，可能起禁锢作用而难以使之心服。为此我把他的报告稿索来仔细研究，发现这篇报告不论论据或论证都有逻辑错误，为了慎重起见，我还查对了原著，然后向他指出。他承认了逻辑上的错误，进而重新审查了他所得的结论。

另外，我也积极向年轻人学习，这是防止思想落后于时代的有效方法。与年轻人一起探讨问题，总能感觉到新思想、新观念的碰撞和冲击。我比较注重发现和把握青年人思想的闪光点，并加以提炼和系统化。如运用可持续发展观研究高等教育发展问题，就是在与博士生讨论的时候受到启发后，我组织他们写了一组笔谈，并形成了我自己的高等教育可持续发展观。

如要谈到作为一位老教师的感受，我认为是"师者，传道受业解惑也"，

2005年4月，在北京与弟子们在一起（前排左起：林惠青、潘懋元、肖海涛。后排左起：吴岩、别敦荣、韩延明、刘振天、刘振天之女、朱国仁）

教师最大的心愿无非是倾尽所学传授给学生，而学生们能够勤奋治学，学知识，学做人，并学有所成。学生们的成功对为师者而言是莫大的欣慰，"青出于蓝而胜于蓝"是为师者最大的期盼。我一生最为欣慰的是，我的名字排在教师的行列里；假如我有第二次生命，我选择的职业还是教师！

希望在明天

经常有人问我，你成为著名教育家有何奥秘？当前乃至今后中国高等教育研究应注意哪些问题？诸如此类，不一而足。每当这时，我多是笑而不答，一是因为自觉并未成"家"，也不著名，更无奥秘可言；二是因为高等教育研究中的问题太多，三言两语无法说清。不过，既然经常有人关心，说明这些的确是问题，似乎不容回避。所以，我不得不做简单答复，算是对过去的回顾和对未来的展望。

（一）岁月回想：机遇偏爱有准备的头脑

不知从什么时候开始，我被人封为"教育家"。对此，我是诚惶诚恐的。细细想来，被封为"家"，大概是已年近花甲时的事了。只能说是一种偶然的机遇——20世纪50年代，我曾提倡要研究高等专业教育理论，这是一个有别于普通教育学的研究领域。为此，写过几篇探讨高等教育特点、规律和教学过程原则的论文，同教研室的同志们合编过一本《高等学校教育学讲义》。但这几件事当时并没有什么反响。70年代末，我旧议重提。当时正值中共十一届三中全会带来历史的转折，中国迎来了科学的春天，高等教育也在春风中勃发生机。人们反思此前30年间高等教育的多次失误，认为大多是由于违反教育规律办事。研究教育规律，成为当时高等教育界的热门话题。我的文章《必须开展高等教育的理论研究——建立高等教育学科刍议》（《厦门大学学报（哲学社会科学版）》1978年第4期）得到回响；《高等教育学及其规律》等报告稿被印成小册子辗转流传；我邀请几位同志合编的《高等教育学》多次获奖，和其他同志一起筹建的中国高等教育学会也得到教育领导部门的支持。正是有此种种机遇，我才不由自主地被封为"教育家"。看来，机遇是很重要的。

但是，对于一个人来说，机遇并不是可以侥幸抓到的。我相信一位科学家的名言："机遇只偏爱那种有准备的头脑。"机遇对于我的"偏爱"，可能是我已有两个方面的准备：一是理论准备，二是实践准备。理论准备是在此之前，我曾学过哲学（读大学前和大学期间读了几本，中华人民共和国成立后在中国人民大学修过政治课）、经济学（大学念书副系是经济学，修了32个学分）、教育学、心理学（念过师范学校、教育系、教育学研究生班），对文学、历史和逻辑学也有所涉猎。20世纪50年代以来，又研究过中国近代教育史和高等教育理论，关于高等教育的特点、高等教育的基本规律、高等学校教学的过程与原则、大学生的心理特征等，逐渐形成粗浅的却是自己的见解。但高等教育学是一门应用性、实践性很强的学科，光有理论准备还不足以学有所用，同时还得靠我几十年的教育实践。我当过小学教师和校长、中学教师和教务主任。从40年代起，在当大学教师的同时，先后兼任过教学研究科长、教务处处长、副校长、校党委常委等。这些实践经验的积累，使我对抓住机遇有了准备。我总认为，研究社会科学，理论准备重要，实践准备也重要。

但有了准备，抓住了机遇，并不是就万事大吉了。高等教育理论研究，在前进的道路上困难重重，挑战仍然来自两个方面：理论方面，还不成熟，还没有系统的科学体系；实践方面，还存在许多脱离实际的空论，不能有效地转化为教育实践或不能有效地指导教育实践。总的来说，高等教育要改革、要发展，就需要理论；有中国特色的社会主义高等教育现代化建设，需要有中国特色的社会主义高等教育理论。这是机遇，但我们的准备不足。我愿意为这一新学科的建设继续奋斗，并寄希望于青年人。我坚信中国青年一代的高等教育研究者将会把这一事业继承下去，使中国的高等教育学屹立于世界学术之林，并为中国教育的振兴和中华民族的复兴做出应有的贡献。

2004年，在厦门大学教育研究院元旦晚会上做新年寄语

（二）寄语未来：从大国到强国

进入21世纪，我国高等教育迎来一个必须紧紧抓住并且可以大有作为的重要战略机遇期。这既是一个发展的黄金期，也是一个矛盾凸显期。一方面，我国高等教育实现了跨越式大发展，进入了大众化阶段，成为世界上头号高等教育大国；另一方面，我国远非高等教育强国，在深化改革中问题丛生，面临着如何从大国走向强国的考验。高等教育实践呼唤理论指导，高等教育研究者应该勇敢地担负起时代赋予的历史使命：在加强理论创新与实践指导的过程中，实现高等教育研究从大国向强国的迈进。这是一个重大课题。作为高等教育研究战线上的一名老兵，我想从元高等教育研究的层面谈谈个人对如何开展高等教育研究的一些看法。

1. 质与量

近40年来，中国高等教育研究从兴起到发展，取得了丰硕的成果，主要表现为：建立了以高等教育学为主干的高等教育科学学科群，成立了遍及全国的高等教育研究机构，训练和培养了一大批专业人才，高等教育研究刊物大量涌现，刊发了数以万计的高等教育研究论文，出版了数以百计的专著和教材，并根据中国高等教育改革与发展的实际需要，承担完成了一大批重大攻关项目，在解决中国高等教育改革的实践问题、为国家高等教育决策提供咨询、推进中国高等教育事业的发展上，做了大量富有成效的研究工作。总之，中国的高等教育研究已成为教育科学领域中最具活力的领域之一，越来越多的教育理论工作者、高校教师和管理干部加入高教研究的队伍，中国高教研究呈现前所未有的繁荣局面。由于当代中国高教研究的人员多、机构多、刊物多、成果多，因而有外国高教研究专家把我国誉为"高等教育研究的大国"。

作为"高等教育研究的大国"，不能满足于高等教育研究"量"上的增加，更重要的是"质"（科学化水平和应用价值）的提升。我个人认为，影响我国高等教育研究"质"的提升的关键问题有两个。

一是高等教育学还是一门尚未成熟的学科，还未形成科学的理论体系。我曾在第四届全国高等教育学研究会的主题报告中讲过，我们的高等教育理论研究有很多研究成果是有理有据的，但不可否认，有一些所谓的理论研究存在"大、空、洋"的倾向。"大"就是题目大、口气大，往往"前不见古人"，或认为别人的研究一无是处，只有自己的观点、理论才是最新的、最正确的；"空"即空对空，依据和结果往往都纯粹由理论推导出来，有的甚至连逻辑也不顾，空话连篇；"洋"就是喜欢搬洋人的话，以壮大自己的声势。有的研究连篇累牍地引用外国二三流作品，而对中国自己的理论建树不屑一顾，以为"洋"的就是好的。这是十年前的看法，好像现在依然适用。

近些年来，可能是受后现代思潮的影响，当前对高等教育学科建设方面的探讨，激进、消极的解构多，理性、积极的建设少；真正肯沉潜下来进行深入研究的不多，原创性的科研成果更是罕见。例如，经常看到一些颇有才气的青年理论工作者提出"高等教育学合法性危机""高等教育学贫困""高等教育研究泛化"等批评。应该说提问者大多是从良好的愿望出发，为的是高等教育学科发展的期望，但其中许多是由于对历史缺乏必要的了解和对前人研究的成果缺乏尊重。其实他们提出的不少问题早在学科创立之初就已有所探讨并取得较好成果，这就导致有的研究实际上是在重复前人已经完成的工作，甚至在研究水平和研究方法上还出现了某种程度的退化。更有甚者无视高等教育研究的主流，抓住前进中出现的一些消极现象，否定建立高等教育学的必要性和合理性。在新形势下出现杂音并不奇怪，应该认真对待。"物之初生，其形必丑。"学科的发展与成熟不可能一蹴而就，不能因为它现在有缺点与不成熟就一概否定，应该主动承担起责任，为它的成熟献计献策、贡献力量。

二是应用研究多停留在现行政策解释和经验总结层面，理论深度不够，缺乏理论说服力。教育理论界常常指责高等教育研究队伍庞杂，许多人不是科班出身，三教九流都有，不少研究缺乏规范，理论深度不够。对此，我一直认为要一分为二地看。一方面，要承认由于队伍庞杂，水平参差不齐，问题不少，不容忽视。特别要强调的是，高等教育的应用研究不能只停留在描述功能层面，还要深入到解释与解决功能层面，以至预测功能层面。另一方面，研究队伍庞杂并非全是缺点，可能正是中国高等教育研究的一个特点。中国每年数以万计的高等教育研究论文，绝大多数是应用研究，而应用研究大多出自一线的教师和管理干部之手。尽管这些文章理论水平不高，多为经验总结，但也有它的实际作用，因为低水平的文章有低水平的价值，"下里巴人"的社会价值，不一定低于"阳春白雪"。它的价值在于针对具体的实际问题，发表一得之见，以供决策咨询；或总结一点经验，以供同行参考。就像现代管理学的开拓者彼得·德鲁克教授所说的那样："管理是一种实践，其本质不在于知，而在于行；其验证不在于逻辑，而在于成果；其唯一权威就是成就。"高等教育应用研究也是这样。高等教育应用研究的成果最终要接受实践的检验，唯一能证明这一点的是成就而不是知识。如果试图通过向高等教育研究者"颁发许可证"，或把研究工作完全"专业化"，不是专家或"科班出身者"不得从事研究，那将会对我们的高等教育研究事业的发展造成极大的损失。中国高等教育研究需要广大教师和管理人员的广泛参与，这样高等教育研究才有活力，才能保持长久的繁荣。当然，我在这里并不是说高等教育研究只要能解决一些具体的实际问题就行，高等教育研究不能没有基本理论方面的研究，这是基础。致力于基本理论研究的学者既要耐得住寂寞，探微钩沉，从容深思，又应该紧扣时代发展的脉搏，针对那些具有全局性、综合性的理论前沿论题，以敏锐的观察、开放的视野、前瞻的构思和富有使命感的态度，开展系统的研究。当然，这种抽象的理论也许离现实较远，但一个学科一定要有一部分人从事这种研究，从事这种研究需要有"板凳敢坐十年冷"的勇气和精神。值得注意的是，当前高等教育研究发展相当迅速，但能安下心来搞基本理论研究的人却很少，包括我自己在内，往往像赶集一样，被动奔忙。

2017 年 9 月 22 日，为 2017 级博士生上课后合影

总而言之，在高等教育研究相对繁荣的今天，我们要在稳定发展的基础上，鼓励创新，注重质的提高，既期待大量高质量应用研究成果的涌现，更渴望高质量的原创性基本理论研究成果的产生。在两类成果中，理论创新更为关键。没有理论上的创新，就不可能创立中国高等教育学派，不可能成为高等教育研究的强国。

2. 学与用

早在 20 世纪 60 年代初，我在有关理论联系实际原则的"试论""再论"两篇论文中，就曾经指出在研究方法论上存在两个主要问题：一是理论脱离实际，内容贫乏，理论空泛，教条味重；二是实际脱离理论，铺叙事实，就事论事，发表局部经验或个人感想，以偏概全，不能上升到理论上来。现在，这一情况虽然有所变化，但并无根本改观。某些高等教育研究工作者热衷于闭门造车、孤芳自赏，对热火朝天、日新月异的高等教育改革实践视而不见，不重视调查研究，不注意从实际问题中选择研究课题，以至于研究出来的成果空洞无物、晦涩难懂，从概念到概念、从理论到理论，即使出版或发表，也只能束之高阁，对高等教育实践起不到任何作用。同时，一些现实问题研究者或政策制定者不重视理论运用，凭感想写文章，凭经验做决策。无论理论脱离实际，还是实际脱离理论，都不利于高等教育研究的开展。

理论工作者时常埋怨实际工作者不重视理论研究的成果，而实际工作者又往往批评理论工作者脱离实际，都有一定道理，但都存在忽略中介环节的问题。理论，尤其是基本理论与实践之间是有一定距离的。理论要转化为实践，是要受许多条件制约的，要经过一定的中介环节。因此，不能只是埋怨理论工作者的理论脱离实际，或者只是埋怨实际工作者不重视理论，要重视解决理论转化为实践的条件问题，在理论与实践之间架设中介桥梁。在全国高等教育学研究会第四届学术研讨会上，我曾提出一个中介环节的示意图：

基本理论→应用研究（开发研究）→政策（一般指宏观的）→操作性措施（一般指微观的）→实践；或基本理论→应用研究→操作性措施→实践。

例如，市场经济与高等教育的关系的理论研究成果，要转化为高等教育实践行动，大致需要经过以下几个中介环节：市场经济对高等教育的改革与发展起制约作用→对大学生就业制度改革的研究、对高等教育结构改革的研究、对高等教育管理体制改革的研究、对高等教育投资体制改革的研究等→制定有关的政策→制定具体实施细则或措施→政策、措施的执行。

又如，大学生素质教育研究成果，要转化为教育教学活动，一般需要经过如下中介环节：大学生素质教育原理→课程上如何体现素质教育的研究，如何利用校园文化进行素质教育研究，如何通过社会实践与劳动进行素质教育的研究，如何与家庭、社区配合进行素质教育的研究等→根据具体校情制定大学生素质教育方案（或计划）→方案或计划的实施。

简而言之，高等教育研究有两大任务：一是高等教育学的学科建设，二是加强高等教育理论研究以服务于高等教育实践；或称一个为基本理论研究，另一个为应用研究。两大任务实质上是相互联系、相互促进的。不过，在特定时期，可能出现畸重畸轻的问题。例如，在高等教育学科创立之初，我们对高等教育学科建设较为偏重，对现实问题的关注较少，这可以从全国高等教育学研究会的头三届年会的讨论主题都是围绕高等教育学学科建设这一事实来验证。应该说，这种现象在当时是正常的。但在这个过程中，我渐渐感觉到，我们若总是只围绕一个方面即高等教育学的学科建设问题讨论下去，不去接触火热的高等教育实践，就会由于钻牛角尖走到死胡同；我们如果一味地在那里冥思苦想如何构建一个科学的、完美的学科理论体系，一味地在那里冥思苦想如何找到一个建立学科理论体系的逻辑起点，就可能导致我们的研究工作严重脱离实际，以为只有搞出一个理论体系才有意义、有价值，而轻视已经存在的、得到较大发展并产生实际效益的学科的知识体系。"坐而论道"，理论不联系实际，无助于高等教育学的学科建设。所以，针对当时的情况，在和一些同志商量后，我在第四届全国高等教育学研究会年会的主题报告中提出，不能继续只停留在高等教育学学科理论体系的建设上，可把这个问题的探讨暂时放一放，希望大家来关注"高等教育理论研究如何更好地为高等教育发展与改革实践服务"这个问题，在理论与实践相结合上做文章。事实上，当时客观上也需要我们重视现实问题研究。因为高等教育改革与发展中，有许多问题，包括尚未被人重视的重要问题，尤其是教学改革、课程改革中的许多问题亟须理论指导。当然，我当初提出的这个转向并不是说我们完全不要高等教育基本理论研究了，不要高等教育学科建设了，只是说要加强对现实问题的应用研究。但是后来的高等教育研究越来越侧重于对现实问题的应用研究，以至于对高等教育基本理论的研究明显放松，一些先前热衷于基本理论研究的学者纷纷把注意力转移到现实问题的研究上了。针对这种情况，2005 年底我在上海举行的第八届全国高等教育学研究会年会上提出了要重新重视高等教育基本理论问题。这种重视并不是要求高等教育的基本理论研究和应用研究在成果数量上平分秋色，在人员比例上旗鼓相当，或在时间精力上平均分配。问题在于这些研究成果的质量如何，尤其是基本理论研究成果的质量如何。我认为，即使高等教育理论研究成果只占10%，其中若有一些高质量的，那就很好了。

总之，这需要理论工作者和实际工作者双方的通力合作，而非互相埋怨、疏离。20世纪70年代末80年代初，高等教育理论研究与高等教育实践曾经得到了较好的结合。现在高等教育的改革与发展又为我们创造了新的机遇。现在已有许多（不是所有）教育行政领导和高校各级管理者，从实际需要中越来越感到高等教育理论研究的重要性，不少人通过参加理论研究尝到了甜头。只要我们的理论研究主动地走出去，面向实际、面向实践的需要，我相信高等教育理论研究可能会形成一个新的热潮。

3. 古与今

科学的方法论，应该是一种"建立在通晓思维的历史和成就的基础上的理论思维"（恩格斯语）。或者说，考察学术问题"最可靠、最必需、最重要的就是不要忘记基本的历史联系，考察每个问题都要看某种现象在历史上是怎样产生的"（列宁语）。因此，高等教育研究应重视高等教育史。然而，重视历史，并非提倡固执于历史、生搬硬套地"食古不化"，也不提倡厚古薄今的"以古非今"，而是坚持"论从史出"和"以论带史"相结合，取其精华，去其糟粕，使古为今用。

我向来重视教育史的研究。在一次高等教育史研讨会上，我曾提出这样的观点：教育理论的源泉一是教育史的研究，二是比较教育的研究，三是现实的教育实践经验的总结与提高。历史的与外国的，是借鉴前人和国外的经验及其所总结的理论，而现实的是根据当前我国教育实践或研究者个人的教育实践所总结提高的，三条源泉在实质上是一致的。在高等教育理论研究过程中，我更加清楚地认识到教育史，尤其是高等教育史研究的重要性。从20世纪80年代早期开始，我就倡导结合高等教育改革与发展的实际开展高等教育史的研究。1984年在厦门大学召开的全国教育史研究会理事会上讨论年会的研讨课题时，我怀着迫切的心情，一口气提出高等教育改革中亟须解决的许多教育史问题，其中很多是与高等教育改革实际密切相关的高等教育史问题，如传统教育与现代教育的关系、教育观的历史演变、功利主义与人本主义教育思想的发展及其影响、大学职能的演变、大学在创造与发展文化上的历史作用、通才教育概念的演变、大学科学教育发展的历史、中外古今启发式教学的比较、学位制的历史演变、学分制的历史演变、私立大学的产生发展及其作用，以及中国留学教育在社会发展中所起的作用及其经验教训，等等。但遗憾的是，这些从教育改革的现实需要中所提的问题在理事会上并未引起重视，没有被列为年会的中心课题。随后，我多次撰文呼吁对高等教育史研究的重视。

从教育史中获得的理论和规律有其特殊意义。这一方面是因为历史往往有惊人的相似之处，因而可以借鉴历史经验和吸取历史教训，使之古为今用；而且从历史的长河来看，视野开阔，站在前人的肩膀上攀登，可以避免坐井观天。另一方面，历史已经过去，能看得比较客观，不会被许多表面现象所困惑、干扰。正是因为教育规律一般可以从教育史上总结和揭示出来，因此，研究教育理论应有一定的教育史知识，这样才能了解高等教育的内在联系，研究才能有深度、有远见。缺乏历史分析，往往只能就事论事，浮于表面。

高等教育研究理应包括高等教育史的研究，但更深的含义是：高等教育理论建设，有赖于高等教育史研究的支持。我对教育理论界仍然存在的某些历史虚无主义态度和观点，如"教育改革要与传统彻底决裂""素质教育与考试决裂"等表示担忧。教育改革不是突变，而是新质代替旧质的渐变过程，因此，古代、近代的许多东西现在还可以用，教育理论和教育实践工作者都要重视教育史上的规律、经验和教训。一些人不重视教育史，想当然地提出所谓"新理论"，殊不知这在历史上早已有之，这是对历史的无知。懂得历史，就不会重复历史上的错误。观今而不鉴古，是短视的、浅薄的。在今天"论"满天飞的时代，没有"史"的根基，"论"就是虚无缥缈的；没有"史"的"服务"，"论"就是无力的。

教育史研究与现实问题研究之间的作用是双向的。一方面，"鉴古知今"，"古为今用"。但不能把"古为今用"作狭隘的实用主义理解，更不能要求每本书、每篇论文都要直接针对实际问题来写作，更不是像有人所误解的那样，要求教育史研究为处理具体问题提出方案。相反，教育史解决教育现实问题应当站在历史的高度，透过历史长河的演变更好地认识教育发展规律。另一方面，与"鉴古知今"相对的还有一个"知今通古"的问题。一般来说，

"通于古者窒于今，长于论者短于用"。专注于过往的世界，有时容易出现"窒于今"的情况。实际上，一个人越是了解现实社会的一些问题，也就越容易认识历史上相似问题的真相。也就是说，对现实问题的关注，能使教育史研究工作富有活力与生机。在一定意义上，古与今是互补为用的。

4. 土与洋

中国高等教育学是一门年轻而又富有活力的学科，同时，又是一门立足本土，并非依附于西方理论而建立和发展起来的学科。如果说中国高等教育制度和理论，早期主要是从西方引进而带有一定依附性的话，那么，中国高等教育学科发展的历史证明，通过提升文化自觉，立足本国实际，大胆借鉴，不断超越，勇于创新，所走的完全是一条非依附发展的道路：第一，中国高等教育学科是在中国本土产生与发展起来的，而不是从他国引进的；第二，高等教育科学研究紧密追踪中国高等教育的重大现实问题、热点问题；第三，我国高等教育学科建设重视学科建制，和西方高等教育的"问题研究"取向有明显的不同。

1999 年，获英国赫尔大学名誉博士学位

这些特点是由客观现实和主观选择两者共同促成的。在 20 世纪 70 年代末 80 年代初高等教育学科创立时，对于国外高等教育科学研究的进展状况和研究成果了解不多，因此只能自力更生，"土生土长"。"土生土长"的缺点是"土里土气"，视野不宽，但也证明了我们能够建立起自己的社会主义高等

教育理论并指导中国的高等教育实践，解决中国的若干高等教育问题。在其发展过程中，对西方的高等教育理论必然有所借鉴，甚至某些分支学科或研究领域首先是从国外引进，但其主流始终是本土的。即使从西方引进的某些分支学科，也结合中国实际，有所改造，有所创新。简而言之，中国高等教育学科对西方的经验与理论虽有所借鉴，但始终以本土化为立足点，在追踪中国高等教育现实问题的过程中，创立富有本土气息的理论框架，并逐渐臻于科学化。

以上话题，我在《依附、借鉴、创新？——中国高等教育学科建设之路》（《北京大学教育评论》2005年第3期）一文中有专门论述。另外，在李均同志不久前出版的《中国高等教育研究史》（广东高等教育出版社2005年）中有更为详细的论证，该专著是他在厦门大学高等教育科学研究所攻读博士学位时所撰写的博士论文的基础上修改而成的。这本专著以翔实的历史资料证明了中国高等教育理论并非依附性发展。

可以说，中国高等教育研究发展30多年来，走出了一条本土化、自主发展之路，并初步形成了自己的特色。但必须承认，从世界高等教育研究的整体格局来看，中国高等教育研究仍游离于"中心"之外。由于在相当长一段时间内缺乏与国际的交流与合作，我们有不少研究成果是在相对封闭的学术环境中产生的，这导致我们的研究视野狭窄，对国外先进成果借鉴不够，研究的科学化程度不高。与此同时，在国际高等教育研究的大舞台上，中国学者发出的声音还很微弱。对于将中国教育置于全球化的视野中考察，促使高等教育研究成果引起世界其他国家教育学者关注的这一问题，中国教育学者一直不太关心，甚至不像有些国外学者那样热心。如加拿大的许美德（Ruth Hayhoe）、美国的白杰瑞（Gerard A. Postiglione）、挪威的阿里·谢沃（Arild Tjeldvoll）等学者，都曾经和正在致力于向国外介绍中国的高等教育理论与实践。现在，为数不多的在国际高等教育研究刊物上发表的论文多数只停留在高等教育情况介绍上，缺乏展示中国高等教育理论研究特色的深层次理论探讨，这势必造成我们有些本来已经达到或接近国际先进水平的研究成果，并没有引起国际高等教育研究界的关注，从而丧失了"文明对话"与"文化输出"的机会与可能。事实上，正如国际社会对中国近年来的经济成就已表现出相当的兴趣一样，现在人们同样渴望知道，在高等教育理论、政策和实践方面，中国能为世界贡献什么。和十年前相比，国际社会想要了解中国高等教育思想以及中国高等教育发展的热情越来越高涨，中国高等教育研究者有责任向世界介绍本国的教育思想和成就，应该为文明间的对话做出更大的贡献。

总之，作为高等教育研究的大国，不能满足于规模大、成果多，更重要的是沉下心来，不断提高科学化（不是八股化）水平和应用价值。高等教育研究者要切实担负起自己的历史责任，瞄准学术发展前沿，拓宽认识视野，拓展思维空间，既立足当代又继承传统，既立足本国又学习外国，大力推进学术观点创新、学科体系创新和科研方法创新，形成国际高等教育研究中的中国学派，努力建设具有中国特色、中国风格、中国气派的高等教育学科群。

2006年，参观牛津大学

2006 年，参观牛津大学

从元高等教育研究的层面来看，我国高等教育研究需要注意的问题远非以上四个方面，内部关系规律与外部关系规律、研究方法上的一与多、规范与自由、继承与创新等也都是值得注意的问题，鉴于这些问题有的已在前面谈及，有的则于文中隐约提到，就不再赘述。相信今后会有更多的学者关注这些问题，提出更深刻、更全面的看法和建议，共同致力于中国高等教育研究的蓬勃发展。

《诗经·伐木》曰："嘤其鸣矣，求其友声。"这是我的本意所在，也是我的希望所在。

跋

很多年前，先后有不少师友和出版界的朋友想为潘先生立传，但诸多努力与劝说均被他以"我是一个普通人，没什么特别的东西值得写"的回答而拒绝。新世纪元年恰好是先生八十华诞，同时适逢他从教六十五周年，机会难得，值得纪念。但先生只允许弟子们和熟悉他的一些朋友以学术研讨的方式留下一本纪念文集。①

究竟是什么原因促使先生一改先前的态度而应允这本口述史呢？原因可以说是多方面的。

首要的原因是近年来先生对中国高等教育研究中出现的忽视历史、不尊重历史的倾向感到担忧。因为在先生看来，高等教育史是高等教育理论建设的源泉之一，高等教育理论与高等教育历史之间是相互依存的，它体现了辩证唯物主义方法论的"历史与逻辑统一"的原则。十多年前，他就曾在《高教历史与高教研究》（《高等教育研究》1992年第1期）中指出：

> 研究教育理论应有一定的教育史知识，这样才能了解高等教育理论的内在联系，研究才能有深度、有远见。缺乏历史的分析，往往只能就事论事，浮于表面。许多所谓"展望""预测"，往往流于主观设想，正因为其缺乏社会发展规律、教育发展规律的根据。对高等教育发展史不了解或理解得不深不透，不可能深入地

---

① 王伟廉，杨广云. 潘懋元与中国高等教育科学［M］. 北京：中国华侨出版社，2000.

研究高等教育理论；对高等教育发展史理解得越深，则对高等教育理论的掌握也就越透。

所以，当先生看到高等教育理论研究中的一些观今而不鉴古的短视、浅薄之作时忧心不已，在不同场合表示希望采取不同方式呼吁青年学者和研究生们增进对高等教育发展史和高等教育研究史的了解。实际上，潘先生已有意识地指导李均博士完成了一本以《中国高等教育研究史》为题的博士学位论文。

先生的顾虑一如以往，担心自己没什么可写的。我们向他解释，口述史学是一种有别于文献史学的形式，并可与文献史学互补长短，增加历史知识的面貌。如果访谈对象是某一历史的重要见证人，不管他是名人还是普通老百姓，都会有价值，而先生是近70年来中国高等教育发展的见证人，也是中国高等教育学的主要创始人，无疑是高等教育口述史的合适人选。

2005年，接受教育口述史访谈
从右至左：潘懋元、殷小平、肖海涛

2005年3月，接受教育口述史访谈

接下来，蒙先生抬爱，我们两位高等教育学界的年轻后学有幸担任了访谈和整理工作。在近两年的时间里，先生虽然学术事务和教学任务繁重，但仍然不定期抽出时间给我们讲述，接受我们的提问。访谈期间，我们不仅了解到先生的治学历程和为学体会，也得到了人格上的感召、感情上的沟通和精神上的传承。可以说，能这样登堂入室聆听先生的教诲，是我辈年轻学人一生中的幸事。

在与先生的交谈中，我们最强烈的感受是，先生饱含着对高等教育研究的诚敬和对中国高等教育未来的殷殷之情。他叙述个人经历，从不吹嘘自己天纵英才，或者本来天资驽钝而后济以超常的勤奋，他只是平实地讲述他走过的路程，以及当中的感受：有辛酸，有幸福，有收获，有遗憾。他反复告诫我们："不忘历史，珍惜现在的大好时光。"他的语调是恳切的，就如他在每次开学师生见面会上的致辞。而每次提及自己的成就,他都是谦抑地打着折说话。这种气度令人感佩。同样让人感动的是在访谈结束时,先生语重心长地道出了这段话:"高等教育学这座学术大厦是要经几代人才能累积起来的,我们这代人做了奠基工作,也初步搭起一个基本框架,细致的工作将留待后来者。我们这代人研究的内容、水平和一些观点、想法,不论其价值如何,客观上反映了这一时代的学术背景和状况。因而留给后人作为学术史来读还是有一定意义的。希望后人超过我们。"

最后,我们要特别指出的是,生活高于语言。先生的学术智慧和历史感悟不仅是用言语或思想表达出来的,也是用生活和行动展现出来的。那些只可意会不可言传的默会知识是无法呈现在这部作品中的,这是一种遗憾。另外,限于我们的学力和阅历浅薄,我们之与先生,正如人低山高,站在山脚无法目测山有多高、呈何形状。我们所做的只可能是绠短汲深,管孔入览,而无法通过提问来很好地把握和呈现先生的丰富多彩的学术生涯。而且,即便是我们在对先生口述内容的文字整理过程中,也难免会出现一些误解,或难以十分准确地表达出他所原本口述的深意。加之时间较为紧张,没能更好地琢磨凝练,留下不少遗憾。

总而言之,一部口述历史的成功与否,不仅取决于访谈对象的叙述,也与访谈者的提问和学术素养息息相关。我们在访谈之初就意识到这个问题,在访谈和整理过程中也时常感到力不从心,也因此不无愧疚,是先生的鼓励和宽容让我们备感振奋,坚持到最后。所以,对于本书中出现的错误或不足,皆是我们的疏漏或能力有限造成的,敬请各位读者批评指正。

本书在整理过程中,得到了先后在厦门大学高等教育科学研究所就读或工作的一些老师和学友的帮助与支持,恕不一一列举,在此一并向他们致谢。

肖海涛　殷小平
2006 年 12 月

百 岁 感 言

我即将进入百岁高龄，但仍耳聪目明，思维清晰，可以授课、指导研究生、作报告、写文章。许多人问我有什么长寿秘诀。

说是遗传：我的祖父母在我出生之前，均已辞世；我的父亲虽高寿达八十一岁，但我的母亲五十岁就去世了；我有兄弟姐妹共十人，除大姐、四弟和我高寿外，余均夭折；对我影响最大的二兄潘载和，也只活到二十一岁就染肺病去世。

说是健康：我一生身体多病。我的最早记忆（约三岁或四岁），就是在病榻上母亲的擦摩；其后的记忆是少年时经常得感冒和胃病，青年期经常患恶性疟疾（打摆子）。一生还生过几场大病：十七岁时患伤寒；五十二岁时患急性黄疸肝炎；六十四岁时胆结石急性发炎，两次手术，切除了胆囊；如今是肝癌经放疗在养病中。疾病的磨难使我后半生腰弯背驼。

说是运动：身体运动，有利于健康，的确如此。但我只在青年时喜欢翻双杠，其后坚持做掌上压，现在只是每天做十五分钟的简式太极拳而已。

我的理解：身体的运动很重要，大脑的运动更重要。大脑是全身的"司令部"，指挥全身活动。"心之官则思，思则得之，不思则不得也。"人应当保持大脑有足够的运动量。例证：选择做官员，在位时忙于开会、作报告、处理种种复杂问题，精神焕发，身体健康。退休之后，"门庭冷落车马稀"，很快显得老态龙钟；选择做生意人，在谈生意时，跑市场、陪客户，酒酣茶热，满面红光，生意做完，"人一走，茶就凉"，也容易催人衰老；而从事教学与科研工作的人，可以退而不休，继续从事脑力活动。如果说有什么长寿秘诀的话，这就是我所体会的秘诀——大脑的运动比身体的运动更有利于长寿！因此，身体从职位上退下，但大脑不要"退休"。人要退而不休，发挥余热。西方有一种更有意义的说法："迎接人生的第二个青春！"

潘懋元

2019 年 10 月 28 日于厦门

编　后　记

传承是根，创新是魂。

编纂整理《潘懋元文集》具有极其重要的理论意义、历史意义和现实意义。在潘先生百岁华诞暨从教85周年来临之际，编纂整理《潘懋元文集》（第二版），其意义更为重要。

世纪老人潘懋元先生是中国高等教育学科的奠基者和创始人，是学术上的"老人与海"。潘先生人生经历丰富，内蕴深刻，富于传奇。他的学术成果丰硕，富有创见。早年作品涵盖诗歌、散文、杂文和小说等，很有文学功力，如果在这条路上走下去，说不定会成为文学大家。然而，潘先生志向不在于成为文学家，而是矢志从教和教育研究，他甚至说："如果有来生，我还愿意当教师！"他不是一般的教师，而是具有学术创见和学术生命力的教师。作为我国高等教育学的创始人，他创造了一种存在！他的学术生涯开创和见证了我国高等教育研究的发展历程，他的学术成果反映了我国高等教育学科建设和高等教育研究的理论创新。他的学术事业不仅为我国高等教育事业的发展做出了重大贡献，而且对世界高等教育研究做出了创造性贡献。这些贡献体现了中国学者的文化自信、责任担当、精神风貌和卓越成就。

编纂整理《潘懋元文集》（以下简称"文集"）是一项宏大的工程，聚集了不少人的智慧和努力。这里有必要简介文集的构想和编辑过程，同时表达最真诚的谢意。

首先，需要说明的是，《潘懋元文集》（第二版）是在2010年出版的第一版文集的基础上重新整理而成的，主要是加进2010年以后的内容，也有少量2009年以前的内容。

最初提出编纂文集设想的，是广东高等教育出版社原社长张耀荣先生。2008年5月，厦门大学教育研究院在院庆30周年之际举办"大学教育质量的理论与实践研究"国际学术研讨会，参加会议的张耀荣先生向潘先生提出，希望出版《潘懋元文集》，以及出版厦门大学教育研究院承担的"国家985工程中国特色高等教育体系研究"系列成果。这一想法得到潘先生的同意和厦门大学教育研究院的支持。潘先生便将整理文集的任务交给了我。我想一个重要原因是，在跟随潘先生做博士后期间，我整理过《潘懋元教育口述史》，以及协助潘先生在广东高等教育出版社出版"高等教育大众化研究丛书"（如《现代高等教育思想的演变——从20世纪到21世纪初期》《中国高等教育大众化的理论与政策》《中国高等教育大众化的结构与体系》等），任务完成得还不错。我深感责任重大，使命光荣，欣然受命。很快，我们组织了一支精干的团队：除我之外，还包括韩延明教授（临沂大学，当时是校长）、李均教授（深圳大学）、向春博士（深圳大学）、刘志文教授（华南师范大学）、李枭鹰教授（广西民族大学，现大连理工大学）等。经过两年多认认真真、踏踏实实的埋头苦干，文集终于在2010年庆祝"潘懋元先生九十华诞暨从教七十五周年"研讨会之际首发，受到高度评价。

光阴似箭，一晃又是十年。青山不老，绿水长流，潘先生的学术生命力依旧生机勃勃。潘先生虽已百岁高龄，仍耳聪目明，思维清晰，继续指导研究生、讲课、做报告、写文章，活跃在教学第一线，而且是老当益壮，益见其高远的智慧。

2018年底，广东高等教育出版社领导提出进一步修订出版《潘懋元文集》。广东高等教育出版社副社长钟凌翊女士与我通电话讲到修订文集事宜，我立即打电话向潘先生汇报此事，潘先生欣然同意。而且，潘先生电话中的反应敏锐让人惊叹不已。听我讲了重新修订文集的事宜后，潘先生接口就说："好啊，辛苦你出力、出版社出钱，辛苦啦，谢谢哈！"我一听也笑了，老爷子青松不老，太厉害了！跟着潘先生干活,再辛苦也是幸福的,何况我能借此机会再次认真而系统地品读潘先生的作品,从中受益。

广东高等教育出版社的领导真是能干事的人,其出版眼光和务实精神让人很生敬佩。通过电话不久,钟凌翅副社长从广州来到深圳,与我面谈修订文集的具体设想和准备工作,虽然在电话中我一再说这事我一定会重新干起来,不用亲自过来,电话沟通就好。总编辑黄红丽女士更是积极,她当时正在福州组稿,又电话约请钟凌翅副社长立即奔赴厦门,她们一起登门拜访潘先生,商谈再版文集事宜。其诚可鉴!

不久之后,黄红丽总编辑、钟凌翅副社长和我一起去厦门拜访潘先生,讨论文集修订方案。印象深刻的是,黄总编、钟副社长一行先从广州到深圳,在深圳高铁站与我会合,一起去厦门。我一到深圳高铁站,大吃一惊,这么多人!我原以为只是我和黄总编、钟副社长三人行,结果发现她们几乎整个编辑团队都出动了。有些是我认识的,她们原来就参与过文集(第一版)或"高等教育大众化研究丛书"的编辑工作;也有新面孔,她们都是认真干事的人。

在修订文集的方案中,我们确立了"框架不变,分类整理,依照时序,加进新鲜"的原则,以及"人员到位,统筹兼顾,分工合作,各负其责"的原则。接下来,我们立即全身心投入,认认真真干起来。具体分工情况及体系如下:

肖海涛:卷一·高等教育学讲座

肖海涛:卷二·理论研究(上、下)

李　均:卷三·问题研究(上、下)

肖海涛:卷四·历史与比较研究

刘志文:卷五·序文

朱乐平:卷六·讲课录

向　春:卷七·昔年作品及其他

韩延明:卷八·潘懋元教授纪事年表

肖海涛：卷九·潘懋元教育口述史

这里特别要对编辑工作做些说明。

卷一，在保持原貌的基础上，少量地方由于时代发展加进了注释。卷二、卷三、卷四，包括潘先生有关高等教育理论研究、问题研究、历史研究、比较研究等内容，分别由我和李均教授负责。这部分内容繁多，工作量大，搜集资料，按主题进行分类和进一步再分类，是一件很细致的工作。好在我和李均教授是同事，同事合作的好处是非常便利和默契。在文章分类上，我们根据材料，逐一整理，共同协商，分工合作。在这个过程中，包括在平时的工作中，李均教授都给了我很多帮助。

卷五，由华南师范大学的刘志文教授负责整理。当初人手不够，我打电话给刘教授，请他负责序文卷，他毫不犹豫，满口答应，工作认真，高效负责。而每当我给他打电话道谢时，他总说是应该的。

卷六，是潘先生最新版的讲课内容，由厦门大学的博士生、潘先生的学术助手朱乐平负责。我们都知道，潘先生虽已百岁高龄，但仍活跃在教学第一线，而且一讲课就是整个上午。这卷讲课录就是潘先生给2019级博士生讲授"高等教育学专题研究"课程内容的讲课实录。

卷七，包括潘先生早年的学士学位论文、文学作品、人物回忆、杂文、散论等，由向春博士负责整理。这卷新加进了一些有趣的篇章。韩延明教授在整理纪事年表及诸位院友在查阅资料的过程中，一旦发现潘先生早期的作品，就在院友微信群中发布，我们如获至宝，赶紧收录在文集中。潘先生15岁开始从教，实际上他在15岁之前的中学时代就开始了创作和发表，文集收录的最早作品是从他16岁时开始的。这里也特别要感谢刘海峰教授，他在浩如烟海的厦门大学图书馆馆藏中查到了潘先生1945年的本科毕业论文；还要特别感谢刘志文教授，10年前他带领学生去广东省图书馆查阅潘先生1949年以前的作品，搜集到不少珍贵史料，其中不少作品是潘先生自己并没有保存的。

编 后 记

卷八，包括潘先生各个时期个人生活、学术活动等内容的照片和教学、科研及学术活动纪事，由韩延明教授负责。这部分涉及日常生活，时间跨度大，内容细致而繁多，韩延明教授作为校长亲力亲为，真是了不起，他以极大的兴致和求真务实的精神，很早就开始做这些耗时耗力的细致工作。在编纂文集过程中，我们多次通电话，相互讨论，相互鼓励。

卷九，由潘先生口述，我和殷小平博士整理，2007年北京师范大学出版社出版。在潘先生温馨的家中，听着潘先生口述其丰富的教育人生经历，是我们珍贵而难忘的回忆。这次将《潘懋元教育口述史》补充进文集之中，稍加修改，并加进一些新的照片，生动地反映潘先生的教育人生，有助于加深对潘先生作品的理解，也使得文集更为完整。遗憾的是，潘先生的另一本侧重谈高等教育改革的口述史《实践—理论—应用：潘懋元口述史》（2019年华中科技大学出版社出版），由于未满合同期，不能收入文集中。

再者，要特别感谢潘先生的家人、厦门大学教育研究院的领导及师生、众多院友对文集的支持。虽然在工作过程中我们一直踏踏实实地埋头苦干，没做刻意宣传，但仍收到不少关心和问候。厦门大学教育研究院院长别敦荣教授、华中科技大学教育科学研究院原院长张应强教授等多次表达关心和问候。还要感谢为文集搜集资料的潘先生的博士生朱乐平、刘明维等，以及为第一版文集搜集资料的葛喜艳博士、冯晓玲博士等。

当然，最需要特别真诚感谢潘先生对我们的信任，将出版文集这一重大事情交予我们，能够参与其中是我们的荣幸。

有时候，对一个人，你越走近他，就越崇敬他。我们对潘先生的感觉就是这样的。在研究潘先生的过程中，我常情不自禁地感叹："我越来越崇拜潘先生了！""高山仰止！"于我而言，能做潘先生的学生是幸福的，能整理潘先生的教育口述史是幸福的，能一再整理潘先生文集更是幸福中的幸福！

潘懋元先生是一个传奇。研究潘先生丰富而传奇的教育人生，可以发现，他的学术人格、生命意蕴和人生哲学有两个鲜明的特征：一曰"诚"，二曰"闯"。

"诚"是中国文化的核心概念，是潘先生立身处世的生命哲学。他赤诚向学，忠诚教育，精诚开拓，如《中庸》所言："诚之者，择善而固执之者也"，"诚则明矣，明则诚矣"，"唯天下至诚为能化"。

"闯"是潘先生的英雄本色，是他大丈夫立德、立功、立言的本体功夫。他性格乐观坚强，敢闯，善闯，能闯，敢于创新，敢为天下先，闯出了一条建设和发展中国特色高等教育学之路。

两者合起来，潘先生是诚中有闯，闯中有诚；因诚而闯，由闯见诚；二者的和谐统一，成就了他的教育事业，也为国家的教育事业做出了贡献。

概言之，潘先生是一名优秀的教师，他忠诚国家和人民的教育事业，真诚地热爱教师职业；潘先生是爱国的人民教育家，他"板凳敢坐十年冷，文章不写半句空"，"精诚所至，金石为开"，开创出高等教育学这门"中国创造"的新兴学科。

今天，我们无限自豪、满怀欣喜地看到，中国高等教育学学科体系日益成熟，研究队伍日益壮大，科研成就硕果累累，对不同层面的教育政策和实践产生了积极而有效的影响……这一切，潘先生功不可没，真可谓：

由诚而成懋业，

敢闯而创新元。

最后还需要说明的是，文集涉及的研究成果内容丰富，时间跨度大，编辑加工难度大，难免有不当、错漏之处，敬请批评指正。

肖海涛
2019 年 10 月 30 日初稿
2020 年 4 月 23 日修改于深圳半塘斋